Der Ausgleichsanspruch nach § 89b HGB unter Einfluss der EG-Handelsvertreter-Richtlinie und aktueller EuGH-Rechtsprechung

Europäische Hochschulschriften

European University Studies

Publications Universitaires Européennes

Reihe II	**Rechtswissenschaft**
Series II	Law
Série II	Droit

Band/Volume **5758**

Gloria Versin

Der Ausgleichsanspruch nach § 89b HGB unter Einfluss der EG-Handelsvertreter-Richtlinie und aktueller EuGH-Rechtsprechung

PL ACADEMIC RESEARCH

Bibliografische Information der Deutschen Nationalbibliothek
Die Deutsche Nationalbibliothek verzeichnet diese Publikation in der Deutschen Nationalbibliografie; detaillierte bibliografische Daten sind im Internet über http://dnb.d-nb.de abrufbar.

Zugl.: Münster (Westfalen), Univ., Diss., 2015

D 6
ISSN 0531-7312
ISBN 978-3-631-66640-1 (Print)
E-ISBN 978-3-653-05959-5 (E-Book)
DOI 10.3726/978-3-653-05959-5

PL Academic Research ist ein Imprint der Peter Lang GmbH.
Peter Lang – Frankfurt am Main · Bern · Bruxelles · New York · Oxford · Warszawa · Wien

Diese Publikation wurde begutachtet.

www.peterlang.com

Für meine Eltern

Vorwort

Die vorliegende Arbeit wurde im Sommersemester 2014 von der Rechtswissenschaftlichen Fakultät der Westfälischen Wilhelms-Universität Münster als Dissertation angenommen. Rechtsprechung und Literatur konnten bis August 2014 berücksichtigt werden.

Mein besonderer Dank gilt Herrn Prof. Dr. Wolfram Timm für die stete Förderung und Betreuung der Arbeit sowie für die wertvollen und lehrreichen Jahre als wissenschaftliche Mitarbeiterin am Institut für Unternehmens- und Kapitalmarktrecht. Frau Prof. Dr. Petra Pohlmann gebührt mein Dank für die zügige Erstellung des Zweitgutachtens.

Meinen Kolleginnen und Freundinnen Nicola Mangold, Corina Heibel, Stefanie Stelzig und Andreea Ciuca danke ich für Anregungen und Ablenkungen während unserer gemeinsamen Zeit an der Universität. Johanna Heienbrock, Dr. Judith Behrens, Fara Senf, Anna Fritz, Wiebke Beenken und Katrin Johannknecht danke ich für ihre Freundschaft seit unserer Schulzeit.

Meinem Ehemann Volker und unserem Sohn Vincent danke ich für ihre Geduld und Unterstützung. Oma Renate danke ich für ihre gute Küche, die ich über Jahre genießen konnte. Zuletzt, aber besonders hervorgehoben, danke ich meinen Eltern. Sie haben mich auf meinem Lebensweg in allen meinen Entscheidungen uneingeschränkt unterstützt.

Münster, im Mai 2015 Gloria Versin

Inhalt

Abkürzungsverzeichnis

a.A.	anderer Ansicht
ABl. EG	Amtsblatt der Europäischen Gemeinschaften
Abs.	Absatz
ADHGB	Allgemeines Deutsches Handelsgesetzbuch
AEUV	Vertrag über die Arbeitsweise der Europäischen Union
a.F.	alte Fassung
a.M.	am Main
AGB	Allgemeine Geschäftsbedingungen
Alt.	Alternative
Anm.	Anmerkung
ArbGG	Arbeitsgerichtsgesetz
Art.	Artikel
Aufl.	Auflage
BAG	Bundesarbeitsgericht
BB	Betriebs-Berater (Zeitschrift)
Bd.	Band
BGB	Bürgerliches Gesetzbuch
BGBl. I, II	Bundesgesetzblatt, Teil I, II
BGH	Bundesgerichtshof
BGHZ	Amtliche Sammlung von Entscheidungen des Bundesgerichtshofs in Zivilsachen
Buchst.	Buchstabe
BT-Drs.	Bundestags-Drucksache
BVerfG	Bundesverfassungsgericht
BVerfGE	Entscheidungen des Bundesverfassungsgericht
bzw.	beziehungsweise
ca.	circa
CDH	Centralvereinigung Deutscher Wirtschaftsverbände für Handelsvermittlung und Vertrieb e.V.
Celex	Communitatis Europeae Lex, Vorgängerin der EuR-Lex (Datenbank für das Europäische Gemeinschaftsrecht)
DB	Der Betrieb (Zeitschrift)
ders.	derselbe
Drs.	Drucksache
DStR	Deutsches Steuerrecht (Zeitschrift)

EG	Europäische Gemeinschaft (en)
EGBGB	Einführungsgesetz BGB
EGV	Vertrag zur Gründung der Europäischen Gemeinschaft
ehem.	ehemals/ehemalige
Einl.	Einleitung
EU	Europäische Union
EuGH	Gerichtshof der Europäischen Gemeinschaften
EWG	Europäische Wirtschaftsgemeinschaft
EWiR	Entscheidungen zum Wirtschaftsrecht (Zeitschrift)
f./ ff.	folgende, fortfolgende
gem.	gemäß
GewO	Gewerbeordnung
GG	Grundgesetz für die Bundesrepublik Deutschland
GK	Gemeinschaftskommentar
GmbH	Gesellschaft mit beschränkter Haftung
GPR	Zeitschrift für Gemeinschaftsprivatrecht
HGB	Handelsgesetzbuch
h.M./h.L.	herrschende Meinung/ herrschende Lehre
HRefG	Handelsrechtsreformgesetz
hrsg./ Hrsg.	herausgegeben, Herausgeber
Hs.	Halbsatz
HV	H&V-Journal, Wirtschaftsmagazin für Handelsvermittlung und Vertrieb
i.d.R.	in der Regel
IHR	Internationales Handelsrecht (Zeitschrift)
InsO	Insolvenzordnung
juris	Juristisches Informationssystem für die Bundesrepublik Deutschland (Datenbank)
jurisPR-HaGesR	juris PraxisReport Handels- und Gesellschaftsrecht
JuS	Juristische Schulung (Zeitschrift)
JZ	Juristenzeitung (Zeitschrift)
Kap.	Kapitel
Kfz	Kraftfahrzeug
KG	Kammergericht
KOM	Europäische Kommission
LAG	Landesarbeitsgericht
LG	Landgericht
lit.	littera
lt.	laut

MDR	Monatsschrift für Deutsches Recht
MünchKomm	Münchener Kommentar
m.w.N.	mit weiteren Nachweisen
n.F.	neue Fassung
NJOZ	Neue Juristische Online Zeitschrift
NJW	Neue Juristische Wochenschrift (Zeitschrift)
NJW-RR	NJW Rechtsprechungs-Report Zivilrecht
Nr.	Nummer
OLG	Oberlandesgericht
RdA	Zeitschrift für die Wissenschaft und Praxis des gesamten Arbeitsrechts
RegE	Regierungsentwurf
RGBl	Reichsgesetzblatt
RGZ	Entscheidungen des Reichsgerichts in Zivilsachen
RIW	Recht der internationalen Wirtschaft (Zeitschrift)
Rn.	Randnummer(n)
S.	Satz, Seite
Slg.	Sammlung der Rechtsprechung des EuGH und des Gerichts Erster Instanz
sog.	sogenannt(e)
st. Rspr.	ständige Rechtsprechung
Tz.	Textziffer
u.a.	und andere/ unter anderem
Urt.	Urteil
u.U.	unter Umständen
v.	von, vom
Var.	Variante
VersR	Zeitschrift für Versicherungsrecht, Haftungs- und Schadensrecht
vgl.	vergleiche
v.H.	vom Hundert
VVG	Versicherungsvertragsgesetz
VW	Versicherungswirtschaft (Zeitschrift)
WM	Wertpapiermitteilungen (Zeitschrift für Wirtschafts- und Bankrecht)
WRP	Wettbewerb in Recht und Praxis (Zeitschrift)
z.B.	zum Beispiel
z.T.	zum Teil
ZVertriebsR	Zeitschrift für Vertriebsrecht

ZHR	Zeitschrift für das gesamte Handels- und Wirtschaftsrecht
ZIP	Zeitschrift für Wirtschaftsrecht
zit.	zitiert
ZPO	Zivilprozessordnung

Literaturverzeichnis

Ankele, Jörg, Das deutsche Handelsvertreterrecht nach der Umsetzung der EG-Richtlinie, DB 1989, S. 2211–2213.

Badura, Peter, Arbeit als Beruf (Art. 12 Abs. 1 GG), Festschrift für Wilhelm Herschel zum 85. Geburtstag, hrsg. von Peter Hanau, Gerhard Müller, Herbert Wiedemann, Otfried Wlotzke, München 1982, S. 21–35 (zit.: *Badura,* in Festschrift für Herschel).

Baldi, Roberto, Das Recht des Warenvertriebs in der Europäischen Gemeinschaft, Heidelberg 1988 (zit.: *Baldi,* Das Recht des Warenvertriebs in der Europäischen Gemeinschaft, 1988).

Balke, Michaela/*de Groot,* Simone Evke, Der Handelsvertreterausgleich nach § 89b HGB im Umbruch, NJOZ 2010, S. 1551–1556.

Ball, Wolfgang, Rechtsnatur und Funktion des Ausgleichsanspruchs nach § 89b HGB unter besonderer Berücksichtigung der Rechtsprechung des Bundesgerichtshofs, in: Der Ausgleichsanspruch des Handelsvertreters, Beispiel für die Fortentwicklung angeglichenen europäischen Rechts, hrsg. von Ingo Saenger/Reiner Schulze, Baden-Baden 2000, S. 17–29 (zit.: *Ball,* Rechtsnatur und Funktion des Ausgleichsanspruchs nach § 89b HGB unter besonderer Berücksichtigung der Rechtsprechung des BGH, in Saenger/Schulze, Der Ausgleichsanspruch des Handelsvertreters).

Baudenbacher, Carl, Zum Kundschaftsentschädigungsanspruch des Agenten im schweizerischen Recht – Rechtsvergleichende Betrachtungen unter Berücksichtigung des deutschen Rechts, JZ 1989, S. 919–927.

Baumbach, Adolf/*Hopt,* Klaus J., Handelsgesetzbuch mit GmbH & Co., Handelsklauseln, Bank- und Börsenrecht, Transportrecht (ohne Seerecht), 31. Auflage, München 2003 (zit.: *Bearbeiter,* in Baumbach/Hopt, HGB, 31. Aufl. 2003).

Baumbach, Adolf/*Hopt,* Klaus J., Handelsgesetzbuch mit GmbH & Co., Handelsklauseln, Bank- und Börsenrecht, Transportrecht (ohne Seerecht), 36. Auflage, München 2014 (zit.: *Bearbeiter,* in Baumbach/Hopt, HGB).

Baumbach, Adolf/*Lauterbach,* Wolfgang/*Albers,* Jan/*Hartmann*, Peter, Zivilprozessordnung mit FamFG, GVG und anderen Nebengesetzen, 72. Auflage, München 2014 (zit.: *Baumbach,/Lauterbach/Albers/Hartmann,* ZPO).

Baums, Theodor, Handelsvertreter im Nebenberuf, BB 1986, S. 891–894.

Behm, Paul, Der Handelsagent. Seine soziale und volkswirtschaftliche Stellung, 4. Auflage Berlin 1913 (zit: *Behm,* Der Handelsagent, 1913).

Bieder, Marcus, Ausschluss des Handelsvertreterausgleichsanspruchs in analoger Anwendung des § 89b III HGB, NJW 2007, S. 3471–3474.

Brych, Friedrich, Ausgleichsanspruch bei jedweder Art von Eigenkündigung? Zugleich Anmerkung zum Beitrag von Haas, und zum Beschluß des LG Koblenz vom 10.9.1991, BB 1992, S. 8–9.

Calliess, Christian/*Ruffert,* Matthias, (Hrsg.), EUV/AEUV, Das Verfassungsrecht der Europäischen Union mit Europäischer Grundrechtecharta, 4. Auflage, München 2011 (zit.: *Bearbeiter,* in Calliess/Ruffert, EUV/AEUV).

Canaris, Claus-Wilhelm, Handelsrecht, 24. Auflage, München 2006 (zit. *Canaris,* Handelsrecht).

Canaris, Claus-Wilhelm/ *Habersack,* Mathias/*Schäfer,* Carsten (Hrsg.), Staub Handelsgesetzbuch Großkommentar, Zweiter Band §§ 48–104, 5. Auflage, Berlin 2008 (zit.: *Bearbeiter,* in Staub, Großkommentar HGB).

Canaris, Claus-Wilhelm/ *Schilling,* Wolfgang/*Ulmer,* Peter (Hrsg.), Staub Handelsgesetzbuch Großkommentar, Erster Band, Einleitung §§ 1–104, 4. Auflage, Berlin, New York 1995 (zit.: *Bearbeiter,* in Staub, Großkommentar HGB, 4. Aufl.).

Christoph, Michael, Muss der Handelsvertreterausgleich neu berechnet werden?, NJW 2010, S. 647–651.

Dehner, Walter, Das Verflechtungsproblem im Maklerrecht, NJW 1993, S. 2225–2226.

Duden, Konrad, Recht der Handelsvertreter, Beck'Sche Kurzkommentare, 8. Auflage, München 1977 (zit. *Duden,* Recht der Handelsvertreter).

Ebenroth, Carsten Thomas/*Boujong,* Karlheinz /*Joost,* Detlev/*Strohn,* Lutz, Handelsgesetzbuch, Band 1, §§ 1–342e, 2. Auflage, München 2008 (zit.: *Bearbeiter,* in Ebenroth/Boujong/Joost/Strohn, HGB).

Eberstein, Hans Hermann, Der Handelsvertreter-Vertrag. Eine Anleitung mit Beispielen zur Abfassung von Verträgen, 9. Auflage, Frankfurt am Main 2008 (zit.: *Eberstein,* Der Handelsvertreter- Vertrag).

Ehrenberg, Victor, (Hrsg.) Handbuch des gesamten Handelsrechts mit Einschluß des Wechsel-, Scheck-, See- und Binnenschiffahrtsrechts, des Versicherungswesens sowie des Post- und Telegraphenrechts, Fünfter Band, I. Abteilung, 1. Hälfte, 1. Lieferung, Leipzig 1926 (zit.: *Bearbeiter,* in Ehrenberg, Handbuch des gesamten Handelsrechts, V/1/1).

Emde, Raimond, Beschränkung des Auskunftsrechts des Handelsvertreters in mehrstufigen Vertriebssystemen, MDR 1999, S. 1108–1112.

Emde, Raimond, Anmerkung zur Entscheidung des LG Hamburg vom 03.08.2011 (404 HKO 88/10, ZVertriebsR 2012, 115) – Zur Übermittlungspflicht des Kundenstammes im Zusammenhang mit der analogen Anwendung des § 89b HGB, ZVertriebsR 2012, S. 116–118.

Emde, Raimond, BB-Kommentar zu BGH v. 12.9.2007 – VIII ZR 194/06, BB 2007, S. 2480–2482.

Emde, Raimond, BB-Kommentar zu BGH v. 6.10.1999 – VIII ZR 125/98, BB 2000, S. 63–65.

Emde, Raimond, BB-Rechtsprechungs- und Literaturübersicht zum Vertriebsrecht des Jahres 2011 – Teil 2, BB 2012, S. 3087–3095.

Emde, Raimond, BB-Rechtsprechungsreport zum Vertriebsrecht des Jahres 2012, BB 2013, S. 2627–2638.

Emde, Raimond, Das Handelsvertreterausgleichsrecht muss neu geschrieben werden – Folgen des EuGH-Urteils vom 26.3.2009, C-348/07, DStR 2009, 759, DStR, 2009, S. 1478–1486.

Emde, Raimond, Der Ausgleichsanspruch des Versicherungsvermittlers, Festschrift für Karsten Schmidt zum 70. Geburtstag, hrsg. von Georg Bitter, Marcus Lutter, Hans-Joachim Priester, Wolfgang Schön, Peter Ulmer, Köln 2009, S. 331–355 (zit.: *Emde,* in Festschrift für Karsten Schmidt).

Emde, Raimond, Die Novellierung des § 89b HGB – was hat sich ergeben?, WRP 2010, S. 844–851.

Emde, Raimond, Editorial, ZVertriebsR, 2012, S. 137–138.

Emde, Raimond, Handelsvertreterrecht – Relevante Vorschriften bei nationalen und internationalen Verträgen, MDR 2002, S. 190–200.

Emde, Raimond, Heimatgerichtsstand für Handelsvertreter und andere Vertriebsmittler? Art. 5 Abs. 1 lit. b VO (EG) Nr. 44/2001 als Vorbild für ein neues Verständnis des § 29 ZPO, RIW 2003, S. 505–512.

Emde, Raimond, Kurzkommentar zu BGH, Beschl. v. 21.02.2013 – VII ZA 14/12 (OLG Hamm), in EWiR § 89b HGB 1/13, S. 485–486.

Emde, Raimond, Kurzkommentar zu BGH, Beschl. v. 29.4.2009 – VIII ZR 226/07 (OLG Frankfurt/M.), in EWiR § 89b HGB 4/09, S. 611–612.

Emde, Raimond, Kurzkommentar zu BGH, Urt. v. 25.10.2012 – VII ZR 56/11 (OLG Hamburg), ZIP 2012, 2508 in EWiR § 90a HGB 1/13, S. 13–14.

Emde, Raimond, Kurzkommentar zu BGH, Urt. 15.9.1999 – VIII ZR 137/98, NJW-RR 2000, 109 (OLG Koblenz), in EWiR § 89b HGB 1/2000, S. 237–238.

Emde, Raimond, Kurzkommentar zu BGH, Urt. v. 23.11.2011 – VIII ZR 203/10 (OLG Frankfurt/M.), MDR 2012, 235 in EWiR § 89b HGB 2/12, S. 207–208.

Emde, Raimond, Vertriebsrecht, 2. Auflage, Berlin, Boston 2011 (zit.: *Emde,* Vertriebsrecht).

Emde, Raimond, Vertriebsrecht: Rechtsprechungs- und Literaturüberblick 2007 (2. Teil), BB 2008, S. 2755–2766.

Emde, Raimond, Wege zur vereinfachten Berechnung des Handelsvertreterausgleichs (§ 89b HGB), VersR, 2006, S. 1592–1601.

Emde, Raimond, Die Handelsvertreter-GmbH, Dissertation, Frankfurt am Main 1994 (zit.: Emde, Die Handelsvertreter-GmbH, 1994).

Ensthaler, Jürgen, (Hrsg.), Gemeinschaftskommentar zum Handelsgesetzbuch mit UN-Kaufrecht, 7. Auflage, Neuwied 2007 (zit. *Bearbeiter*, in Ensthaler, GK-HGB).

Escher, Alfred, BB-Kommentar zu BGH, Urteil vom 4.11.1998 – VIII ZR 248/97 –, BB 1999, S. 72–73.

Evers, Jürgen, Agenturumwandlung in eine GmbH kein Kündigungsgrund, VW 2011, S. 1180.

Farmand, Vanessa Roya, Der international zwingende Charakter des § 89b HGB, Eine Untersuchung zur kollisionsrechtlichen Sonderanknüpfung und Gemeinschaftsrechtskonformität des nachvertraglichen Ausgleichsanspruchs des Handelsvertreters gegen seinen Prinzipal, Dissertation, Hamburg 2005 (zit.: *Farmand*, Der international zwingende Charakter des § 89b HGB, 2005).

Flohr, Eckhard/*Wauschkuhn*, Ulf, (Hrsg.), Vertriebsrecht – Handelsvertreterrecht, Vertragshändlerrecht, Franchiserecht, Kommissionsrecht, 1. Auflage, München 2014 (zit.: *Bearbeiter*, in Flohr/Wauschkuhn, Vertriebsrecht.

Foth, Dietmar, Der Ausgleichsanspruch des Vertragshändlers, Schriften zum Bürgerlichen Recht, Band 95, Berlin 1985 (zit.: *Foth*, Der Ausgleichsanspruch des Vertragshändlers).

Fuchs-Baumann, Ausgleichsanspruch des Versicherungsvertreters: Anrechnung des Barwerts einer vom Versicherungsunternehmen finanzierten Versorgung, DB 2001, S. 2131–2138.

Geiger, Rudolf/*Khan*, Daniel-Erasmus/*Kotzur*, Markus, EUV/AEUV, Vertrag über die Europäische Union und Vertrag über die Arbeitsweise der Europäischen Union, 5. Auflage, München 2010 (zit.: *Bearbeiter*, in Geiger/Khan/Kotzur, EUV/AEUV).

Gessler, Ernst, Der Ausgleichsanspruch der Handels- und Versicherungsvertreter - Entstehungsgeschichte und Auslegung des § 89b HGB, Dissertation, Frankfurt am Main 1953 (zit.: *Gessler*, Der Ausgleichsanspruch der Handels- und Versicherungsvertreter).

Geßler, Ernst/ *Hefermehl*, Wolfgang/ *Hildebrandt*, Wolfgang/ *Schröder*, Georg, Schlegelberger Handelsgesetzbuch, Kommentar, 2. Band, §§ 48–104, 5. Auflage, München 1973, (zit.: *Bearbeiter*, in Schlegelberger, HGB).

Giefers, Hans Werner, Recht des Handelsvertreters, Freiburg i. Br. 1965 (zit.: *Giefers*, Recht des Handelsvertreters, 1965).

Glanegger, Peter/*Kusterer,* Stefan/*Selder,* Johannes/*Kirnberger,* Christian/*Ruß,* Werner/*Stuhlfelner,* Ulrich, Heidelberger Kommentar zum Handelsgesetzbuch - Handelsrecht Bilanzrecht Steuerrecht, 7. Auflage, Heidelberg 2007, (zit.: *Bearbeiter,* in Heidelberger Kommentar zum HGB).

Graf von Westphalen, Friedrich, Ausgleichsanspruch des Versicherungsvertreters und Nichtanrechnung einer Alters- und Hinterbliebenenversorgungszusage, DB 2000, S. 2255–2259.

Grundmann, Stefan, Der Treuhandvertrag insbesondere die werbende Treuhand, Habilitationsschrift, München 1997 (zit.: *Grundmann,* Der Treuhandvertrag, 1997).

Günther, Karl Peer, Der Versicherungsvertreter und sein Ausgleichsanspruch – Eine Neubestimmung nach deutschem und französischen Recht, Dissertation, Hamburg 2004 (zit.: *Günther,* Der Versicherungsvertreter und sein Ausgleichsanspruch, 2004).

Guski, Roman, Der Ausgleichsanspruch des Handelsvertreters und seine Verwirkung: zur prinzipienorientierten Teleologie des Gemeinschaftsprivatrechts, GPR 2009, 286–293.

Haag, Oliver/*Löffler,* Joachim, (Hrsg.), Handelsgesetzbuch – HGB Kommentar, 2. Auflage, Köln 2013 (zit.: *Bearbeiter,* in Haag/Löffler, HGB).

Haas, Ulrich, Noch einmal: Ausgleichsanspruch des Handelsvertreters auch bei Eigenkündigung?, BB 1992, S. 941.

Haas, Ulrich, Wegfall des Handelsvertreter-Ausgleichsanspruchs gemäß § 89b Abs. 3 Nr. 1 HGB bei Eigenkündigung ohne besonderen Anlass verfassungswidrig?, BB 1991, S. 1441–1442.

Habscheid, Walther J. Das Ausgleichsrecht des Handelsvertreters – Eine rechtsvergleichende und dogmatische Studie, Festschrift zum 70. Geburtstag von Walter Schmidt-Rimpler, hrsg. von der Rechts- und Staatswissenschaftlichen Fakultät der Rheinischen Friedrich Wilhelms-Universität, Bonn 1957, S. 335–366 (zit.: *Habscheid,* in Festschrift für Schmidt-Rimpler).

Heidel, Thomas/*Schall,* Alexander (Hrsg.), Handelsgesetzbuch, Handkommentar, 1. Auflage, Baden-Baden 2011 (zit.: *Bearbeiter,* in Heidel/Schall, Hk-HGB).

Herschel, Wilhelm, Die arbeitnehmerähnliche Person, DB 1977, S. 1185–1189.

Herzog, Roman, Gesetzgebung und Einzelfallgerechtigkeit, NJW 1999, S. 25–28.

Heuberger, Georg, Sachliche Abhängigkeit als Kriterium des Arbeitsverhältnisses, Königstein 1982 (zit.: *Heuberger,* Sachliche Abhängigkeit als Kriterium des Arbeitsverhältnisses, 1982).

Hiekel, Hans-Jürgen, Der Ausgleichsanspruch des Handelsvertreters und des Vertragshändlers, Frankfurt am Main 1985 (zit.: *Hiekel,* Der Ausgleichsanspruch des Handelsvertreters und des Vertragshändlers, 1985).

Hilger, Marie Luise, Zum „Arbeitnehmer-Begriff", RdA 1989, S. 1–7.

Hirsch, Ernst E., Der gesetzlich fixierte „Typ" als Gefahrenquelle der Rechtsanwendung (erläutert am Beispiel des Handelsvertreters), Festschrift für Joachim Tiburtius, hrsg. von Olaf Triebenstein, Sozialökonomie in politischer Verantwortung, Berlin 1964, S. 383–414 (zit.: *Hirsch,* in Festschrift für Tiburtius).

Hoffmann, Günther, Der Ausgleichsanspruch der Handelsvertreter, Wiesbaden 1966 (zit.: *Hoffmann,* Der Ausgleichsanspruch der Handelsvertreter, 1966).

Höft, Erich, Anmerkung zu: Urteil des LG Hannover vom 4.7.1972 (9 S 56/72), VersR 1973, S. 154–155.

Höft, Erich, Ausgleichspflichtiger Provisionsverlust der Versicherungs- (Bausparkassen-) Vertreter (§ 89b HGB) – kritische Bemerkungen zu einem Aufsatz von Georg Schröder –, VersR 1966, S. 104–111.

Höft, Erich, Beschränkung des ausgleichsberechtigten Erbenkreises für den Fall des Todes des Versicherungsvertreters?, VersR 1965, S. 553–554.

Hömig, Dieter, (Hrsg.), Grundgesetz für die Bundesrepublik Deutschland, Handkommentar, 10. Auflage, Baden-Baden 2013 (zit.: *Bearbeiter,* in Hömig, Hk-GG).

Hopt, Klaus J., Das Vertragsverhältnis zwischen Verlag und Pressegrossisten – Ein Beispiel für einen Kommissionsagentenvertrag, Festschrift für Walther Hadding zum 70. Geburtstag am 8. Mai 2004, hrsg. von Franz Häuser, Horst Hammen, Joachim Hennrichs, Anja Steinbeck, Ulf R. Siebel, Reinhard Welter, Berlin 2004, S. 443–460 (zit.: *Hopt,* in Festschrift für Hadding).

Hopt, Klaus J., Handelsvertreterrecht, §§ 84–92c, 54, 55 HGB mit Materialien, 4. Auflage, München 2009 (zit.: *Hopt,* Handelsvertreterrecht).

Hopt, Klaus J., Wettbewerbsfreiheit und Treuepflicht des Unternehmers bei parallelen Vertriebsformen, ZIP 1996, S. 1533–1539.

Horn, Norbert (Hrsg.), Heymann Handelsgesetzbuch (ohne Seerecht) Band 1: Erstes Buch. Einleitung; §§ 1–104, 2. neubearb. und erw. Auflage, Reprint 2012, Berlin, New York 1995 (zit.: *Bearbeiter,* in Heymann, HGB).

Horn, Norbert, Zum Ausgleichsanspruch des Eigenhändlers: Kundenstamm und werbende Tätigkeit, ZIP 1988, S. 137–146.

Isensee, Josef/*Kirchhof,* Paul, (Hrsg.), Handbuch des Staatsrechts der Bundesrepublik Deutschland, Band I: Grundlagen von Staat und Verfassung, §§ 1–28, 2. Auflage, Heidelberg 1995 (zit.: *Bearbeiter,* in Isensee/Kirchhof, Handbuch des Staatsrechts, Band I).

Jarass, Hans Dieter/*Pieroth,* Bodo, Grundgesetz für die Bundesrepublik Deutschland, Kommentar, 13. Auflage, München 2014 (zit.: *Bearbeiter,* in Jarass/Pieroth).

Kainz, Martin/*Lieber,* Helmut/ *Puszkajler*, Peter, Die „Münchner Formel" - oder: Berechnung des Vertragshändlerausgleichs in der Autobranche, BB 1999, S. 434–436.

Kiene, Lorenz H., Der Ausgleichsanspruch des Handelsvertreters – Die Nachfolge in den Vertrag nach deutschem und französischem Recht – Dissertation, Aachen 2004 (zit. *Kiene,* Der Ausgleichsanspruch des Handelsvertreters, 2004).

Kindler, Peter, Der Ausgleichsanspruch des Handelsvertreters im deutsch-italienischen Warenverkehr, Eine rechtsvergleichende und kollisionsrechtliche Untersuchung, Dissertation, Frankfurt am Main, Bern, New York, Paris, 1987 (zit.: *Kindler,* Der Ausgleichsanspruch des Handelsvertreters im deutsch-italienischen Warenverkehr).

Knapp, Joachim, Versicherungsvertreter und Reform des Handelsvertreterrechts, VW 1952, S. 391–394.

Köhnen, Sven, BB-Kommentar zu BGH v. 16.02.2011 - VIII ZR 226/07 –, BB 2011, 976–977.

Koller, Ingo/*Roth,* Wulf-Henning/*Morck,* Winfried, Handelsgesetzbuch Kommentar, 7. Auflage, München 2011 (zit.: *Bearbeiter,* in Koller/Roth/Morck, HGB).

Kuhn, Sascha, Keine Begrenzung des Ausgleichsanspruchs des selbständigen Handelsvertreters durch Provisionsverluste („Turgay Semen/Deutsche Tamoil GmbH"), Anmerkung zu: EuGH 1. Kammer, Urteil vom 26.03.2009 - C-348/07, jurisPR-HaGesR 8/2009 Anm. 1.

Kunz, Rolf, Die Anwendung der handelsvertreterrechtlichen Ausgleichsregelung (§ 89b HGB) auf Eigen(Vertrags)händler, Dissertation, Köln 1967 (zit: *Kunz,* Die Anwendung der handelsvertreterrechtlichen Ausgleichsregelung (§ 89b HGB) auf Eigen(Vertrags-) händler, 1967).

Küstner, Wolfram, „Grundsätze" als Rechtsgrundlage für die Ausgleichsberechnung, VW 1998, S. 704–705.

Küstner, Wolfram, Aktuelle Probleme des Vertriebrechts, BB 1999, S. 541–550.

Küstner, Wolfram, Altersversorgung und Ausgleichsanspruch des Handelsvertreters, BB 1963, S. 1147–1152.

Küstner, Wolfram, Der Ausgleichsanspruch des Handelsvertreters, Rechts- und Steuerfragen und Probleme der versicherungsmäßigen Abdeckung, Bad Gandersheim 1961 (zit.: *Küstner,* Der Ausgleichsanspruch des Handelsvertreters, 1961).

Küstner, Wolfram, Nebenberufliche Vertretertätigkeit und Ausgleichsanspruch, BB 1966, S. 1212–1214.

Küstner, Wolfram/*Thume,* Karl-Heinz (Hrsg.), Handbuch des gesamten Außendienstrechts, Band II: Der Ausgleichanspruch des Handelsvertreters, 7. Auflage,

Heidelberg 2003 (zit. *Bearbeiter,* in Küstner/Thume, Handbuch des gesamten Außendienstrechts, Bd. II).

Küstner, Wolfram/*Thume,* Karl-Heinz (Hrsg.), Handbuch des gesamten Vertriebsrechts, Band I: Das Recht des Handelsvertreters, 4. Auflage, Frankfurt am Main 2012,

Band II: Der Ausgleichanspruch des Handelsvertreters, 9. Auflage, Frankfurt am Main 2014 (zit. *Bearbeiter* in Küstner/Thume, Handbuch des gesamten Vertriebsrechts, Bd.).

Küstner, Wolfram/*von Manteuffel,* Kurt, Die Änderungen des Handelsvertreterrechts aufgrund der EG-Harmonisierungsrichtlinie vom 18.12.1986, BB 1990, S. 291–299.

Küstner, Wolfram/*von Manteuffel,* Kurt/*Evers, Jürgen,* Anwaltskanzlei, (Hrsg.), Der Ausgleichsanspruch des Handelsvertreters, Göttinger Schriftenreihe, 1. Auflage, Göttingen 1998 (zit.: *Küstner/v. Manteuffel/Evers,* Der Ausgleichsanspruch des Handelsvertreters).

Kuther, Hermann, Die neuen Handelsvertretervorschriften im HGB, NJW 1990, S. 304–305.

Laber, Birgit, Eigenkündigung des Handelsvertreters: Verfassungsmäßigkeit des Ausschlusses des Ausgleichsanspruchs, DB 1994, S. 1275–1278.

Larenz, Karl, Methodenlehre der Rechtswissenschaft, 6. Auflage, Berlin, Heidelberg, New York, London, Paris, Tokyo, Hong Kong, Barcelona, Budapest 1991 (zit.: *Larenz,* Methodenlehre der Rechtswissenschaft).

Leipold, Dieter, Beweislastregeln und gesetzliche Vermutungen insbesondere bei Verweisungen zwischen verschiedenen Rechtsgebieten, Schriften zum Prozessrecht, Band 4, Berlin 1966 (zit.: *Leipold,* Beweislastregeln und gesetzliche Vermutungen, 1966).

Lenz, Carl, Otto/*Borchardt,* Klaus-Dieter, (Hrsg.), EU-Verträge Kommentar, EUV, AEUV, GRCh, 6. Auflage, Köln 2012 (zit.: *Bearbeiter,* in Lenz/Borchardt, EU-Verträge Kommentar).

Leuze, Eduard, Entsteht beim Tode des Handelsvertreters ein Ausgleichsanspruch gemäß § 89b HGB? in „Entsteht bei Beendigung des Vertragsverhältnisses durch Tod des Handelsvertreters ein Ausgleichsanspruch nach § 89b HGB?“, hrsg. vom Forschungsverband für den Handelsvertreter- und Handelsmaklerberuf, Braunschweig 1955 (zit.: *Leuze,* Entsteht beim Tode des Handelsvertreters ein Ausgleichsanspruch gemäß § 89b HGB?, 1955).

Maier, Hansjacob, Der Ausgleichsanspruch des Handelsvertreters und des Eigenhändlers und der ordre public, NJW 1958, S. 1327–1330.

Martin, Anton, Anmerkung zu Urteil des LG Hamburg vom 1.7.1971 (28 O 138/70), VersR 1972, S. 743.

Martin, Anton, Ausgleichsanspruch (§ 89b HGB) des Versicherungsvertreters und Wettbewerb zum Nachteil des Unternehmers, VersR 1968, S. 117–124.

Martin, Anton, Zum Ausgleichsanspruch des Versicherungsvertreters, VersR 1970, S. 796–797.

Martinek, Michael, Aktuelle Fragen des Vertriebsrechts - Belieferungs-, Fachhändler-, Vertragshändler-, Agentur- und Franchise-Systeme, 3. Auflage, Köln 1992 (zit.: *Martinek*, Aktuelle Fragen des Vertriebsrechts).

Martinek, Michael, Der handelsvertreterrechtliche Ausgleichsprozeß – ein Ärgernis und seine europaweite Ausdehnung, Festschrift für Gerhard Lüke zum 70. Geburtstag, Verfahrensrecht am Ausgang des 20. Jahrhunderts, hrsg. von Hanns Prütting und Helmut Rüssmann, München 1997, S. 409–448 (zit.: *Martinek*, in Festschrift für Lüke).

Martinek, Michael, Vom Handelsvertreterrecht zum Recht der Vertriebssysteme, ZHR 161 (1997), 67–101.

Martinek, Michael/*Bergmann*. Andreas, Künstler-Repräsentanten, -Agenten und -Manager als Handelsvertreter: Konkurrenzvertretung und Interessenwahrnehmung als Grundlagenprobleme des Handelsvertreterrechts - Zugleich eine kritische Anmerkung zu OLG Hamburg, Urt. v. 28.10.2005, Az: 11 U 169/04, NJOZ 2006, 1543, WRP 2006, S. 1047–1060.

Martinek, Michael/*Semler*, Franz-Jörg/*Habermeier*, Stefan/*Flohr*, Eckhard (Hrsg.), Handbuch des Vertriebsrechts, 3. Auflage, München 2010 (zit.: *Bearbeiter*, in Martinek/Semler/Habermeier/Flohr, Handbuch des Vertriebsrechts).

Matthießen, Volker, Arbeits- und handelsvertreterrechtliche Ansätze eines Franchisenehmerschutzes, ZIP 1988, S. 1089–1096.

Maunz, Theodor/*Dürig*, Günter, Grundgesetz, Kommentar, hrsg. von Roman Herzog, Rupert Scholz, Matthhias Herdegen, Hans H. Klein, Band III, Art. 16–22, München Loseblattsammlung Stand Dezember 2013 (zit.: *Bearbeiter*, in Maunz/Düring, GG).

Meier, Hans Jakob/*Meyer-Marsilius*, Hans Joachim, Der Handelsvertreter in der Europäischen Wirtschaftsgemeinschaft, Baden-Baden, Bonn 1961 (zit.: *Meier/Meyer-Marsilius*, Der Handelsvertreter in der Europäischen Wirtschaftsgemeinschaft, 1961).

Meyer, Jürgen Adolf Ernst, Handelsvertreterrecht, 1. Auflage, Stuttgart 1978 (zit.: *Meyer*, Handelsvertreterrecht, 1978).

Meyer, Otto, Anmerkung Landgericht Lüneburg, Urteil vom 21.12.1954 – 4 O 203/54 –, BB 1955, S. 299.

Moritz, Heinz Peter, Zum Wegfall des Ausgleichsanspruchs bei Kündigung durch den Handelsvertreter – Unbilligkeit der „Billigkeitsregelung" des § 89b Abs. 3 S. 1 HGB?, DB 1987, S. 875–881.

Musielak, Hans-Joachim (Hrsg.), Zivilprozessordnung mit Gerichtsverfassungsgesetz, Kommentar, 11. Auflage, München 2014 (zit.: *Bearbeiter,* in Musielak, ZPO).

Nipperdey, Hans Carl, Handeslvertreter und Eigen(Vertrags)-Händler, Der Ausgleichsanspruch des § 89b HGB, in Recht und Wirtschaft, Festschrift für Justus Wilhelm Hedemann zu seinem 80. Geburtstag am 24. April 1958, hrsg. in Gemeinschaft mit den Mitarbeitern von Heinrich Lehmann und Hans Carl Nipperdey, Berlin 1958, S. 207–236 (zit.: *Nipperdey,* in Festschrift für Hedemann).

Noetzel, Ludwig, Die eigene Kündigung eines Handelsvertreters und sein gesetzlicher Ausgleichsanspruch, DB 1993, S. 1557–1559.

Oetker, Hartmut, (Hrsg.), Kommentar zum Handelsgesetzbuch (HGB), 3. Auflage, München 2013 (zit.: *Bearbeiter* in Oetker, HGB).

Oetker, Hartmut, Handelsrecht, 6. Auflage, Berlin, Heidelberg 2010 (zit: *Oetker,* Handelsrecht).

Palandt, Otto, Bürgerliches Gesetzbuch, 73. Auflage, München 2014 (zit.: *Bearbeiter* in Palandt, BGB).

Pauly, Holger, Aktuelle Entwicklungen zum Handelsvertreterausgleich nach § 89b HGB, MDR 2013, S. 694–697.

Prütting, Hanns/*Gehrlein,* Markus (Hrsg.), ZPO Kommentar, 6. Auflage, Köln 2014 (zit.: *Bearbeiter,* in Prütting/Gehrlein, ZPO).

Reiff, Peter, Die Vermittlung von Nettopolicen durch Versicherungsvertreter, VersR 2012, S. 645–657.

Reinicke, G. und D., Auslegungsfragen zum neuen Recht der Handelsvertreter, NJW 1953, S. 1609–1613.

Retzer, Konrad, Verfassungsmäßigkeit des § 89b Abs. 3 Nr. 1 HGB? Ausschluss des Ausgleichsanspruchs bei Eigenkündigung des Handelsvertreters?, BB 1993, S. 668–672.

Roemer, Manfred, Die Realisierung des Handelsvertreterprovisionsanspruchs – Zugleich ein Beitrag zum Thema Anspruchsumfang und Zeitablauf bei bedingten Forderungen, 1. Auflage, München 1981 (zit.: *Roemer,* Die Realisierung des Handelsvertreterprovisionsanspruchs, 1981).

Röhricht, Volker/*Graf von Westphalen,* Friedrich/*Haas,* Ulrich, (Hrsg.), Handelsgesetzbuch – Kommentar zu Handelsstand, Handelsgesellschaften, Handelsgeschäften und besonderen Handelsverträgen (ohne Bilanz-, Transport- und Seerecht), 4. Auflage, Köln 2014 (zit.: *Bearbeiter,* in Röhricht/Graf von Westphalen/Haas, HGB).

Rosenberg, Leo, Die Beweislast, 5. Auflage, München und Berlin 1965 (zit.: *Rosenberg,* Die Beweislast, 1965).

Rosenberg, Leo/*Schwab*, Karl Heinz/*Gottwald*, Peter, Zivilprozessrecht, 17. Auflage, München 2010 (zit.: *Rosenberg/Schwab/Gottwald*, Zivilprozessrecht).

Sachs, Michael, (Hrsg.), Grundgesetz, Kommentar, 6. Auflage, München 2011 (zit.: *Bearbeiter*, in Sachs, GG).

Saenger, Ingo (Hrsg.), Zivilprozessordnung, FamFG, Europäisches Verfahrensrecht, Handkommentar, 5. Auflage, Baden-Baden 2013 (zit.: *Bearbeiter*, in Saenger, Hk-ZPO).

Saenger, Ingo, Das Recht des Handelsvertreters zur ausgleichswahrenden Eigenkündigung, DB 2000, S. 129–134.

Saenger, Ingo, Der Ausgleichsanspruch des Handelsvertreters bei Eigenkündigung, Stuttgart, München, Hannover, Berlin, Weimar, Dresden 1997.

Saenger, Ingo/*Aderhold*, Lutz/*Lenkaitis*, Karlheinz/*Speckmann*, Gerhard, (Hrsg.) Handels- und Gesellschaftsrecht, Praxishandbuch, 2. Auflage, Baden-Baden 2011 (zit.: *Bearbeiter*, in Saenger/Aderhold/Lenkaitis/Speckmann, Handels- und Gesellschaftsrecht).

Saenger, Ingo/*Schulze*, Reiner (Hrsg.), Der Ausgleichsanspruch des Handelsvertreters, Beispiel für die Fortentwicklung angeglichenen europäischen Rechts, Baden-Baden 2000 (*Saenger/Schulze*, Der Ausgleichsanspruch des Handelsvertreters).

Salomon, Thomas/*Wegstein*, Eva, BB-Kommentar zu BGH v. 29.04.2009 – VIII ZR 226/07, BB 2010, S. 339–340.

Schiefelbein, Gert, Beschränkung des ausgleichsberechtigten Erbenkreises für den Fall des Todes des Versicherungsvertreters?, VersR 1965, S. 552–553.

Schmaltz, Jacqueline, Ausgleichsanspruch eines Vertragshändlers gegen seinen Unternehmer, Anmerkung zu BGH 8. Zivilsenat, Urteil vom 16.02.2011 – VIII ZR 226/07, jurisPR-HaGesR 6/20011 Anm. 4.

Schmidt, Karsten (Redakteur), Münchener Kommentar zum Handelsgesetzbuch, Band 1, Erstes Buch, Handelsstand, §§ 1–104, 3. Auflage, München 2010 (zit.: *Bearbeiter*, in MünchKomm HGB).

Schmidt, Karsten, Handelsrecht Unternehmensrecht I, 6. Auflage, Köln, Berlin, Bonn, München 2014 (zit.: *K. Schmidt*, Handelsrecht).

Schmidt, Karsten, Handelsrecht, 5. Auflage, Köln, Berlin, Bonn, München 1999 (zit.: *K. Schmidt*, Handelsrecht, 5. Aufl.).

Schmidt, Karsten, Kundenstammüberlassung und „Sogwirkung der Marke“: taugliche Kriterien für den Ausgleichsanspruch des Vertragshändlers?, DB 1979, S. 2357–2363.

Schmidt, Karsten, Vom Handelsvertreterrecht zum modernen Vertriebsrecht – Handelsrecht, Vertriebspraxis und Kartellrecht, JuS 2008, S. 665–673.

Schnabl, Daniel, Die Höhe der Prozesszinsen beim Handelsvertreterausgleich, Ein Beitrag zur Anwendbarkeit des § 288 II BGB auf Mischtatbestände, NJW 2009, S. 955–957.

Schneider, Egon, Die Billigkeit beim Ausgleichsanspruch des Handelsvertreters (§ 89b Abs. 1 Nr. 3 HGB), MDR 1970, S. 976–979.

Schnitzler, Der Ausgleichsanspruch arbeitsunfähiger Handelsvertreter, DB Beilage Nr. 15/65 zu Heft Nr. 37 vom 17. September 1965, S. 1–8.

Scholz, Rupert, Wie lange bis „Solange III"?, NJW 1990, S. 941–946.

Schreiber, Klaus, Der Ausgleichsanspruch des Handelsvertreters aus prozessualer Sicht, NJW 1998, S. 3737–3743.

Schröder, Georg, Zum Recht der Anzeigenvertreter, DB 1970, S. 1625–1629.

Schröder, Georg, Der Ausgleichsanspruch des Handelsvertreters, BB 1954, S. 477–482.

Schröder, Georg, Recht der Handelsvertreter, Gesetz zur Änderung des Handelsgesetzbuches vom 6. August 1953, 5. Auflage, München 1973 (zit.: *Schröder,* Recht der Handelsvertreter).

Schröder, Georg, Wichtige Gesetzesänderung im Ausgleichsrecht der Handelsvertreter (§ 89b HGB), DB 1976, S. 1269–1273.

Schroeder, Georg, Über die Frage, ob bei Beendigung des Handelsvertretervertrages durch Tod des Handelsvertreters ein Ausgleichsanspruch nach § 89b HGB zur Entstehung gelangt (Rechtsgutachten) in „Entsteht bei Beendigung des Vertragsverhältnisses durch Tod des Handelsvertreters ein Ausgleichsanspruch nach § 89b HGB?", hrsg. vom Forschungsverband für den Handelsvertreter- und Handelsmaklerberuf, Braunschweig 1955 (zit.: *Schroeder,* Über die Frage, ob bei Beendigung des Handelsvertretervertrages durch Tod des Handelsvertreters ein Ausgleichsanspruch nach § 89b HGB zur Entstehung gelangt, 1955).

Schubert, Werner/*Schmiedel,* Burkhardt/*Krampe,* Christoph, (Hrsg.), Quellen zum Handelsgesetzbuch von 1987, Band II, Denkschriften, Beratungen, Berichte, Erster Halbband, Frankfurt am Main 1987 (zit: *Schubert/Schmiedel/Krampe,* Quellen zum Handelsgesetzbuch von 1987, Bd. II).

Schuler, Die Bemessung des Ausgleichsanspruchs des Handelsvertreters, NJW 1958, S. 1113–1117.

Schulze Eckel, Thomas, Die Rechtsstellung des Lotto-Toto-Annahmestellenleiters, Zugleich ein Beitrag zum Recht der Handelsvertretung, Dissertation, Osnabrück, 1993 (zit.: *Schulze Eckel,* Die Rechtsstellung des Lotto-Toto-Annahmestellenleiters).

Schwarze, Jürgen (Hrsg.), EU-Kommentar, 2. Auflage, Baden-Baden 2009 (zit.: Bearbeiter in Schwarze, EU-Kommentar).

Schwarze, Jürgen/*Becker,* Ulrich/*Hatje,* Armin/*Schoo,* Johann, (Hrsg.), EU-Kommentar, 3. Auflage, Baden-Baden 2012 (zit.: *Bearbeiter,* in Schwarze, EU-Kommentar).

Schwerdtner, Peter, Das Recht zur außerordentlichen Kündigung als Gegenstand rechtsgeschäftlicher Vereinbarungen im Rahmen des Handelsvertreterrechts, DB 1989, S. 1757–1759.

Schwerdtner, Peter, Kurzkommentar zu BGH, Urt. v. 8.11.1990 – I ZR 269/88, WM 1991, 602 = BB 1991, 268 (OLG Karlsruhe), in EWiR § 89b HGB 2/91, S. 591–592.

Sellhorst, Ute, Der Ausschluß des Ausgleichs gemäß § 89b Abs. 3 HGB, in: Der Ausgleichsanspruch des Handelsvertreters, Beispiel für die Fortentwicklung angeglichenen europäischen Rechts, hrsg. von Ingo Saenger/Reiner Schulze, Baden-Baden 2000, S. 43–61 (zit.: *Sellhorst,* Ute, Der Ausschluß des Ausgleichs gemäß § 89b Abs. 3 HGB, in Saenger/Schulze, Der Ausgleichsanspruch des Handelsvertreters).

Semler, Franz-Jörg, Das neue Grundsatzurteil des EuGH zu § 89b HGB – Ausgleichsanspruch des Handelsvertreters trotz schwerwiegender Vertragsverletzung, GWR 2010, S. 565–568.

Semler, Franz-Jörg, EuGH „Semen" – Neues zum Ausgleichsanspruch oder mehr?, BB 2009, 2327–2329.

Semmler, Jörg, Die Rechtsstellung des Tankstellenhalters zwischen Handelsvertreter und Vertragshändler - Unter besonderer Berücksichtigung der Rechtsfragen des Ausgleichsanspruchs, Dissertation, Baden-Baden 1994 (zit.: *Semmler,* Die Rechtsstellung des Tankstellenhalters zwischen Handelsvertreter und Vertragshändler).

Sieg, Karl, Rechtsnatur des Ausgleichsanspruchs des Versicherungsvertreters und Folgerungen, VersR 1964, S. 789–792.

Siegert, Reinhard, Der Ausgleichsanspruch des Kfz-Vertragshändlers - Fällt die analoge Anwendung des § 89b HGB?, NJW 2007, S. 188–192.

Sodan, Helge, (Hrsg.) Grundgesetz, Beck'scher Kompakt-Kommentar, 2. Auflage, München 2011 (zit.: *Bearbeiter,* in Sodan, GG).

Specks, Georg, Der Ausgleichsanspruch des Versicherungsvertreters gemäß § 89b HGB, Dissertation, Karlsruhe 2002 (zit.: *Specks*, Der Ausgleichsanspruch des Versicherungsvertreters gemäß § 89b HGB).

Steinhauer, Michael, BB-Kommentar zu BGH, Urteil vom 6.10.2010 – VIII ZR 209/07 –, BB 2011, S. 211–212.

Stolterfoht, Joachim N., Die Selbständigkeit des Handelsvertreters - Ein Beitrag zur Abgrenzung nach Handels-, Arbeits-, Steuer-, und Sozialversicherungsrecht,

Düsseldorf 1973 (zit.: *Stolterfoht,* Die Selbständigkeit des Handelsvertreters, 1973).

Stolterfoht, Joachim N., Handelsrecht, RENGAW-Sammlung, Höchstrichterliche Entscheidungen im Rahmen der Juristischen Arbeitsblätter, Berlin 1973 (zit. Stolterfoht, Handelsrecht, 1973).

Stötter, Viktor/*Lindner,* Hans Christian/*Karrer,* Eugen, Die Provision und ihre Abrechnung – ein Handbuch für Handelsvertreter Versicherungsvertreter, Bausparkassenvertreter, Handelsreisende und Angestellte im Außendienst aus juristischer, betriebswirtschaftlicher und buchhalterischer Sicht, 2. Auflage, München 1980 (zit.: *Stötter/Lindner/Karrer,* Die Provision und ihre Abrechnung, 1980).

Streinz, Rudolf, (Hrsg.), EUV / AEUV, Vertrag über die Europäische Union und Vertrag über die Arbeitsweise der Europäischen Union, 2. Auflage, München 2012 (zit.: *Bearbeiter,* in Streinz, EUV / AEUV).

Ströbl, Albin, Der Ausgleichsanspruch gem. § 89b HGB in der Telekommunikationsbranche, BB 2013, S. 1027–1032.

Thomas, Heinz/*Putzo,* Hans, Zivilprozessordnung, FamFG, Verfahren in Familiensachen, GVG, Einführungsgesetze, EU-Zivilverfahrensrecht, Kommentar, 35. Auflage, München 2014 (zit.: *Bearbeiter,* in Thomas/Putzo, ZPO).

Thume, Karl-Heinz, Anmerkung zu BGH, Urteil vom 16.2.2011 – VIII ZR 226/07, IHR 2011, S. 210–211.

Thume, Karl-Heinz, Anrechnung einer Alters- und Hinterbliebenenversorgungszusage auf den Ausgleichsanspruch des Versicherungsvertreters – ein Handelsbrauch, BB 2002, S. 1325–1332.

Thume, Karl-Heinz, BB-Kommentar zu BGH, Urteil vom 18.4.2007 – VIII ZR 117/06, BB 2007 S. 1750–1752.

Thume, Karl-Heinz, Das Handelsvertreterrecht in Deutschland, IHR 2006, S. 191–206.

Thume, Karl-Heinz, Der alte und der neue Ausgleichsanspruch des Versicherungsvertreters und der anderen Vertriebsmittler, VersR 2012, S. 665–670.

Thume, Karl-Heinz, Der Ausgleichsanspruch des Handelsvertreters gem. § 89 b HGB im Lichte der Europäischen Union, BB 2004, 2473–2478.

Thume, Karl-Heinz, Der neue § 89b Abs. 1 HGB und seine Folgen, BB 2009, S. 2490–2495.

Thume, Karl-Heinz, Der Provisionsanspruch des Handelsvertreters: Grenzen der Vertragsgestaltung, BB 2012, S. 975–982.

Thume, Karl-Heinz, Neue Entwicklungen zum Ausgleichsanspruch gem. § 89b HGB, IHR 2011, S. 7–16.

Thume, Karl-Heinz, Zur richtlinienkonformen Anwendung der §§ 84 ff. HGB im gesamten Vertriebsrecht, BB 2011, S. 1800–1804.

Trinkhaus, Hans, Handbuch der Versicherungsvermittlung, Band I: Provision und Abfindung der Versicherungsvermittler, Berlin 1955 (zit.: *Trinkhaus*, Handbuch der Versicherungsvermittlung, Bd. 1, 1955).

Ulmer, Peter, Der Vertragshändler, Tatsachen und Rechtsfragen kaufmännischer Geschäftsbesorgung beim Absatz von Markenwaren, Habilitationsschrift, München 1969 (zit.: *Ulmer*, Der Vertragshändler, 1969).

Ulmer, Peter, Kündigungsschranken im Handels- und Gesellschaftsrecht – Zum Einfluß der Treupflicht auf die einseitige Vertragsbeendigung, Festschrift für Philipp Möhring zum 75. Geburtstag, 4. September 1975, hrsg. von Wolfgang Hefermehl, Rudolf Nirk, Harry Westermann, München 1975, S. 295–317 (zit.: *Ulmer*, in Festschrift für Möhring).

Ulmer, Peter/*Habersack*, Mathias, Zur Beurteilung des Handelsvertreter- und Kommissionsagenturvertriebs nach Art. 85 Abs. 1 EGV, ZHR 159 (1995), S. 109–134.

Vollkommer, Max, Formenstrenge und prozessuale Billigkeit - Dargestellt am Beispiel der prozessulaen Schriftform - Zur Überwindung des Formformalismus in der Rechtsprechung, Münchener Universitätsschriften, Band 25, München 1973 (zit.: *Vollkommmer*, Formenstrenge und prozessuale Billigkeit, 1973).

Von Bodungen, Thilo, EuGH: Zur Anwendbarkeit der lex fori durch das angerufene Gericht trotz fremder Rechtswahl im Handelsvertretervertrag, BB-Kommentar „Rechtswahl hilft nicht immer", BB 2014, S. 403.

Von Brunn, J. H., Weitere Zweifelsfragen zum neuen Recht der Handelsvertreter, NJW 1954, S. 56–59.

Von Hoyningen-Huene, Gerrick, Die Billigkeit im Arbeitsrecht, Ein Beitrag zur rechtsdogmatischen Präzisierung der Billigkeit im Zivilrecht – dargestellt am Beispiel des Arbeitsrechts, Habilitationsschrift, München 1978 (zit. *von Hoyningen-Huene*, Die Billigkeit im Arbeitsrecht, 1978).

Von Münch, Ingo/*Kunig*, Philip, (Hrsg.), Grundgesetz, Kommentar, Band 1, Präambel bis Art. 69, 6. Auflage, München 2012 (zit.: *Bearbeiter*, in von Münch/Kunig, GG).

Wank, Rolf, Arbeitnehmer und Selbständige, Band 2 der Habilitationsschrift, München 1988 (zit.: *Wank*, Arbeitnehmer und Selbständige, 1988).

Wauschkuhn, Ulf/*Fröhlich*, Joachim, Der nachvertragliche Provisionsanspruch des Handelsvertreters, BB 2010, S. 524–529.

Wesel, Uwe, Geschichte des Rechts, Von den Frühformen bis zu der Gegenwart, 4. Auflage, München 2014 (zit.: *Wesel*, Geschichte des Rechts).

Westphal, Bernd, Die Handelsvertreterrichtlinie und deren Umsetzung in den Mitgliedstaaten der Europäischen Union, Dissertation, Köln 1994 (zit.: Westphal, Die Handelsvertreterrichtlinie und deren Umsetzung in den Mitgliedstaaten der Europäischen Union, 1994).

Westphal, Bernd, Evolution statt Revolution – Das neue Ausgleichsrecht des Handelsvertreters, DB 2010, S. 1333–1338.

Westphal, Bernd, Neues Handelsvertreterrecht zum 1.1.1990, HV 1989, S. 1064–1067.

Westphal, Bernd, Neues Handelsvertreterrecht, Wiesbaden 1991 (zit.: *Westphal,* Neues Handelsvertreterrecht).

Westphal, Bernd, Provisionskollisionen durch Zusammenwirken mehrerer Handelsvertreter für einen Geschäftsabschluß, BB 1991, S. 2027–2029.

Wurm, Michael, Prokura und Handlungsvollmacht – Handelsvertreter und Makler, 1. Auflage, Köln, Berlin, Bonn, München 1988.

Zöller, Richard, Zivilprozessordnung mit FamFG (§§ 1–185, 200–270, 433.484) und Gerichtsverfassungsgesetz, den Einführungsgesetzen, mit Internationalem Zivilprozessrecht, EU-Verordnungen, Kostenanmerkungen, Kommentar, 30. Auflage, Köln 2014 (zit.: *Bearbeiter,* in Zöller, ZPO).

Teil 1 Einführung

A. Einleitung

Innerhalb der deutschen Wirtschaft sind die Handelsvertreter als Verbindung zwischen den einzelnen Marktstufen und zur Erschließung von Märkten von zentralem Belang.[1] Nach Angaben der Centralvereinigung Deutscher Wirtschaftsverbände für Handelsvermittlung und Vertrieb (CDH) e.V.[2], die regelmäßig Statistiken veröffentlicht, vermitteln rund 48.000 Unternehmen jährlich Waren im Wert von ca. 175 Mrd. Euro einschließlich eines Eigenumsatzes von ca. 5 Mrd. Euro pro Jahr.[3] Damit beläuft sich der Einschaltungsgrad in die inländischen Warenströme auf 30 Prozent.[4]

Das Handelsgesetzbuch sieht in den §§ 84 ff. Regeln für den Handelsvertreter vor, der als selbständiger Gewerbetreibender ständig damit betraut ist, für einen anderen Unternehmer Geschäfte zu vermitteln oder in dessen Namen abzuschließen. Die Begriffsbestimmung in § 84 Abs. 1 HGB ist sehr weit gefasst. Wer wird von der Legaldefinition erfasst? Der Gesetzgeber hatte bei Erlass der Vorschriften den Staubsaugervertreter als Warenvertreter vor Augen, der ohne soziale Absicherung für ein Unternehmen auf Provisionsbasis tätig ist.[5] Dieses gesetzliche Leitbild hat die Regelungen des Handelsgesetzbuchs zum Handelsvertreter geprägt.[6] Stimmt das Leitbild mit dem Erscheinungsbild des Handelsvertreters im Wirtschaftsleben überein oder können mehr oder minder mit dem Warenvertreter verwandte Berufsgruppen in den Anwendungsbereich der §§ 84 ff. HGB fallen? Die Beantwortung der Frage ist bei Beendigung des Handelsvertretervertrages für die beteiligten

1 *K. Schmidt*, Handelsrecht, § 25 II Rn. 11 ff.; *ders.*, Jus 2008, 665.

2 Die Dachorganisation CDH firmierte ehemals als Centralvereinigung Deutscher Handelsvertreter- und Handelsmaklerverbände, siehe *Duden*, Recht der Handelsvertreter, § 84 S. 4; *Emde*, in Staub, Großkommentar HGB, Vor § 84 Rn. 10; *Küstner*, Der Ausgleichsanspruch des Handelsvertreters, 1961, S. 5.

3 http://www.cdh.de/handelsvertreter/daten-fakten, zuletzt abgerufen am 29.6.2014. Der CDH-Forschungsverband erhebt alle zwei Jahre zusammen mit der IfH (Institut für Handelsforschung GmbH, Köln) Daten, deren Auswertung als CDH-Statistik – zuletzt 2012 – veröffentlicht wird.

4 http://www.cdh.de/handelsvertreter/daten-fakten, zuletzt abgerufen am 29.6.2014.

5 *Martinek*, in Festschrift für Lüke, S. 409, 430.

6 *Martinek*, ZHR 161 (1997), 67, 74; zur Entwicklung des gesetzlichen Typusbegriffs siehe den ausführlichen Beitrag von *Hirsch*, in Festschrift für Tiburtius, S. 383, 386 ff.; *Stolterfoht*, Die Selbständigkeit des Handelsvertreters, 1973, S. 67 ff., 149 ff.

Parteien elementar, denn § 89b Abs. 1 S. 1 HGB gewährt dem Handelsvertreter einen Anspruch auf angemessenen Ausgleich.

Neben der drohenden Verpflichtung zu einer Ausgleichszahlung hat die Vertragsbeendigung für den Unternehmer zur Konsequenz, dass er seinen ständigen Absatzmittler verliert, der u.a. Kundennähe und Sachkunde gewährleistet.[7] Für den Handelsvertreter bedeutet die Vertragsbeendigung den Verlust von Provisionen aus Geschäften, die der Unternehmer mit Kunden tätigt, welche der Handelsvertreter geworben hat.[8] Zwar hat der Handelsvertreter gem. § 87 Abs. 3 HGB einen Provisionsanspruch hinsichtlich der von ihm bereits eingeleiteten Geschäfte, die erst nach Beendigung des Handelsvertretervertrages geschlossen werden. In der Regel zieht der Unternehmer aber darüber hinaus gehende Vorteile aus der vermittelten Kundenbeziehung.[9] Er schließt z.B. weitere nicht mehr provisionspflichtige Verträge ab, die ihren Ursprung in der Tätigkeit des Handelsvertreters haben.[10] Die geknüpften Kontakte wirken nach der Vertragsbeendigung fort. Des Weiteren hat der Handelsvertreter durch sein Auftreten auf dem Markt für den Unternehmer einen Goodwill (Geschäfts- oder Firmenwert) geschaffen.[11] Bei Vertragsbeendigung verliert der Handelsvertreter den von ihm aufgebauten Kundenstamm an den Unternehmer bzw. an den nachfolgenden Handelsvertreter.[12] Damit nimmt er unter Umständen eine Gefährdung seiner wirtschaftlichen

---

7 *Hopt*, in Baumbach/Hopt, HGB, § 84 Rn. 1; *K. Schmidt*, Handelsrecht, § 27 II Rn. 34.

8 *Saenger*, Der Ausgleichsanspruch des Handelsvertreters bei Eigenkündigung, 1997, S. 9; *Thume*, in Röhricht/Graf von Westphalen/Haas, HGB, § 89b Rn. 12; *Wauschkuhn*, in Flohr/Wauschkuhn, Vertriebsrecht, § 89b HGB Rn. 6.

9 *Canaris*, Handelsrecht, § 15 Rn. 98; *Genzow*, in Ensthaler, GK-HGB, § 89b Rn. 2.

10 *Busche*, in Oetker, HGB, § 89b Rn. 1; *Genzow*, in Ensthaler, GK-HGB, § 89b Rn. 17; *U. Müller*, in Saenger/Aderhold/Lenkaitis/Speckmann, Handels- und Gesellschaftsrecht, 1. Teil § 1, F. Rn. 707; *Thume*, in Küstner/Thume, Handbuch des gesamten Vertriebsrechts, Bd. 2, Kap. I Rn. 13.

11 *Busche*, in Oetker, HGB, § 89b Rn. 1; *Hopt*, in Baumbach/Hopt, HGB, § 89b Rn. 1. Ebenso stellt der Kommissionsbericht vom 23.7.1996 [KOM (96) 364 S. 1] über die Anwendung des Art. 17 der Richtlinie 86/653/EWG auf den durch die Tätigkeit des Handelsvertreters gesteigerten Goodwill des Unternehmers ab; zustimmend *Pauly*, MDR 2013, 694, 696; *Westphal*, DB 2010, 1333, 1336.

12 *Löwisch*, in Ebenroth/Boujong/Joost/Strohn, HGB, § 89b Rn. 2; *Roth*, in Koller/Roth/Morck, HGB, § 89b Rn. 1.

Existenz in Kauf.[13] Die ökonomischen Folgen der Vertragsbeendigung sind dementsprechend insbesondere für den Handelsvertreter immens.[14]

Die über die Vertragsbeendigung hinaus wirkenden Vorteile des Unternehmers fließen nach § 89b Abs. 1 S. 1 Nr. 1 HGB ebenso in die Bemessung des Ausgleichs ein, wie die dem Handelsvertreter aus Geschäften mit den von ihm geworbenen Kunden entgehenden Provisionen. Die Provisionsverluste sind nach § 89b Abs. 1 S. 1 Nr. 2 HGB im Rahmen einer Billigkeitsprüfung zu berücksichtigen. Der dritte Absatz des § 89b HGB beinhaltet in den Nummern 1 und 2 weitere konkretisierte Billigkeitsnormen[15] für den Fall der Beendigung des Vertragsverhältnisses durch Kündigung. Bei Kündigung des Handelsvertreters besteht der Ausgleichsanspruch nach Nr. 1 der Vorschrift nicht[16], wenn ein Verhalten des Unternehmers hierzu begründeten Anlass gegeben hat oder dem Handelsvertreter eine Fortsetzung seiner Tätigkeit wegen seines Alters oder wegen Krankheit nicht zugemutet werden kann. Kündigt der Unternehmer das Vertragsverhältnis und lag für die Kündigung ein wichtiger Grund wegen schuldhaften Verhaltens des Handelsvertreters vor, so entsteht der Ausgleichsanspruch nach § 89b Abs. 3 Nr. 2 HGB ebenfalls nicht. Der Anspruch auf Ausgleichszahlung entfällt in den in § 89b Abs. 3 HGB geregelten Fällen in voller Höhe. Das strikte Prinzip in der Vorschrift lautet ganz oder gar nicht.

Schwierigkeiten bereitet dem Rechtsanwender vor allem § 89b Abs. 1 HGB wegen der Unbestimmtheit der tatbestandlichen Voraussetzungen des Anspruchs und der Billigkeitsprüfung. Drei Vorsitzende Richter des Landgerichts München I umschrieben die Vorschrift des § 89b HGB mit den Worten, das HGB biete „wohl keine unpräzisere und regelmäßig bezüglich Grund und Höhe streitigere Bestimmung als § 89b HGB mit oft sehr hohen Klageanträgen und jahrelangen Prozessen".[17] Gebrandmarkt wird die Norm im Schrifttum als „Zankapfel"[18],

---

13 *Moritz*, DB 1987, 875, 876; *Saenger*, DB 2000, 129.

14 *Busche*, in Oetker, HGB, § 89b Rn. 1; *Emde*, Vertriebsrecht, § 89b Rn. 7; *Saenger*, DB 2000, 129; *Thume*, in Küstner/Thume, Handbuch des gesamten Vertriebsrechts, Bd. 2, Kap. I Rn. 10; *Wauschkuhn*, in Flohr/Wauschkuhn, Vertriebsrecht, § 89b HGB, Rn. 7.

15 BGH v. 28.2.2007 – VIII ZR 30/06 –, BGHZ 171, 192, 199.

16 In der Literatur wird insoweit teilweise vom „Ausschluss des Ausgleichsanspruchs" bzw. von „Ausschlussgründen" gesprochen, so *Canaris*, Handelsrecht, § 15 Rn. 116 ff.; *Thume*, in Küstner/Thume, Handbuch des gesamten Vertriebsrechts, Bd. 2, Kap. XI Rn. 3 ff.; *K. Schmidt*, Handelsrecht, § 27 V 2 Rn. 81 verwendet den Begriff der „Ausschlussregelung". An anderer Stelle finden sich Formulierungen wie „Entfallen des Anspruchs", so in *Hopt*, in Baumbach/Hopt, HGB, § 89b Rn. 52, 69.

17 *Kainz/Lieber/Puszkajler*, BB 1999, 434, 436.

18 *Thume*, in Röhricht/Graf von Westphalen/Haas, HGB, § 89b Rn. 2.

„Justizübel“[19] und vieles mehr. Die fehlenden gesetzlichen Vorgaben für die Ausgleichsbemessung stellen die Tatsachengerichte auf der Suche nach einer zeitnahen und möglichst einvernehmlichen Streitbeilegung vor schier unlösbare Probleme. Der BGH überlässt die Ausfüllung des vom Gesetzgeber überlassenen weiten Freiraums der richterlichen Schätzung nach § 287 ZPO.[20] Die fehlende Präzision der Tatbestandsmerkmale in § 89b HGB führt kombiniert mit vom BGH zugelassenen vielfältigen Schätzungsmethoden in der Praxis zu einer vielbeklagten, unüberschaubaren Einzelfallrechtsprechung.[21] Die auf diese Weise entstehende Rechtsunsicherheit wird verbreitet als nicht mehr hinnehmbar angesehen.[22]

Die auf europäischer Ebene im Jahre 1986 erlassene Richtlinie des Rates der Europäischen Gemeinschaften zur Koordinierung der Rechtsvorschriften der Mitgliedstaaten betreffend die selbständigen Handelsvertreter (EG-Richtlinie 86/653/EWG vom 18.12.1986)[23] sowie die in den Folgejahren ergangene Rechtsprechung des EuGH haben bislang im deutschen Handelsvertreterrecht nicht zur Konfliktlösung beigetragen. Die EG-Handelsvertreter-Richtlinie verwendet zwar den Begriff des Handelsvertreters, ihr unmittelbarer Anwendungsbereich beschränkt sich aber nach Art. 1 Abs. 2 der Richtlinie auf Warenvertreter. Die nationale Regelung in § 89b HGB diente dem Richtliniengeber als Vorbild für die Ausgestaltung des Ausgleichsanspruchs in Art. 17 und 18 der EG-Richtlinie 86/653/EWG.[24] Ist die EG-Handelsvertreter-Richtlinie mittelbar auch auf Versicherungsvertreter, Vertragshändler und alle anderen Gruppen von Vermittlern anwendbar, auf die die Rechtsprechung des BGH den Geltungsbereich der §§ 84 ff. HGB erstreckt? Die Konsequenzen aus dem zunehmenden Einfluss der Rechtsprechung des EuGH im Hinblick auf den Ausgleichsanspruch nach § 89b HGB sind näher zu beleuchten. Ferner sollen die Gründe für die de lege lata beklagte Rechtsunsicherheit offen gelegt werden. Angesichts der vernichtenden Kritik sowie der schwierigen europarechtlichen Fragestellungen drängt sich die

---

19 *Martinek*, in Festschrift für Lüke, 1997, 409, 412.

20 Vgl. *Kainz/Lieber/Puszkajler*, BB 1999, 434, 436.

21 Zur Kasuistik siehe nur *von Hoyningen-Huene*, in MünchKomm HGB, § 89b Rn. 106 ff.; zum Praxisbefund *Kainz/Lieber/Puszkajler*, BB 1999, 434, 436.

22 *K. Schmidt*, Handelsrecht, § 27 V Rn. 94; *Emde*, in Festschrift für Karsten Schmidt, S. 331, 332; *Martinek*, in Festschrift für Lüke, S. 409, 410.

23 ABl. EG Nr. L 382 S. 17 ff.; abgedruckt bei Küstner/Thume, Handbuch des gesamten Vertriebsrechts, Bd. 2, Anhang 2, S. 924 ff.

24 Kommissionsbericht vom 23.7.1996 [KOM (96) 364 S. 1].

Frage nach Alternativen zu § 89b HGB in der geltenden Fassung auf. Wer kann de lege ferenda den unbefriedigenden Rechtszustand verbessern? Ist der nationale Gesetzgeber zu einer Reform im Alleingang autorisiert oder müsste die EG-Handelsvertreter-Richtlinie geändert werden?

B. Gang der Untersuchung

Ausgangspunkt der Untersuchung ist der Widerspruch zwischen der ökonomischen Bedeutung der Handelsvertreter für die u.a. durch den Handel geprägte Wirtschaft im Zuge der Industrialisierung einerseits und seiner geschwächten Stellung gegenüber dem Geschäftsherren andererseits. Das Ungleichgewicht im Kräfteverhältnis zwischen dem Handelsvertreter und dem Unternehmer prägte das HGB von 1953, das erstmals im deutschen Handelsrecht einen Ausgleichsanspruch für Handelsvertreter vorsah.[25] Ziel des Gesetzgebers war es insbesondere durch die Regelung in § 89b HGB, die schlechte wirtschaftliche Situation des Handelsvertreters zu verbessern.[26] Der einführende 2. Teil der Arbeit beleuchtet die Entwicklung des Ausgleichsanspruchs im deutschen Recht seit seiner Einführung im Jahr 1953 unter besondere Beachtung des wechselseitigen Einflusses zwischen der nationalen Regelung in § 89b HGB und Art. 17 und 18 der EG-Richtlinie 86/653/EWG vom 18.12.1986.[27]

Im Fokus des 3. Teils stehen die vielfältigen Erscheinungsformen des Handelsvertreters, sein Tätigkeitsbild sowie seine wirtschaftliche Funktion als Absatzmittler. Gemeinsam ist allen Handelsvertretern, dass sie ständig mit der Vermittlung von Geschäften für Unternehmer betraut sind. Zu unterscheiden ist dabei nach Branchen etwa zwischen Warenvertretern und Versicherungsvertretern sowie hinsichtlich der rechtlichen Stellung z.B. zwischen Ein- und Mehrfirmenvertretern je nachdem, ob der Handelsvertreter für einen oder mehrere Unternehmer parallel auftritt. Der Grad der Eingliederung in das Unternehmen und der wirtschaftlichen Abhängigkeit von dem Unternehmer ist bedeutsam für die Rechtfertigung eines sozialen Schutzes in Form eines etwaigen Ausgleichsanspruchs bei Beendigung des Handelsvertretervertrages.

Gegenstand des 4. Teils sind die formalen Anforderungen an einen Handelsvertretervertrag sowie ein Überblick über wichtige gesetzliche und vertragliche Provisionsansprüche des Handelsvertreters. Unterschieden wird insoweit zum

25 *Martinek*, ZHR 161 (1997), 67, 72.

26 Begründung zum Entwurf eines Gesetzes zur Änderung des Handelsgesetzbuches (Recht der Handelsvertreter) vom 15.11.1952, BT- Drucks. 1/3856, S. 10 f.

27 ABl. EG Nr. L 382 S. 17 ff.

einen nach dem rechtlichen Status des Vertreters sowie in der Praxis häufig zwischen reinen Vermittlungs- bzw. Abschlussprovisionen und Verwaltungs- oder Bestandspflegeprovisionen. Der Blick richtet sich zudem auf die Beendigungsgründe des Handelsvertretervertrages und die Voraussetzungen und Folgen einer ordentlichen oder außerordentlichen Kündigung. Die Kündigung des Handelsvertretervertrages hat u.U. Konsequenzen für die Entstehung bzw. den Wegfall des Ausgleichsanspruchs.

Der Schwerpunkt im 5. Teil der Arbeit liegt auf der Frage nach der Rechtsnatur des Ausgleichsanspruchs des Handelsvertreters, die sich von den gängigen vertraglichen und außervertraglichen Ansprüchen unterscheidet. Ist der Ausgleichsanspruch eine zusätzliche Vergütung für vom Handelsvertreter während der Vertragslaufzeit vermittelte Geschäftsabschlüsse und für den Aufbau der Kundenbeziehungen oder steht der soziale Schutz des Handelsvertreters im Vordergrund? Das Meinungsspektrum im Schrifttum reicht von einem Entschädigungsanspruch über einen reinen Vergütungsanspruch bis hin zu einer Sozialschutznorm. Die Vorfrage der Rechtsnatur beeinflusst die weitere Untersuchung, da die Gewährung des Ausgleichsanspruchs dem Grunde und der Höhe nach im Zweifel von den Zielen des Gesetzgebers abhängt.

Die vom BGH in seiner langjährigen Rechtsprechung entwickelten Grundsätze zur Berechnung des Ausgleichsanspruchs sind Gegenstand der Darstellung im 6. Teil. Unter Geltung des § 89b Abs. 1 Nr. 1 bis 3 HGB in der Fassung vor der Änderung am 31.7.2009[28] orientierte sich der BGH an den vom Handelsvertreter erlittenen Provisionsverlusten, die ein eigenständiges Tatbestandsmerkmal gem. § 89b Abs. 1 Nr. 2 HGB a.F. waren. In die Ausgleichsberechnung flossen die nach Vertragsbeendigung fortwirkenden Vorteile des Unternehmers ein. Der BGH ermittelte den angemessenen Ausgleich über einen im Beendigungszeitpunkt in die Zukunft gerichteten prognostischen Blick (sog. Prognoserechtsprechung), der nach § 89b Abs. 1 Nr. 3 HGB a.F. Billigkeitsgesichtspunkte mit einbezog.

Der 7. Teil beinhaltet die Folgen der EuGH-Entscheidung v. 26.3.2009[29] in der Rechtssache Turgay Semen gegen Deutsche Tamoil GmbH. Darin stellte der EuGH Mängel im Rahmen der Billigkeitsprüfung des BGH fest. Auslöser für die von der EG-Richtlinie abweichende Interpretation des § 89b Abs. 1 Nr. 2 HGB a.F. durch den BGH war die ungenaue Umsetzung der EG-Handelsvertreter-Richtli-

---

28 Die Neufassung ist am 05.08.2009 in Kraft getreten, Art. 8 des Gesetzes zur Neuregelung der Rechtsverhältnisse bei Schuldverschreibungen aus Gesamtemissionen und zur verbesserten Durchsetzbarkeit von Ansprüchen von Anlegern aus Falschberatung vom 31.07.2009, BGBl. I, S. 2512, 2519.

29 EuGH v. 26.3.2009 – C-348/07 –, Slg. 2009, I-02341, abgedruckt in BB 2009, 1607 ff.

nie durch den nationalen Gesetzgeber im Gesetz vom 23.10.1989[30]. Der deutsche Gesetzgeber änderte den Wortlaut aufgrund der Entscheidung des EuGH, sodass § 89b Abs. 1 HGB nun inhaltsgleich mit Art. 17 Abs. 2a der EG-Richtlinie ist. Die Konsequenzen der Anpassung des Wortlauts in § 89b Abs. 1 HGB n.F. auf die Rechtsprechung des BGH sind zu untersuchen.

Im Mittelpunkt der Betrachtung steht im 8. Teil der Ausschlussgrund gem. § 89b Abs. 3 Nr. 2 HGB. Schwerpunkt der Darstellung ist hier die Volvo-Car Entscheidung des EuGH[31], die auf einer nicht exakten Transformation der EG-Richtlinie 86/653/EWG basiert. Nach der richtlinienkonformen Auslegung des EuGH muss zwischen dem wichtigen Kündigungsgrund und der Kündigung des Unternehmers eine kausale Verknüpfung bestehen. Der BGH gab aufgrund dieser EuGH-Entscheidung seine gegenteiligen Rechtsprechung auf, nach der entsprechend dem Wortlaut des § 89b Abs. 3 Nr. 2 HGB ein solcher Kausalzusammenhang für die Anwendung der Vorschrift nicht erforderlich sein sollte.[32] Welche Folgen hat es, dass der Wortlaut des § 89b Abs. 3 Nr. 2 HGB trotz des Verfahrens bislang nicht an die Formulierung des Art. 18 lit. a der EG-Handelsvertreter-Richtlinie angepasst wurde?

Der 9. Teil befasst sich mit der Frage, unter welchen Voraussetzungen die Eigenkündigung des Handelsvertreters gem. § 89b Abs. 3 Nr. 1 HGB für diesen zum Verlust des Ausgleichsanspruchs führt. Die Kündigung des Handelsvertreters führt danach grundsätzlich zum Ausschluss des Ausgleichsanspruchs, es sei denn ein Verhalten des Unternehmers hat hierzu begründeten Anlass gegeben oder der Handelsvertreter ist an der Fortsetzung des Vertrages wegen Alters oder Krankheit gehindert. An dieser Stelle ist zu untersuchen, ob aus der Volvo-Car Entscheidung des EuGH[33] zu § 89b Abs. 3 Nr. 2 HGB Konsequenzen für den Ausschlussgrund gem. § 89b Abs. 3 Nr. 1 HGB zu ziehen sind. Der Wortlaut des § 89b Abs. 3 Nr. 1 HGB weicht von Art. 18 lit. b der EG-Richtlinie ab. Die Folgen der Textdivergenz und ein etwaiger Handlungsbedarf sollen untersucht werden.

30 Gesetz zur Durchführung der EG-Richtlinie zur Koordinierung des Rechts der Handelsvertreter vom 23. Oktober 1989, BGBl. I, S. 1910, in Kraft getreten am 1.1.1990; vgl. dazu *Ankele*, DB 1989, 2211 ff.; *Horn*, ZIP 1988, 137 f.; *Küstner/von Manteuffel*, BB 1990, 291 ff.; *Kuther*, NJW 1990, 304 f.; *Westphal*, HV 1989, 1064 ff.

31 EuGH v. 28.10.2010 – C-203/09 –, Slg. 2010, I-10721 (Volvo-Car Germany), abgedruckt in VersR 2011, 623 ff.

32 BGH v. 16.02.2011 – VIII ZR 226/07, BB 2011, 973 ff.

33 EuGH v. 28.10.2010 – C-203/09 –, Slg. 2010, I-10721 (Volvo-Car Germany).

Der 10. Teil beinhaltet die Prüfung der im Schrifttum aufgeworfenen Frage nach der Verfassungsmäßigkeit[34] des Ausschlusses des Ausgleichsanspruchs gem. § 89b Abs. 3 Nr. 1 HGB bei Eigenkündigung des Handelsvertreters. Die Bindung des Handelsvertreters an den Vertrag dergestalt, dass bei Eigenkündigung der Verlust des Ausgleichsanspruchs droht, ist nach einer in der Literatur vertretenen Ansicht nicht gerechtfertigt. Der Streitpunkt war beim Bundesverfassungsgericht bereits Gegenstand eines Kammerbeschluss v. 22.08.1995[35], der näher beleuchtet wird.

Im 11. Teil ist zu untersuchen, inwieweit die in den § 89b Abs. 1 und 3 HGB verankerte Billigkeitsprüfung geeignet ist, das vom Gesetzgeber avisierte Ziel der Einzelfallgerechtigkeit zu erreichen. Denn auch die Ausschlusstatbestände des § 89b Abs. 3 HGB stellen nach Sinn und Zweck konkretisierte Billigkeitsregeln dar.[36] Zu prüfen ist auch, ob der breite Beurteilungsspielraum der Gerichte im Rahmen der Billigkeitserwägungen im Einklang steht mit dem Bedürfnis der Vertragsparteien, insbesondere des Handelsvertreters, nach Vorhersehbarkeit und Berechenbarkeit des Ausgleichsanspruchs.

Der 12. Teil behandelt de lege ferenda zu erwägende Anpassungen der EG-Richtlinie 86/653/EWG, um mehr Rechtssicherheit für den Handelsvertreter und den Unternehmer zu erreichen. Dabei liegt ein wesentliches Augenmerk auf Alternativen zur Berechnung des Ausgleichsanspruchs unter Billigkeitsaspekten. Ziel muss es sein, einen klageweise durchsetzbaren und von den Parteien vorab berechenbaren Ausgleichsanspruch zu schaffen.

---

34 Kritisch insoweit *Haas,* BB 1992, 941; *Meyer,* Handelsvertreterrecht, 1978, S. 253 ff. *Moritz,* DB 1987, 875, 876 ff.; *Schröder,* DB 1976, 1269, 1273.

35 BVerfG v. 22.8.1995 – 1 BvR 1624/92 –, NJW 1996, 381 f.

36 BGH v. 28.2.2007 – VIII ZR 30/06 –, BGHZ 171, 192, 199.

Teil 2 Ursprung des Handelsvertreters und Wandel im Zuge der EG-Richtlinie

A. Vom Handlungsagenten zum Handelsvertreter

I. Handlungsagent als Vorläufer des Handelsvertreters

Die Zersplitterung des deutschen Rechts wurde auf dem Gebiet des Handelsverkehrs als besonders hinderlich empfunden.[37] In Anbetracht dessen wurden hier die ersten Vereinheitlichungsversuche unternommen.[38] Das Handelsrecht wurde in der Folge im 19. Jahrhundert Vorreiter und „Motor" auf dem Weg zur allgemeinen Rechtseinheit in Deutschland[39]. Die Industrialisierung schaffte die Voraussetzungen für die Entstehung des Berufsbildes des Handelsvertreters.[40] Die Bestrebungen um eine nationale Rechtseinheit mündeten in dem Allgemeinen Deutschen Handelsgesetzbuch (ADHGB), das 1861 auf Empfehlung des Bundestages von den allermeisten Einzelstaaten vollzogen wurde.[41] Das ADHGB enthielt Vorschriften über Handelsmäkler als amtlich bestellte Vermittler für Handelsgeschäfte, jedoch war die Rechtsstellung des Handlungsagenten[42] (früherer Sprachgebrauch für Handelsvertreter) nicht besonders geregelt.[43] Während das Allgemeine Deutsche Handelsgesetzbuch von 1861 keine

---

37 *Canaris,* Handelsrecht, § 1 Rn. 50; *Ensthaler,* in Ensthaler, GK-HGB, Einleitung Rn. 11; *Röhricht,* in Röhricht/Graf von Westphalen/Haas, HGB, Einl. Rn. 21.

38 *Canaris,* Handelsrecht, § 1 Rn. 50; *K. Schmidt,* Handelsrecht, § 2 II Rn. 6.

39 *Wesel,* Geschichte des Rechts, S. 450.

40 Begründung zum Entwurf eines Gesetzes zur Änderung des Handelsgesetzbuches (Recht der Handelsvertreter), BT-Drs. 1/3856, S. 9; *Schmidt-Rimpler,* in Ehrenberg, Handbuch des gesamten Handelsrechts, V/1/1, S. 48; *Baldi,* Das Recht des Warenvertriebs in der Europäischen Gemeinschaft, 1988, S. VII.

41 *Canaris,* Handelsrecht, § 1 Rn. 51; *Ensthaler,* in Ensthaler, GK-HGB, Einleitung Rn. 11; *K. Schmidt,* in MünchKomm HGB, Vor § 1 Rn. 21; *Oetker,* in Oetker, HGB, Einleitung Rn. 1; *ders.,* Handelsrecht, § 1 Rn. 9; *Röhricht,* in Röhricht/Graf von Westphalen/Haas, HGB, Einl. Rn. 21.

42 Teilweise findet sich in der Literatur auch die Bezeichnung „*Handelsagent*", so z.B. in *Behm,* Der Handelsagent, 1913.

43 Begründung zu dem Entwurf eines Handelsgesetzbuchs für das Deutsche Reich von 1895 (Denkschrift zum RJA-EI), abgedruckt bei *Schubert/Schmiedel/Krampe,* Quellen zum Handelsgesetzbuch von 1897, Bd. II, S. 56; *Emde,* in Staub, Großkommentar HGB, Vor § 84 Rn. 9.

Regelung der rechtlichen Verhältnisse des Handelsvertreters enthielt,[44] widmete sich das Handelsgesetzbuch (HGB) vom 10.05.1897[45] als erstes Gesetz der Welt dem Handelsvertreter.[46] Ursprünglich wurde der Handelsvertreter in der Rechtssprache als „Handlungsagent" bezeichnet.[47] Diese Bezeichnung hat sich allerdings nicht eingebürgert.[48] Aufgrund der wirtschaftlichen Bedeutung des Geschäftsbetriebs der Handlungsagenten wurde eine ausdrückliche gesetzliche Regelung im HGB von 1897 für notwendig gehalten.[49] Ziel der Regelung sollte die Verbesserung der nach damaliger Rechtslage schlechteren Stellung des Handlungsagenten gegenüber dem Handlungsgehilfen sein.[50] Die Normen zum Handlungsagenten befanden sich im siebenten Titel des ersten Buches in den §§ 84–92 HGB von 1897.[51] Kennzeichnend ist nach § 84 Abs. 1 HGB von 1897, dass „er ohne als Handlungsgehilfe angestellt zu sein, ständig damit betraut ist, für das Handelsgewerbe eines anderen Geschäfte zu vermitteln oder im Namen des anderen abzuschließen." Er betreibt selbst nach § 1 Abs. 2 Nr. 7 HGB von 1897 wie Handelsmäkler ein Handelsgewerbe und ist selbständiger Kaufmann.[52] Ein Anstoß für die gesetzliche Regelung des Handlungsagenten war, dass die

---

44 *Schmidt-Rimpler*, in Ehrenberg, Handbuch des gesamten Handelsrechts, V/1/1, S. 50.

45 Das HGB (Handelsgesetzbuch vom 10.5.1897, abgedruckt im RGBl. S. 219) trat nach Art. 1 Abs. 1 EGHGB gleichzeitig mit dem BGB (Bürgerliches Gesetzbuch vom 18.8.1896, RGBl. S. 195) in Kraft, wobei Art. 1 EGBGB (Einführungsgesetz zum Bürgerlichen Gesetzbuch vom 18.8.1986, RGBl. S. 604) für das Inkrafttreten des BGB den 1.1.1900 bestimmte. Nur der sechste Abschnitt des ersten Buches des Handelsgesetzbuches über Handlungsgehilfen und Handlungslehrlinge trat mit Ausnahme des § 65 HGB betreffend der Provision am 1. Januar 1898 in Kraft, vgl. Art. 1 Abs. 2 EGHGB.

46 Begründung zum Entwurf eines Gesetzes zur Änderung des Handelsgesetzbuches (Recht der Handelsvertreter), BT-Drs. 1/3856, S. 9; *Brüggemann*, in Staub, Großkommentar HGB, 4. Aufl., Vor § 84 Rn. 4.

47 Begründung zum Entwurf eines Gesetzes zur Änderung des Handelsgesetzbuches (Recht der Handelsvertreter), BT-Drs. 1/3856, S. 9; *Duden*, Recht der Handelsvertreter, § 84 S. 4; *Emde*, in Staub, Großkommentar HGB, Vor § 84 Rn. 9; *Hopt*, Handelsvertreterrecht, § 84 Rn. 2; *Gessler*, Der Ausgleichsanspruch der Handels- und Versicherungsvertreter, 1953, S. 1.

48 Begründung Regierungsentwurf, BT-Drs. 1/3856, S. 9, 14.

49 Begründung zu dem Entwurf eines Handelsgesetzbuchs für das Deutsche Reich von 1895 (Denkschrift zum RJA-EI), abgedruckt bei *Schubert/Schmiedel/Krampe,* Quellen zum Handelsgesetzbuch von 1897, Bd. II, S. 56; *Sonnenschein/Weitemeyer,* in Heymann, HGB, Vor § 84 Rn. 2.

50 *Sonnenschein/Weitemeyer,* in Heymann, HGB, Vor § 84 Rn. 2.

51 *Brüggemann*, in Staub, Großkommentar HGB, 4. Aufl., Vor § 84 Rn. 4.

52 *Martinek,* ZHR 161 (1997), 67, 68.

Normen des künftigen BGB über den Dienst- und Werkvertrag sowie die wenigen Grundsätze der Rechtsprechung zum Handlungsagenten als nicht ausreichend empfunden wurden.[53]

II. Gesetz zur Änderung des Handelsgesetzbuchs vom 6. August 1953

Ein Makel der Regelungen des Handlungsagenten war seine geschwächte Stellung gegenüber dem stärkeren Geschäftsherrn.[54] Dies galt vor allem für den Typus des Einfirmenvertreters, der sich in vielen Branchen durchsetzte.[55] Selbst wenn der Handlungsagent gleichzeitig für mehrere Firmen tätig sein konnte und sich diese dann tatsächlich die Kosten seines Betriebs teilten, konnte auf diese Weise das Ungleichgewicht des Handlungsagenten gegenüber den Geschäftsherrn nicht kompensiert werden.[56]

Die Schwächen des Rechts des Handlungsagenten führten in der Nachkriegszeit dazu, dass im Jahr 1953 nach langwierigen und kontroversen Beratungen der siebente Abschnitt des HGB grundlegend geändert wurde.[57] Entsprechend dem Sprachgebrauch des täglichen und kaufmännischen Lebens wurde mit der HGB Novelle 1953[58] die Bezeichnung „Handlungsagent" durch den Begriff „Handelsvertreter" ersetzt.[59] Im Zuge des Gesetzes zur Änderung des Handelsgesetzbuchs (Recht der Handelsvertreter) vom 6. August 1953 hat der Gesetzgeber Normen in das Handelsgesetzbuch eingefügt, die nicht zur Disposition der Vertragspartner (Handelsvertreter und Unternehmer) stehen.[60] Er hat darin der vertraglichen Gestaltungsfreiheit in den Rechtsbeziehungen zwischen Unternehmen und den für sie tätigen Handelsvertretern Grenzen gesetzt. In der

---

53 Begründung zu dem Entwurf eines Handelsgesetzbuchs für das Deutsche Reich von 1895 (Denkschrift zum RJA-EI), abgedruckt bei *Schubert/Schmiedel/Krampe,* Quellen zum Handelsgesetzbuch von 1897, Bd. II, S. 56; *Martinek,* ZHR 161 (1997), 67, 68.

54 *Emde*, in Staub, Großkommentar HGB, Vor § 84 Rn. 10.

55 *Martinek*, ZHR 161 (1997), 67, 72.

56 *Emde*, in Staub, Großkommentar HGB, Vor § 84 Rn. 9; *Martinek*, ZHR 161 (1997), 67, 72 m.w.N.

57 *Martinek*, ZHR 161 (1997), 67, 72.

58 Gesetz zur Änderung des Handelsgesetzbuches (Recht der Handelsvertreter) vom 6.8.1953, BGBl. I, S. 771; Begründung Regierungsentwurf, BT-Drs. 1/3856, S. 9, 14.

59 *Duden*, Recht der Handelsvertreter, § 84 S. 4; *Sonnenschein/Weitemeyer,* in Heymann, HGB, Vor § 84 Rn. 4.

60 *Emde*, in Staub, Großkommentar HGB, Vor § 84 Rn. 11.

Begründung des Regierungsentwurfs[61] wird das Spannungsverhältnis zwischen Handelsvertreter und Unternehmer und die wirtschaftliche Situation des Handelsvertreters deutlich:

„Die wirtschaftliche Lage der Handelsvertreter als selbständige Kaufleute hat sich durch die sozialen Umwälzungen seit 1918 von Grund auf geändert. Gegenüber den wirtschaftlich unabhängigen Handelsvertretern überwiegt die Zahl der von den Unternehmern mehr oder weniger wirtschaftlich abhängigen Handelsvertreter erheblich. Diese Handelsvertreter vermögen, obwohl sie rechtlich ebenfalls selbständige Kaufleute sind, den wirtschaftlich überlegenen Unternehmern gegenüber nicht gleichberechtigt aufzutreten. Der Grundsatz der Vertragsfreiheit, der das Handlungsagentenrecht des HGB beherrscht, wirkt sich vielfach zu ihrem Nachteil aus. Es wird deshalb anstelle der Vertragsfreiheit eine gesetzliche Regelung angestrebt, die der im allgemeinen schwächeren Stellung der Handelsvertreter Rechnung trägt. Zwingende gesetzliche Vorschriften sollen ihn in wesentlichen Punkten des Vertragsverhältnisses vor Vereinbarungen schützen, die ihn benachteiligen. Dies bedeutet zwar eine Beschränkung des für Kaufleute geltenden Grundsatzes der Vertragsfreiheit. Diese Einschränkung ist aber unumgänglich, weil die Mehrzahl der Handelsvertreter nicht die Stellung eines „königlichen Kaufmannes" hat, der keines Schutzes bedarf, sondern vielfach schlechter gestellt ist als ein Angestellter."[62]

Die §§ 84–92 HGB alter Fassung wurden durch §§ 84–92c HGB in der Fassung von 1953 ersetzt. Bedeutsam waren neben der Klärung der arbeitnehmerähnlichen Stellung[63] vor allem detaillierte Regelungen des Provisionsanspruchs und des Ausgleichsanspruchs nach § 89b HGB.[64] Sonderregelungen für Versicherungs- einschließlich Bausparkassenvertreter, Handelsvertreter im Nebenberuf, arbeitnehmerähnlichen Einfirmenvertreter, den Handelsvertreter im Ausland und Handelsvertreter für Geschäfte bestimmter Art sahen §§ 92 bis 92c HGB vor.[65] Die Bezeichnung „Handelsvertreter" unterliegt als Berufsbezeichnung – entgegen der Wünsche der Handelsvertreter-Verbände – keinem besonderen

---

61 BT- Drucks. 1/3856, S. 10 f.

62 BT-Drs. 1/3856, S. 10 f. zu Nr. 3. *Emde*, in Staub, Großkommentar HGB, Vor § 84 Rn. 9 legt dar, dass dem HGB 1897 das Leitbild des selbständigen „königlichen Kaufmanns" zugrunde lag.

63 BT-Drs. 1/3856, S. 10 f. zu Nr. 2; *Martinek*, ZHR 161 (1997), 67, 73.

64 *Emde*, in Staub, Großkommentar HGB, Vor § 84 Rn. 11.

65 *Martinek*, ZHR 161 (1997), 67, 73.

Schutz.[66] Als Handelsvertreter können sich daher auch Personen bezeichnen, die nicht unter gesetzliche Definition des § 84 Abs. 1 S. 1 HGB fallen.

B. Geschichtlicher Hintergrund des § 89b HGB

Das HGB von 1897 umfasste keine Regelung über den Ausgleichsanspruch des Handelsvertreters.[67] Erst mit der HGB-Novelle 1953 ist § 89b HGB in das Handelsgesetzbuch eingefügt worden.[68] Als Vorbild dienten dem deutschen Gesetzgeber das österreichische[69] und schweizerische Recht[70]. Hinsichtlich der konkreten Ausgestaltung der Norm ist der deutsche Gesetzgeber aber von den Leitbildern erheblich abgewichen.[71] Abs. 1 der Vorschrift beinhaltete die Voraussetzungen für die Entstehung des Ausgleichsanspruchs. § 89b Abs. 2 HGB begrenzte die Höhe des in Abs. 1 auf der ersten Stufe errechneten sog. Rohausgleichs mit einem Höchstbetrag von einer Jahresdurchschnittsprovision.[72] Abs. 3 legte die

---

66 *Duden*, Recht der Handelsvertreter, § 84 S. 4; *Hopt*, in Baumbach/Hopt, HGB, § 84 Rn. 6. *Meier/Meyer-Marsilius*, Der Handelsvertreter in der Europäischen Wirtschaftsgemeinschaft, 1961, S. 24 legen dar, dass für die Ausübung des Handelsvertreterberufes in keinem der EWG-Staaten irgendeine Vorbildung als unerlässlich verlangt werde. Es müssten auch keine speziellen Prüfungen abgelegt werden.

67 *Emde*, in Staub, Großkommentar HGB, Vor § 84 Rn. 11; *von Hoyningen-Huene*, in MünchKomm HGB, § 89b Rn. 1.

68 Siehe dazu Begründung Regierungsentwurf, BT-Drs. 1/3856, S. 9, 33 ff.

69 § 25 des Österreichischen Handlungsagentengesetzes (öHAG) von 24.6.1921 gewährt dem Handelsvertreter, der vorwiegend mit der Zuführung von Kunden beschäftigt war, einen Anspruch auf angemessene Entschädigung, wenn der Geschäftsherr das Vertragsverhältnis vor Ablauf von drei Jahren kündigt, siehe dazu Begründung Regierungsentwurf, BT-Drs. 1/ 3856, S. 34. Vgl. zur Entstehungsgeschichte auch *Gessler*, Der Ausgleichsanspruch der Handels- und Versicherungsvertreter, (Entstehungsgeschichte und Auslegung des § 89b HGB), 1953.

70 Das schweizerische Obligationenrecht gewährt dem Handelsvertreter unabhängig von der Vertragsdauer bei jeder Vertragsaufhebung einen Entschädigungsanspruch aufgrund der Erweiterung des Kundenkreises des Unternehmers, Art. 418u des schweizerischen Obligationenrechts (OR) in der Regelung des schweizerischen Bundesgesetzes über der Agenturvertrag von 04.02.1949; vgl. auch *Baudenbacher*, JZ 1989, 919 ff.; *Emde*, in Staub, Großkommentar HGB, Vor § 84 Rn. 10.

71 Begründung Regierungsentwurf, BT-Drs. 1/ 3856, S. 33 f.; *Sonnenschein/Weitemeyer*, in Heymann, HGB, Vor § 89b Rn. 2; *von Hoyningen-Huene*, in MünchKomm HGB, § 89b Rn. 1.

72 *Sellhorst*, Der Ausschluß des Ausgleichs gem. § 89b Abs. 3 HGB, in Saenger/Schulze, Der Ausgleichsanspruch des Handelsvertreters, 2000, S. 43.

Ausschlussgründe nieder.[73] Nach § 89b Abs. 3 HGB 1953 bestand der Anspruch nicht, wenn der Handelsvertreter das Vertragsverhältnis gekündigt hat, ohne dass ein Verhalten des Unternehmers hierzu begründeten Anlass gegeben hat. Das gleiche galt, wenn der Unternehmer das Vertragsverhältnis gekündigt hat und für die Kündigung ein wichtiger Grund wegen schuldhaften Verhaltens des Handelsvertreters vorlag.

Seit der Einführung hat die Vorschrift wesentliche inhaltliche Änderungen erfahren. § 89b Abs. 3 HGB, der bis dahin noch nicht in drei Nummern unterteilt war, wurde im Zuge der HGB-Novelle 1976[74] modifiziert. Nach der Neuregelung sollte der Ausgleichsanspruch des Handelsvertreters bestehen bleiben, wenn er das Vertragsverhältnis zwar selbst gekündigt hat, die Kündigung aber auf einer Krankheit oder dem Alter des Handelsvertreters beruht. Bis zu der Aufnahme der Fallgruppen wurde es als unbefriedigend empfunden, dass eine vom Handelsvertreter aus alters- oder krankheitsbedingten Gründen ausgesprochene Kündigung zum Ausschluss des Ausgleichsanspruchs führte.[75] Weitere Änderungen des § 89b Abs. 3 HGB gehen auf europäische Einflüsse zurück.

C. EG-Handelsvertreter-Richtlinie vom 18.12.1986 (86/653/EWG)

I. Verfahren unter Beteiligung der Europäischen Organe

Seit dem 25.2.1964 bestand eine Richtlinie des Rates über die Verwirklichung der Niederlassungsfreiheit und des freien Dienstleistungsverkehrs für Vermittlertätigkeiten in Handel, Industrie und Handwerk (64/224/EWG).[76] Ziel der Richtlinie war die Abschaffung einer auf der Staatsangehörigkeit beruhenden unterschiedlichen Behandlung bei der Niederlassung und im Dienstleistungsverkehr auf den genannten Gebieten.

Am 17.12.1976 unterbreitete die Europäische Kommission einen Vorschlag für eine Richtlinie des Rates zur weiteren Harmonisierung des Rechts der

---

73 Vgl. ausführlich zur rechtsgeschichtlichen Entwicklung des § 89b Abs. 3 HGB, *Sellhorst*, Der Ausschluß des Ausgleichs gem. § 89b Abs. 3 HGB, in Saenger/Schulze, Der Ausgleichsanspruch des Handelsvertreters, 2000, S. 43.

74 Art. 1 Nr. 2 des Gesetzes über die Kaufmannseigenschaft von Land- und Forstwirten und den Ausgleichsanspruch des Handelsvertreters vom 13.5.1976, BGBl. I, S. 1197; siehe dazu Begründung des Regierungsentwurfs, BT-Drs. 7/3918, S. 7 f., 9.

75 *Thume*, in Röhricht/Graf von Westphalen/Haas, HGB, § 89b Rn. 3.

76 ABl. EG Nr. 56 vom 4.4.1964, S. 869.

Einzelstaaten auf dem Gebiet der Handelsvertretung.[77] Als Erwägung für den Richtlinienvorschlag führte die Kommission u.a. an, dass die Unterscheide zwischen den einzelstaatlichen Rechten auf dem Gebiet der Handelsvertretung die Wettbewerbsbedingungen und die Berufsausübung innerhalb der Gemeinschaft spürbar behindern und den Schutzumfang der Handelsvertreter in ihren Beziehungen mit dem Unternehmer beeinträchtigen. In einer großen Zahl von Fällen befänden sich die Handelsvertreter gegenüber dem Unternehmer in einer wirtschaftlich schwächeren Lage, wenn auch mit Gradunterschieden.[78]

Zu dem Richtlinienvorschlag der Kommission erging am 9.10.1978 eine Stellungsnahme[79] des Europäischen Parlaments mit zahlreichen Änderungsvorschlägen. Auf Grundlage dieser Stellungsnahme erarbeitete die Kommission einen geänderten Vorschlag für eine Richtlinie des Rates[80] auf dem Gebiet der Handelsvertretung, den sie am 29.1.1979 dem Rat vorlegte. Der geänderte Vorschlag der Kommission zur Harmonisierung des Handelsvertreterrechts mündete erst mehr als 7 Jahre später in der EG-Richtlinie 86/653/EWG[81] zur Koordinierung des Handelsvertreterrechts vom 18.12.1986. In die Erwägungen für den Erlass der Handelsvertreter-Richtlinie übernimmt der Rat die bereits von der Kommission geäußerte Sorge, dass Unterschiede zwischen den einzelstaatlichen Rechtsvorschriften den Umfang des Schutzes der Handelsvertreter in ihren Beziehungen zu ihren Unternehmern beeinträchtigen.

II. Änderungen des HGB durch Transformation

Der nationale Gesetzgeber hat im Zuge der Umsetzung der EG-Richtlinie 86/653/EWG das Gesetz zur Durchführung der EG-Richtlinie zur Koordinierung des Rechts der Handelsvertreter vom 23. 10. 1989[82] erlassen, das den Schutz des Handelsvertreters weiter verbessert.[83] Die praktisch wichtigsten Änderungen betrafen die Kündigungsfristen nach § 89 HGB sowie die Sonderregelung

77 ABl. EG Nr. C 13 vom 18.1.1977, S. 2.

78 ABl. EG Nr. C 13 vom 18.1.1977, S. 2.

79 ABl. EG Nr. C 239 vom 9.10.1978, S. 17.

80 ABl. EG Nr. C 56 vom 2.3.1979, S. 5.

81 ABl. EG Nr. L 382 S. 17, abgedruckt bei Küstner/Thume, Handbuch des gesamten Vertriebsrechts, Bd. 2, Anhang 2, S. 924 ff.

82 Art. 1 Nr. 6 des Gesetzes zur Durchführung der EG-Richtlinie zur Koordinierung des Rechts der Handelsvertreter vom 23.10.1989, BGBl. I, S. 1910, in Kraft getreten am 1.1.1990, siehe dazu Begründung des Regierungsentwurfs, BT-Drs. 11/3077, S. 6, 9 f.

83 Zur Umsetzung der Richtlinie in Deutschland *Farmand*, Der international zwingende Charakter des § 89b HGB, 2005, S. 65 ff; zur Umsetzung der Richtlinie in den einzelnen

für Auslandsvertreter nach § 92 c HGB. Die EG-Richtlinie behält auch nach der Umsetzung erhebliche praktische Bedeutung, weil das deutsche Handelsvertreterrecht, soweit die EG-Richtlinie reicht, europarechts- bzw. richtlinienkonform ausgelegt werden muss.[84] Die EG-Richtlinie bezieht sich zwar nur auf Vermittlung und Abschluss von Warengeschäften doch erstrecken sich die Änderungen des deutschen Handelsvertreterrechts auch auf alle übrigen Tätigkeitsbereiche des Handelsvertreters.[85]

Auf dem Gebiet der Ansprüche des Handelsvertreters gegen den Unternehmer nach Beendigung des Vertragsverhältnisses sieht die Richtlinie 86/653/EWG[86] in Art. 17 ein Wahlrecht der Mitgliedsstaaten zwischen einem Anspruch auf Ausgleich oder Schadensersatz vor.[87] Das Ausgleichssystem wurde in Art. 17 Abs. 2 der EG-Handelsvertreter-Richtlinie in Anlehnung an § 89b HGB gestaltet, der in Deutschland seit 1953 die Zahlung eines Ausgleichs vorsieht.[88] Art. 18 der EG-Richtlinie 86/653/EWG befasst sich mit der Frage des Ausschlusses des Ausgleichsanspruchs.[89] Art. 19 der Richtlinie bestimmt, dass die Parteien vor Ablauf des Vertrages keine Vereinbarungen treffen können, die von Art. 17 und 18 der Richtlinie zum Nachteil des Handelsvertreters abweichen.

Mitgliedstaaten *Westphal*, Die Handelsvertreterrichtlinie und deren Umsetzung in den Mitgliedstaaten der Europäischen Union, 1994, S. 84 ff.

84 *Emde*, in Staub, Großkommentar HGB, Vor § 84 Rn. 13; *Hopt*, in Baumbach/Hopt, HGB, § 89b Rn. 1.

85 *Emde*, EWiR 2013, 485, 486; *Ruß*, in Heidelberger Kommentar zum HGB, Einleitung vor § 84 Rn. 1; *Thume*, in Küstner/Thume, Handbuch des gesamten Vertriebsrechts, Bd. 2, Kap. I Rn. 4; *ders.*, in Röhricht/Graf von Westphalen/Haas, HGB, § 89b Rn. 8. Zu Einzelheiten vgl. die Ausführungen in Teil 7 der Arbeit unter E III.

86 ABl. EG Nr. L 382 S. 17; abgedruckt bei Küstner/Thume, Handbuch des gesamten Vertriebrechts, Bd. 1, Anhang 2, S. 908 ff.; *Hopt*, Handelsvertreterrecht, 2. Teil Materialien I.

87 *Kiene*, Der Ausgleichsanspruch des Handelsvertreters, 2004, S. 6 ff.; *Sellhorst*, Der Ausschluß des Ausgleichs gem. § 89b Abs. 3 HGB, in Saenger/Schulze, Der Ausgleichsanspruch des Handelsvertreters, 2000, S. 43.

88 So die Kommission auf S. 2 in dem Bericht v. 23.7.1996, KOM (96) 364, über die Anwendung des Art. 17 der Richtlinie 86/653/EWG, der dem Rat gem. Art. 17 Abs. 6 der Richtlinie innerhalb von 8 Jahren nach Bekanntgabe der Richtlinie von der Kommission vorzulegen war. *Saenger/Schulze*, Der Ausgleichsanspruch des Handelsvertreters, 2000, Einführung, S. 11 sprechen von einem „deutschen Exportprodukt".

89 Zum genauen Wortlaut der Norm siehe *Sellhorst*, Der Ausschluß des Ausgleichs gem. § 89b Abs. 3 HGB, in Saenger/Schulze, Der Ausgleichsanspruch des Handelsvertreters, 2000, S. 43, 44.

Diese EG-Handelsvertreter-Richtlinie bedurfte zwar der Umsetzung in nationales Recht. Allerdings enthalten die Art. 17 bis 19 der Richtlinie Regelungen zum Ausgleichsanspruch, die sich weitgehend an das deutsche Recht anlehnen.[90] Die Richtlinie setzte der deutsche Gesetzgeber um, soweit er eine Änderung des Wortlauts des § 89b Abs. 1 und 3 HGB für erforderlich hielt.[91] Mit der HGB Novelle 1989 wurden u.a. die in Abs. 3 geregelten Ausschlusstatbestände um den neuen Ausschlussgrund des Abs. 3 Nr. 3 erweitert.[92] Der eingefügte Ausschlussgrund sieht vor, dass der Ausgleichsanspruch nicht besteht, wenn aufgrund einer Vereinbarung zwischen dem Unternehmer und dem Handelsvertreter ein Dritter anstelle des Handelsvertreters in das Vertragsverhältnis eintritt.[93] Diese Vorschrift soll im Rahmen der vorliegenden Arbeit nicht näher beleuchtet werden.

Das in der Richtlinie alternativ zum Ausgleichsmodell vorgesehene Schadenersatzsystem (Art. 17 Abs. 3 der Richtlinie) beruhte auf dem französischen Gesetz von 1958, wonach der Handelsvertreter Anspruch auf Ersatz des Schadens hat, der ihm durch die Beendigung des Vertragsverhältnisses erwachsen ist.[94] Die Europäische Kommission war gem. Art. 17 Abs. 6 der Richtlinie 86/653/EWG verpflichtet, dem Rat innerhalb von 8 Jahren nach Bekanntgabe der Richtlinie einen Bericht über die Anwendung des Art. 17 vorzulegen. In dem von der Kommission dem Rat pflichtgemäß vorgelegten Bericht v. 23.7.1996 sieht diese die bis zum Jahr 1996 vorliegende Rechtsprechung betreffend die Richtlinie als sehr gering an.[95]

III. Wachsender Einfluss der EuGH-Rechtsprechung auf das nationale Handelsvertreterrecht

Der Einfluss der EuGH-Rechtsprechung auf das nationale Handelsvertreterrecht ist in den letzten Jahren deutlich gewachsen. Besonders hervorzuheben ist in diesem Zusammenhang die Entscheidung v. 26.3.2009[96] in der Rechtssache Turgay

90 *Specks*, Der Ausgleichsanspruch des Versicherungsvertreters gemäß § 89b HGB, S. 5 f.

91 Vgl. die Beschlussempfehlung des Rechtsausschusses BT-Drs. 11/4559, S. 9 zu den unterbliebenen Änderungen des § 89b Abs. 1 und 3 HGB.

92 BGBl. I, S. 1910. Darüber hinaus hat die HGB Novelle 1989 die Anwendung des § 89b HGB auf den Bausparkassenvertreter (§ 89b Abs. 5 S. 3 HGB) erweitert und die Verlängerung der Ausschlussfrist für die Geltendmachung des Ausgleichsanspruchs nach § 89b Abs. 4 S. 2 HGB (auf ein Jahr) geregelt.

93 Siehe dazu *Kiene*, Der Ausgleichsanspruch des Handelsvertreters, 2004, Kapitel I–IV, VII.

94 Kommissionsbericht vom 23.7.1996 [KOM (96) 364] S. 6.

95 Kommissionsbericht vom 23.7.1996 [KOM (96) 364] S. 6, 12.

96 Urteil der 1. Kammer v. 26.3.2009 – C-348/07 –, Slg 2009, I-02341.

Semen gegen Deutsche Tamoil GmbH zur Begrenzung des Ausgleichsanspruchs des Handelsvertreters. In seiner Entscheidung negiert der EuGH ein in der Fassung vom 23.10.1989 in § 89b Abs. 1 Nr. 2 HGB zwingendes Tatbestandsmerkmal, wonach eine Voraussetzung für das Entstehen des Ausgleichsanspruchs ist, dass der Handelsvertreter infolge der Beendigung des Vertragsverhältnisses Ansprüche auf Provision verliert, die er bei Fortsetzung desselben aus bereits abgeschlossenen oder künftig zustande kommenden Geschäften mit den von ihm geworbenen Kunden hätte.[97] Der deutsche Gesetzgeber ist bereits am 31.7.2009[98] der EuGH-Rechtsprechung gefolgt und hat eine neue Fassung des § 89b Abs. 1 HGB erlassen. Danach sind zu erwartende Provisionsverluste des Handelsvertreters nach Vertragsbeendigung kein eigenständiges Tatbestandsmerkmal mehr, sondern nur noch ein wichtiger Umstand für die Beurteilung der Billigkeit der Zahlung eines Ausgleichs.[99]

Besonderes Augenmerk ist auch auf die Volvo-Car Entscheidung des EuGH[100] zu legen. Gemäß § 89b Abs. 3 Nr. 2 HGB besteht der Ausgleichsanspruch nicht, wenn der Unternehmer das Vertragsverhältnis gekündigt hat und für die Kündigung ein wichtiger Grund wegen schuldhaften Verhalten des Handelsvertreters vorliegt. Nach bisheriger Rechtsprechung des BGH reichte es aus, wenn der Unternehmer ohne Kenntnis des Grundes gekündigt hat. Dagegen versagt Art. 18 lit. a der EG-Handelsvertreter-Richtlinie den Ausgleichsanspruch nur, wenn der Unternehmer den Vertrag wegen eines schuldhaften Verhaltens des Handelsvertreters beendet hat. Nach der Rechtsprechung des EuGH ist ein direkter Kausalzusammenhang zwischen dem wichtigen Grund und der Kündigung des Unternehmers erforderlich. § 89b Abs. 3 Nr. 2 HGB ist dementsprechend richtlinienkonform auszulegen.[101]

D. Ergebnis

Ausgangspunkt der Entstehung des Berufsbilds des Handelsvertreters war die industrielle Entwicklung im 19. Jahrhundert. Formal war der Handlungsagent

---

97 Vgl. ausführlich zu dieser Entscheidung die Darstellung in Teil 7.

98 Art. 6a des Gesetzes zur Neuregelung der Rechtsverhältnisse bei Schuldverschreibungen aus Gesamtemissionen und zur verbesserten Durchsetzbarkeit von Ansprüchen von Anlegern aus Falschberatung vom 31.7.2009, BGBl. I, S. 2512, 2519. Die Neufassung ist am 5.8.2009 in Kraft getreten, Art. 8 des Gesetzes.

99 Siehe dazu Teil 7 unter C I.

100 EuGH v. 28.10.2010 – C-203/09 –, Slg. 2010, I-10721 (Volvo-Car Germany).

101 Vgl. dazu ausführlich Teil 8 der Arbeit.

bzw. Handelsvertreter selbständiger Kaufmann. Insbesondere als Einfirmenvertreter war jedoch seine Stellung gegenüber dem Unternehmer geschwächt. Deshalb wollte der Gesetzgeber ihn über zwingende gesetzliche Regelungen vor ihn benachteiligenden vertraglichen Vereinbarungen schützen. Der Schutz des Handelsvertreters stand bereits bei der gesetzlichen Normierung des Handelsvertreterbegriffs im HGB 1897 im Fokus und war ein Beweggrund für die Einfügung des Ausgleichsanspruchs im HGB 1953. Der Handelsvertreter ist also nach der Wertung des historischen Gesetzgebers ein schutzbedürftiger Kaufmann.

Die EG-Richtlinie 86/653/EWG vom 18.12.1986 stellt den Mitgliedstaaten in Art. 17 zur Wahl, ob sie den Schadensersatzanspruch nach französischem Modell oder den Ausgleichsanspruch nach deutschem System übernehmen. Dem Richtliniengeber der Richtlinie diente der deutsche Ausgleichsanspruchs gem. § 89b HGB als Vorbild und im Zuge der Transformation der Richtlinie 86/653/EWG und der Zuständigkeit des EuGH für die richtlinienkonforme Auslegung hat sich der Schutzumfang des Handelsvertreters noch erweitert. Der EuGH nimmt seine Aufgabe der richtlinienkonformen Auslegung des § 89b HGB – wie insbesondere die Entscheidungen in den Rechtssachen Turgay Semen gegen Deutsche Tamoil GmbH[102] und Volvo Car Germany[103] verdeutlichen - zunehmend war. Sowohl für den nationalen Gesetzgeber wie auch für den EuGH ist der Schutz des Handelsvertreters ein zentrales Anliegen.

---

102 EuGH v. 26.3.2009 – C-348/07 –, Slg 2009, I-02341 (Semen).

103 EuGH v. 28.10.2010 – C-203/09 –, Slg. 2010, I-10721 (Volvo-Car Germany).

Teil 3 Erscheinungsbild und Erscheinungsformen des Handelsvertreters

A. Begriff und gesetzliches Leitbild des Handelsvertreters

Zu untersuchen ist im Folgenden, inwieweit der Begriff des Handelsvertreters samt seinem gesetzlichen Leitbild, als eine Ursache für die häufigen Rechtsstreitigkeiten um den Ausgleichsanspruch anzusehen ist.

I. Gewerbetreibender

Das Recht der Handelsvertreter ist in den §§ 84 ff. HGB verankert. Die Vorschriften regeln vertragsmäßig geordnete Vertriebssysteme.[104] Handelsvertreterrecht ist daher Vertriebsrecht. § 84 Abs. 1 S. 1 HGB enthält eine gesetzliche Definition des Begriffs des Handelsvertreters. Handelsvertreter ist, wer als selbständiger Gewerbetreibender ständig damit betraut ist, für einen anderen Unternehmer Geschäfte zu vermitteln oder in dessen Namen abzuschließen. Der Handelsvertreter ist selbst Unternehmer und betreibt ein Gewerbe. Der Begriff des Handelsvertreters setzt das Handeln eines selbständigen Gewerbetreibenden voraus, das auf den Abschluss und die Vermittlung von Geschäften für einen anderen Unternehmer gerichtet ist. Die gewerbsmäßige Tätigkeit erfordert die Ausübung einer berufsmäßigen Tätigkeit am Markt mit der Absicht dauernder Gewinnerzielung.[105] Die Betätigung darf nicht wissenschaftlicher, künstlerischer oder freiberuflicher Art sein.[106] Als Gewerbetreibender muss der Handelsvertreter also grundsätzlich marktbezogen gegen Entgelt tätig werden, wobei eine unentgeltliche Tätigkeit im Einzelfall nicht schadet.[107]

---

104 *K. Schmidt*, Handelsrecht, § 27 I Rn. 2.

105 BGH v. 10.5.1979 - VII ZR 97/78 –, BGHZ 74, 273, 276 f.; *Billing*, in Flohr/Wauschkuhn, Vertriebsrecht, § 84 HGB Rn. 46; *Emde*, Vertriebsrecht, § 84 Rn. 12; *U. Müller*, in Saenger/Aderhold/Lenkaitis/Speckmann, Handels- und Gesellschaftsrecht, 1. Teil § 1, F. Rn. 456; *Roth*, in Koller/Roth/Morck, HGB, § 1 Rn. 4; *von Hoyningen-Huene*, in MünchKomm HGB, § 84 Rn. 50.

106 *Keßler*, in Heidel/Schall, Hk-HGB, § 84 Rn. 29.

107 *Löwisch*, in Ebenroth/Boujong/Joost/Strohn, HGB, § 84 Rn. 10.

Die Tätigkeit muss auf Dauer angelegt sein.[108] Sie darf nicht auf gelegentliche Geschäfte begrenzt sein.

Der Handelsvertreter kann eine natürliche oder juristische Person, z.B. eine Handelsvertreter-GmbH[109], sein.[110] Auch kommen sonstige (teil-) rechtsfähige Personengesellschaften und Vereine als Handelsvertreter in Betracht.[111] Allerdings ist bei der Auslegung der §§ 84 ff. HGB zu beachten, dass die Vorschriften aufgrund ihrer Historie auf die Tätigkeit einer natürlichen Person als Handelsvertreter zugeschnitten sind, denn nur solche können „alt und krank" werden.[112] Die Ausübung der Handelsvertretertätigkeit ist grundsätzlich genehmigungsfrei, es sei denn, es handelt sich um gewerbsmäßige Versicherungsvermittlung, welche dem Erlaubnisvorbehalt nach § 34d GewO[113] unterliegt.

II. Kaufmannseigenschaft

Von dem Erfordernis der Gewerblichkeit ist die Frage nach der Kaufmannseigenschaft des Handelsvertreters zu unterscheiden. Ursprünglich war der Handelsvertreter nach § 1 Abs. 2 Nr. 7 HGB a. F. ein Musskaufmann, obgleich er teilweise ein Minderkaufmann i. S. d. § 4 HGB a.F. war.[114] Seit dem Inkrafttreten des Gesetzes zur Neuregelung des Kaufmanns- und Firmenrechts und zur Änderung anderer

---

108 *Emde*, Vertriebsrecht, § 84 Rn. 12; *von Hoyningen-Huene,* in MünchKomm HGB, § 84 Rn. 50.

109 Umfassend dazu *Emde*, Die Handelsvertreter-GmbH, 1994.

110 *Küstner,* Der Ausgleichsanspruch des Handelsvertreters, 1961, S. 21; ausführlich zur Person des Handelsvertreters *Busche,* in Oetker, HGB, § 84 Rn. 14 ff.; *Duden*, Recht der Handelsvertreter, § 84 S. 5; *K. Schmidt*, JuS 2008, 665; *Stolterfoht*, Die Selbständigkeit des Handelsvertreters, 1973, S. 44 ff.

111 *Duden*, Recht der Handelsvertreter, § 84 S. 5; *Busche,* in Oetker, HGB, § 84 Rn. 17 f.

112 *Busche,* in Oetker, HGB, § 84 Rn. 15; *Emde*, Die Handelsvertreter-GmbH, S. 85 f.; *Sonnenschein/Weitemeyer,* in Heymann, HGB, § 89b Rn. 86.

113 Eingeführt durch das Gesetz zur Neuregelung des Versicherungsvermittlerrechts vom 19.12.2006, BGBl. I, S. 3232, in Kraft getreten am 22.5.2007. Gemäß § 156 GewO galt jedoch bis 1.1.2009 eine Übergangsfrist. Nach § 34d Abs. 2 GewO hängt die Erteilung der Erlaubnis durch die zuständige Industrie- und Handelskammern davon ab, ob der Vermittler die für den Gewerbebetrieb erforderliche persönliche und wirtschaftliche Zuverlässigkeit besitzt (Nr. 1 und 2), er den Nachweis einer Berufshaftpflichtversicherung erbringen kann (Nr. 3) und er oder bei ihm beschäftigte natürlichen Personen eine Sachkundeprüfung erfolgreich ablegt haben (Nr. 4).

114 *Von Hoyningen-Huene,* in MünchKomm HGB, § 84 Rn. 51. *Emmerich,* in Heymann, HGB, § 1 Rn. 36. Zum Minderkaufmann vgl. *Keßler,* in Heidel/Schall, Hk-HGB, § 84 Rn. 30.

handels- und gesellschaftsrechtlicher Vorschriften (Handelsrechtsreformgesetz – HRefG) vom 22.6.1998,[115] betreibt der Handelsvertreter gemäß § 84 Abs. 1 BGH ein Gewerbe, aber nicht notwendigerweise ein Handelsgewerbe. Der Handelsvertreter ist nur Kaufmann, wenn sein Unternehmen nach Art und Umfang einen in kaufmännischer Weise eingerichteten Geschäftsbetrieb erfordert (§ 1 Abs. 1 i. V. m. Abs. 2 HGB) oder er gemäß § 2 HGB in das Handelsregister eingetragen ist.[116] Nach § 84 Abs. 4 HGB finden die Vorschriften des Abschnittes über Handelsvertreter auch Anwendung, wenn das Unternehmen des Handelsvertreters nach Art oder Umfang einen in kaufmännischer Weise eingerichteten Geschäftsbetrieb nicht erfordert. Das bedeutet, dass auf den kleingewerblichen Handelsvertreter[117] die Regelungen des §§ 84ff. HGB Anwendung finden. Die Vorschriften des HGB über den Handelsvertreter sind insoweit einschlägig, obwohl das HGB darüber hinaus auf ihn als Nichtkaufmann nicht anwendbar ist.

III. Selbständigkeit

Bei der Frage der Selbständigkeit des Gewerbetreibenden gibt das Gesetz in § 84 Abs. 1 S. 2 HGB eine Legaldefinition an die Hand. Selbständig ist, wer im Wesentlichen frei seine Tätigkeit gestalten und seine Arbeitszeit bestimmen kann. Maßgeblich ist also die persönliche Freiheit im rechtlichen, nicht im wirtschaftlichen Sinn.[118] Die gesetzliche Bestimmung des Begriffs der Selbständigkeit in § 84 Abs. 1 S. 2 HGB ermöglicht in der Praxis leider oft keine eindeutige Abgrenzung der Selbständigkeit von der unselbständigen Tätigkeit eines angestellten Vertreters.[119] Die Frage der Selbständigkeit bzw. Unselbständigkeit entscheidet sowohl über das anwendbare materielle Recht als auch über die Zuständigkeit

---

115 BGBl. I, S. 1474. Bis zum Inkrafttreten des Handelsrechtsreformgesetzes (HRefG) 1998 stellte § 1 Abs. 2 HGB a.F. einen abschließenden Katalog sog. „Grundhandelsgewerbe" auf, deren Betrieb den Inhaber stets zum Kaufmann bestimmte (sog. Musskaufmann). Davon abzugrenzen waren sog. Sollkaufleute, die die Kaufmannseigenschaft im Wege der Eintragung im Handelsregister erwarben. Daneben traf § 4 HGB a.F. eine Unterscheidung zwischen Voll- und Minderkaufleuten; siehe dazu den Überblick bei *Keßler,* in Heidel/Schall, Hk-HGB, § 1 Rn. 4.

116 *Löwisch,* in Ebenroth/Boujong/Joost/Strohn, HGB, § 84 Rn. 10.

117 Zur Abgrenzung *Emde,* RIW 2003, 505, 509.

118 *Hopt,* in Baumbach/Hopt, HGB, § 84 Rn. 35; *Sonnenschein/Weitemeyer,* in Heymann, HGB, § 84 Rn. 8; *Stolterfoht,* Die Selbständigkeit des Handelsvertreters, 1973; *Thume,* in Röhricht/Graf von Westphalen/Haas, HGB, § 84 Rn. 5a.

119 *Von Hoyningen-Huene,* in MünchKomm HGB, § 84 Rn. 26.

der Arbeits- oder Zivilgerichte (§§ 5 Abs. 3 ArbGG, 92a I HGB).[120] Um eine Subsumtion zu erleichtern und eine zweckmäßige Zuordnung im Einzelfall ermöglichen, haben sich in der Rechtsprechung[121] und Literatur[122] verschiedene Ansätze herauskristallisiert. Einigkeit besteht darüber, dass eine wertende Gesamtbetrachtung vorzunehmen ist. Nach der herrschenden Schwerpunkttheorie kommt es entscheidend auf das Gesamtbild der vertraglichen Gestaltung und tatsächlichen Handhabung an.[123] Die Rechtsprechung und Literatur haben dazu eine Reihe von Beurteilungskriterien herausgearbeitet. Im Wege einer wertenden Gesamtbetrachtung sind in erster Linie heranzuziehen Vorgaben hinsichtlich des Tätigkeitsorts[124], die Bestimmung der täglichen Arbeitszeit[125] bzw. die Vorgabe eins Arbeitsplans, die Art und Weise der Tätigkeit, die Übernahme eines Unternehmerrisiko[126], sowie die Art und Weise der Vergütung.

---

120 *Emde*, Die Handelsvertreter-GmbH, S. 87.

121 LAG Nürnberg v. 17.6.2002 – 2 Ta 175/01 –, DB 2002, 1777 f.; zur Abgrenzung eines Handelsvertretervertrages zu einem Arbeitsverhältnis OLG Koblenz v. 9.10.2006 – 2 W 510/06 –, VersR 2007, 1222 f.

122 Grundlegend *Wank*, Arbeitnehmer und Selbständige, 1988; *Heuberger*, Sachliche Abhängigkeit als Kriterium des Arbeitsverhältnisses, 1982; *Hilger*, RdA 1989, 1 ff.; *Matthießen*, ZIP 1988, 1089 ff.; einen Überblick bietet *von Hoyningen-Huene*, in MünchKomm HGB, § 84 Rn. 25 ff.; *Emde*, in Staub, Großkommentar HGB, § 84 Rn. 24 ff. ausführlich zu den zahlreichen Einzelkriterien zur Bestimmung der Selbständigkeit.

123 BVerfG v. 25.10.1977 – 1 BvR 15/75 –, BVerfGE 46, 224, 239 ff.; BGH v. 11.3.1982 – I ZR 27/80 –, NJW 1982, 1757, 1758; BGH v. 27.10.2009 – VIII ZB 42/08 –, NJW 2010, 873, 874 ff.; BAG, v. 9.6.2010 – 5 AZR 332/09 –, NJW 2010, 2455 ff. (Arbeitnehmerstatus eines Versicherungsvertreters); *von Hoyningen-Huene*, in MünchKomm HGB, § 84 Rn. 33; *Sonnenschein/Weitemeyer*, in Heymann, HGB, § 84 Rn. 18; *Thume*, in Röhricht/Graf von Westphalen/Haas, HGB, § 84 Rn. 5a; *Wank*, Arbeitnehmer und Selbständige, 1988, S. 102 ff.

124 BAG v. 21.1.1966 – 3 AZR 183/65 –, DB 1966, 546 ff. (Abgrenzung selbständiger Versicherungsvertreter/Angestellter); BAG v. 15.3.1978 – 5 AZR 819/76 –, DB 1978, 1035 ff.; BGH v. 4.3.1998 – VIII ZB 25/97 –, NJW 1998, 2057 f.

125 BAG v. 16.7.1997 – 5 AZR 312/96 –, DB 1997, 2437 f.; Zum Rechtsweg für Klagen des Franchisegebers gegen einen arbeitnehmerähnlichen Franchisenehmer BGH v. 4.11.1998 – VIII ZB 12/98 –, BGHZ 140, 11, 18 ff.

126 BVerfG v. 25.10.1977 – 1 BvR 15/75 –, BVerfGE 46, 224, 234; BAG v. 16.7.1997 – 5 AZB 29/96 –, ZIP 1997, 1714, 1715 (Franchisenehmer/ Eismann); aber nicht isoliert ohne korrespondierende unternehmerische Freiheit und Chancen, z.B. OLG Düsseldorf v. 05.12.1997 – 16 U 220/96 –, NJW-RR 98, 682 (Leitsatz) (Scheinselbstständigkeit); eigene Geschäftsräume, BVerfG v. 25.10.1977 – 1 BvR 15/75 –, BVerfGE 46, 224, 234 ff.; Buchführung als ein Merkmal für Selbständigkeit OLG München v. 8.8.1957 – 6

Der Begriff der Selbständigkeit hat in Abgrenzung zum Arbeitnehmerbegriff darüber hinaus eine europarechtliche Dimension (z.B. Art. 45, 49 AEUV, ehem. Art. 39, 43 EGV). Da der Begriff des Arbeitnehmers im Gemeinschaftsrecht nicht legal definiert ist, hat der EuGH den arbeitsrechtlichen Arbeitnehmerbegriff herangezogen und dabei auf das Kriterium der Weisungsgebundenheit des Arbeitnehmers als zentrales Kriterium abgestellt.[127] Danach hat der Begriff des Arbeitnehmers im Sinne von Art. 45 AEUV eine gemeinschaftsrechtliche Bedeutung.[128] Er ist anhand objektiver Kriterien zu definieren, die das Arbeitsverhältnis im Hinblick auf die Rechte und Pflichten der betroffenen Personen kennzeichnen.[129] Das wesentliche Merkmal des Arbeitsverhältnisses besteht darin, dass jemand für einen anderen nach dessen Weisung Leistungen erbringt, die einen gewissen wirtschaftlichen Wert haben und für die er als Gegenleistung eine Vergütung erhält.[130] Der Bereich, in dem die Leistungen erbracht werden, und die Art des Rechtsverhältnisses zwischen Arbeitnehmer und Arbeitgeber sind für die Anwendung des Art. 45 AEUV (ehem. Art. 39 EGV) unerheblich.[131]

Entgegen dem arbeitsrechtlichen Arbeitnehmerbegriff spricht das Bestehen einer (eingeschränkten) Weisungsgebundenheit[132] beim Handelsvertreter nicht gegen eine Selbständigkeit, wenn die Weisungsgebundenheit aus der Natur der Aufgabe als Handelsvertreter resultiert.[133] Denn zum einen verlangt § 84 Abs. 1

U 997/57 –, NJW 1957, 1767; Auftreten unter eigener Firma, BGH v. 20.1.1964 – VII ZR 204/62 –, VersR 64, 331 f.; BAG v. 24.4.1980 – 3 AZR 911/77 –, BB 1980, 1471.

127 EuGH v. 3.7.1986 – C-66/85 –, Celex-Nr. 61985CJ0066, Slg. 1986, 02121 Tz. 17 (Lawrie-Blum); EuGH v. 21.6.1988 – C-197/86 –, Celex-Nr. 61986CJ0197, Slg. 1988, 03205 Tz. 21 (Brown); EuGH v. 26.2.1992 – C-357/89 –, Celex-Nr. 61989CJ0357, Slg. 1992, I-01207 Tz. 10 (Raulin).

128 *Schneider/Wunderlich*, EU-Kommentar, Art. 45 AEUV Rn. 9.

129 Ebenso *Brechmann*, in Calliess/Ruffert, EUV/AEUV, Art. 45 AEUV Rn. 12; *Weerth*, in Lenz/Borchardt, EU-Verträge Kommentar, Art. 45 AEUV Rn. 8.

130 Zustimmend *Brechmann*, in Calliess/Ruffert, EUV/AEUV, Art. 45 AEUV Rn. 12; *Franzen*, in Streinz, EUV/AEUV, Art. 45 AEUV Rn. 16; *Khan*, in Geiger/Khan/Kotzur, EUV/AEUV, Art. 45 AEUV Rn. 8; *Schneider/Wunderlich*, in Schwarze, EU-Kommentar, Art. 45 AEUV Rn. 10; *Weerth*, in Lenz/Borchardt, EU-Verträge Kommentar, Art. 45 AEUV Rn. 8.

131 EuGH v. 3.7.1986 – C-66/85 –, Celex-Nr. 61985CJ0066, Slg. 1986, 02121 Leitsatz (Lawrie-Blum).

132 Arbeitnehmerähnliche Handelsvertreter (§ 92a HGB) werden jedoch teilweise wie Arbeitnehmer behandelt, *Hopt*, in Baumbach/Hopt, HGB, § 84 Rn. 34 m.w.N.

133 *Busche*, in Oetker, HGB, § 84 Rn. 32; *Küstner*, Der Ausgleichsanspruch des Handelsvertreters, 1961, S. 20; *Thume*, in Röhricht/Graf von Westphalen/Haas, HGB, § 84 Rn. 33; *Westphal*, Neues Handelsvertreterrecht, S. 13.

S. 2 HGB nur, dass der Handelsvertreter „im wesentlichen" seine Tätigkeit frei gestalten und seine Arbeitszeit bestimmen kann.[134] Zum anderen ist der Handelsvertreter i.d.R. als Beauftragter gem. §§ 662, 665, 675 Abs. 1 BGB in den Vertrieb des Unternehmers eingeschaltet. Er hat als Interessenwahrer des Unternehmers nach § 86 Abs. 1 HGB dessen Weisungen zu befolgen.[135] Weisungen im Hinblick auf eine bestimmte Vertriebspolitik (z.B. Bezirks- oder Kundenbeschränkungen, § 87 Abs. 2 HGB, Preisgestaltung, Vertragsgestaltung, Zahlungskonditionen) sind für den Handelsvertreter üblich.[136] Sie dienen dazu, wirtschaftliche Risiken des Unternehmers abzuwehren.[137] Produkt- und tätigkeitsbezogene Weisungen gelten als legitim, um einen bestimmten Qualitätsstandard der Absatzorganisation zu gewährleisten.[138] Inhaltlich können die Weisungen insoweit die Kundenwerbung und -betreuung[139], die Warenpräsentation, Geschäftsabwicklung[140] oder die Vertriebspolitik[141] betreffen. Die Zulässigkeit konkreter Weisungen ist von den Umständen des Einzelfalls abhängig.[142] Je größer das Risiko für den Unternehmer durch die Tätigkeit des Handelsvertreters ist, desto mehr Weisungen sind seitens des Handelsvertreters zu akzeptieren. Erforderlich ist jedoch, dass der Handelsvertreter einen Kernbereich weisungsfreier Betätigung behält.[143]

IV. Tätigkeit des Handelsvertreters

Gemäß § 84 Abs. 1 S. 1 HGB besteht die Tätigkeit des Handelsvertreters in der Vermittlung von Geschäften für den Unternehmer oder dem Abschluss von Geschäften in dessen Namen. Der Handelsvertreter darf nicht tatenlos verharren,

---

134 *Busche,* in Oetker, HGB, § 84 Rn. 33; *Hopt,* in Baumbach/Hopt, HGB, § 84 Rn. 38.

135 *Emde,* in Staub, Großkommentar HGB, § 86 Rn. 184; *Thume,* in Röhricht/Graf von Westphalen/Haas, HGB, § 84 Rn. 33.

136 *Hopt,* in Baumbach/Hopt, HGB, § 84 Rn. 38.

137 *Busche,* in Oetker, HGB, § 84 Rn. 32.

138 *Busche,* in Oetker, HGB, § 84 Rn. 32; *Emde,* in Staub, Großkommentar HGB, § 86 Rn. 186; *Hopt,* in Baumbach/Hopt, HGB, § 86 Rn. 15; *Thume,* in Röhricht/Graf von Westphalen/Haas, HGB, § 86 Rn. 26.

139 *Busche,* in Oetker, HGB, § 84 Rn. 32; *Hopt,* in Baumbach/Hopt, HGB, § 86 Rn. 15; *von Hoyningen-Huene,* in MünchKomm HGB, § 86 Rn. 25 (Kundenbesuche in bestimmten Zeitintervallen).

140 BGH v. 04.6.1986 – I ZR 161/84 –, VersR 1986, 1072, 1073 (Ausfüllung von Versicherungsanträgen); OLG Nürnberg v. 21.9.1973 – 1 U 56/73 –, MDR 1974, 144 (Ausfüllung von Auftragsscheinen).

141 *Emde,* in Staub, Großkommentar HGB, § 86 Rn. 186.

142 Vgl. *Hopt,* in Baumbach/Hopt, HGB, § 86 Rn. 15.

143 In diesem Sinne auch BGH v. 13.1.1966 – VII ZR 9/64 –, BB 1966, 265.

bis Geschäfte an ihn herangetragen werden, sondern muss sich um Gelegenheiten zum Geschäftsabschluss bemühen, Optionen zum Abschluss nutzen und alles tun, was für eine erfolgreiche Abschluss- oder Vermittlungstätigkeit notwendig ist.[144] Die vom Gesetzeswortlaut vorgenommene Differenzierung zwischen einem Vermittlungs- und einem Abschlussvertreter hat vor allem Bedeutung für das Außenverhältnis, also im Hinblick auf die rechtlichen Wirkungen Dritten gegenüber.[145] Die Regelungen in den §§ 84 ff. HGB betreffen dagegen das Innenverhältnis zwischen dem Handelsvertreter und Unternehmen.[146] Entsprechend der Verpflichtung im Innenverhältnis muss folglich das Handeln aller Handelsvertreter, d.h. sowohl der Vermittlungs- als auch der Abschlussvertreter auf das Zustandekommen von Verträgen gerichtet sein.[147] Die Befugnis und die sich aus dem Handelsvertretervertrag ergebende Verpflichtung, den vermittelten Vertrag mit Außenwirkung zustande zu bringen, hat dagegen nur der mit einer entsprechenden Vollmacht ausgestattete Abschlussvertreter.[148]

1. Vermittlung von Geschäften

Für die Vermittlung von Geschäften des Unternehmers mit Dritten (Var. 1) ist erforderlich, dass der Handelsvertreter den Abschluss des Geschäfts fördert, indem er ihn vorbereitet und ermöglicht.[149] Dazu bedarf es einer Einwirkung auf den Dritten.[150] Die konkrete Art und Weise der Einwirkung ist dem Entscheidungsspielraum des Handelsvertreters überlassen und nur durch etwaige Weisungen des Unternehmers eingeschränkt.[151] Nicht ausreichend für die Vermittlung ist der bloße Nachweis von Gelegenheiten zu Geschäftsabschlüssen[152],

---

144 *Emde*, in Staub, Großkommentar HGB, § 84 Rn. 55; *Semmler*, Die Rechtsstellung des Tankstellenhalters zwischen Handelsvertreter und Vertragshändler, 1994, S. 107.

145 *Eberstein*, Der Handelsvertreter-Vertrag, A. II 2. b), S. 48; *Roth*, in Koller/Roth/Morck, HGB, § 84 Rn. 4.

146 *K. Schmidt*, Handelsrecht, § 27 I Rn. 8.

147 *Roth*, in Koller/Roth/Morck, HGB, § 84 Rn. 4.

148 *K. Schmidt*, Handelsrecht, § 27 I Rn. 8.

149 BGH v. 19.5.1982 – I ZR 68/80 –, NJW 1983, 42; *Emde*, in Staub, Großkommentar HGB, § 84 Rn. 55.

150 BGH v. 19.5.1982 – I ZR 68/80 –, NJW 1983, 42; *Hopt*, in Baumbach/Hopt, HGB, § 84 Rn. 22.

151 *Emde*, in Staub, Großkommentar HGB, § 84 Rn. 55; *Hopt*, in Baumbach/Hopt, HGB, § 84 Rn. 22.

152 BGH v. 19.5.1982 – I ZR 68/80 –, NJW 1983, 42.

Werbetätigkeit[153], das Schaffen von Geschäftsbeziehungen[154], Kontaktpflege[155] und Kundenbetreuung[156] ohne Vermittlung von Einzelgeschäften. Sind - rechtlich gesehen - nur zwei anstatt drei Personen beteiligt, liegt eine Vermittlung i. S. d. § 84 Abs. 1 S. 1 HGB ebenfalls nicht vor.[157] Insoweit ist eine rein formale Betrachtungsweise maßgeblich.[158] Bestehende wirtschaftliche Verflechtungen zwischen den beteiligten Personen sind rechtlich gesehen ohne Belang.[159]

2. *Abschluss von Geschäften*

§ 84 Abs. 1 S. 1 HGB sieht neben der Vermittlung den Abschluss von Geschäften im Namen des Unternehmers vor. Bei dem Abschluss von Geschäften handelt es sich um ein Vermitteln im weiten Sinn, so dass die Variante 2 (der Abschluss) einen Unterfall der Variante 1 (Vermittlung) darstellt.[160] Während der Vermittlungsvertreter die Vorverhandlungen führt und den Abschluss des Geschäfts dem Unternehmer anvertraut, schließt der Abschlussvertreter das Geschäft im Namen des vertretenen Unternehmers ab. Erforderlich dafür sind ein entsprechender Auftrag und eine Vollmacht.[161] Die Vollmacht kann für alle Geschäftsabschlüsse erteilt werden, sich auf einen bestimmten Geschäftskreis beziehen oder auf einzelne Geschäfte begrenzt sein.[162] Die Erteilung der Vollmacht kann gegenüber dem zu Bevollmächtigenden (Innenvollmacht gem. § 167 Abs. 1 Var. 1 BGB) oder dem Dritten (Außenvollmacht gem. § 167 Abs. 1 Var. 2 BGB) oder durch

---

153 BGH v. 1.12.1983 – I ZR 181/81 –, NJW 1984, 2695; *Brüggemann*, in Staub, Großkommentar HGB, 4. Aufl., § 84 Rn. 23.

154 *Hopt*, in Baumbach/Hopt, HGB, § 84 Rn. 22.

155 BGH v. 19.5.1982 – I ZR 68/80 –, NJW 1983, 42; *Ruß*, in Heidelberger Kommentar zum HGB, § 84 Rn. 7.

156 BGH v. 19.5.1982 – I ZR 68/80 –, NJW 1983, 42; *Ruß*, in Heidelberger Kommentar zum HGB, § 84 Rn. 7.

157 *Löwisch*, in Ebenroth/Boujong/Joost/Strohn, HGB, § 84 Rn. 50. Eine Vermittlung ist daher zu verneinen bei einem unmittelbaren Vertrieb des Unternehmers durch angestellte Reisende (§ 84 Abs. 2 HGB), bei Eigenbestellungen des Handelsvertreters oder bei Tätigkeit als Eigenhändler bzw. Vertragshändler oder Kommissionär i. S. d. §§ 383 ff. HGB.

158 *Löwisch*, in Ebenroth/Boujong/Joost/Strohn, HGB, § 84 Rn. 50.

159 *Hopt*, in Baumbach/Hopt, HGB, § 84 Rn. 23; *Löwisch*, in Ebenroth/Boujong/Joost/Strohn, HGB, § 84 Rn. 50.

160 *Duden*, Recht der Handelsvertreter, § 84 S. 5.

161 *Emde*, in Staub, Großkommentar HGB, § 84 Rn. 60; *Hopt*, in Baumbach/Hopt, HGB, § 84 Rn. 24.

162 LAG Düsseldorf v. 20.5.1960 – 8 (3) Sa 437/59 –, DB 1960, 813.

öffentliche Bekanntmachung gem. § 171 Abs. 1 Var. 2 BGB erfolgen.[163] Sie ist formfrei und kann, anders als die Prokura, welche nach § 48 Abs. 1 HGB nur mittels ausdrücklicher Erklärung erteilt werden kann, auch konkludent erteilt werden.[164] Eine konkludente Erteilung kann beispielsweise in der Bestellung zum Abschlussvertreter im Handelsvertretervertrag liegen.[165] Der Handelsvertreter, dem eine (Abschluss- bzw. Handlungs-) Vollmacht erteilt wurde, ist ein Handlungsbevollmächtigter i. S. d. §§ 55 Abs. 1, 54, HGB.[166] Der Umfang der Vollmacht richtet sich dann nach den §§ 54, 55 Abs. 2 bis 4 HGB, wobei die Regelungen über § 91 Abs. 1 HGB auch für Handelsvertreter, die nicht Kaufleute sind, Anwendung finden.[167] In der Praxis wird der Vertrieb von Verbrauchsgütern üblicherweise durch Abschlussvertreter gewährleistet.[168]

3. *Gegenstand der Geschäfte*

Das Gesetz beschränkt die Vermittlungs- oder Abschlusstätigkeit nicht auf bestimmten Arten von Geschäften.[169] Anders als die Handelsvertreter-Richtlinie, deren direkter Anwendungsbereich nach Art. 1 Abs. 2[170] auf Warenvertreter beschränkt ist, gelten die §§ 84 ff. HGB für Geschäfte betreffend Waren, Rechte und Dienstleistungen. Die Reichweite erstreckt sich über mannigfaltige Arten

163 *Hopt*, in Baumbach/Hopt, HGB, § 54 Rn. 8.

164 RG v. 8.6.1917 – II 23/17 –, RGZ 90, 299, 230; BGH v. 25.2.1982 – VII ZR 268/81 –, NJW 1982, 1389, 1390; BGH v. 19.3.2002 – X ZR 157/99 –, WM 2003, 749, 750. *Roth*, in Koller/Roth/Morck, HGB, § 85 Rn. 1. Die Handelsvertreter-Richtlinie ermöglicht in Art. 13 Abs. 2 ein Schriftformerfordernis. Der nationale Gesetzgeber hat von der Einführung eines Schriftformerfordernisses abgesehen.

165 *Emde*, in Staub, Großkommentar HGB, § 84 Rn. 60; *Hopt*, in Baumbach/Hopt, HGB, § 84 Rn. 25.

166 *Duden*, Recht der Handelsvertreter, § 84 S. 5.

167 Handelt der Handelsvertreter ohne Abschlussvollmacht oder außerhalb seiner Abschlussvollmacht, greift der handelsrechtliche Vertrauenstatbestand des § 91a HGB. Daneben bleiben die Regelungen der §§ 177 ff. BGB unberührt.

168 *K. Schmidt*, JuS 2008, 665, 666. Die gegenteilige Ansicht von *Brüggemann*, in Staub, Großkommentar HGB, 4. Aufl., § 84 Rn. 24 f. und von *von Hoyningen-Huene*, in MünchKomm HGB, § 84 Rn. 13 bezieht sich nicht auf Verbrauchsgüter.

169 *Duden*, Recht der Handelsvertreter, § 84 S. 6; *Roth*, in Koller/Roth/Morck, HGB, § 84 Rn. 4; *Thume*, in Röhricht/Graf von Westphalen/Haas, HGB, § 84 Rn. 18; *Westphal*, Neues Handelsvertreterrecht, S. 14.

170 ABl. EG Nr. L 382 S. 17.

der Absatzmittlung.[171] In Frage kommen beispielsweise Möbelversandhandel[172], Losverkauf[173], Toto-Lotto[174], Reisebüro für Reiseveranstalter (Reiseverträge)[175], Konzertkartenvorverkauf,[176] Tankstellenpacht auch bei Selbstbedienung,[177] Grundstücksgeschäfte[178], Transportvermittlung,[179] und viele weitere.[180]

V. Unternehmer als Vertragspartner

1. Unternehmerbegriff

§ 84 Abs. 1 S. 1 HGB setzt eine Tätigkeit für einen anderen Unternehmer voraus. Der Vertragspartner des Handelsvertreters muss also selbst Unternehmer sein. Auf seine Rechtsform kommt es nicht an.[181] Gleichzeitig macht der Gesetzeswortlaut mit der Formulierung „anderen" deutlich, dass auch der Handelsvertreter Unternehmer ist.[182] Der Begriff des Unternehmers ist nach der Rechtsprechung des BGH weit zu verstehen.[183] Die zutreffende Auslegung des Unternehmerbegriffs in § 84 HGB ist danach aus dem Sinn und Zweck des HGB zu entnehmen.[184] Das Gesetz erstrebt einen verstärkten Schutz einer bestimmten,

---

171 *Roth,* in Koller/Roth/Morck, HGB, § 84 Rn. 4.

172 OLG Hamm v. 11.5.1978 – 18 U 316/76 –, BB 1978, 1686.

173 BGH v. 22.6.1972 – VII ZR 36/71 –, BGHZ 59, 87 ff.

174 BGH v. 21.1.1965 – VII ZR 22/63 –, BGHZ 43, 108 ff.; BGH v. 22.6.1972 – VII ZR 36/71 –, BGHZ 59, 87 ff.; BGH v. 4.3.2008 – KZR 36/05 –, NJW-RR 2008, 1491 ff.

175 BGH v. 21.12.1973 – IV ZR 158/72 –, BGHZ 62, 71, 73; BGH v. 19.11.1981 – VII ZR 238/80 –, BGHZ 82, 219, 221.

176 BGH v. 20.2.1986 – I ZR 105/84 –, NJW-RR 1986, 709 f.

177 BGH v. 29.11.1984 – I ZR 149/82 –, BB 1985, 353 f.

178 BGH v. 4.12.1981 – I ZR 200/79 –, BB 1982, 1876 f.

179 BGH v. 9.7.1969 – I ZR 102/67 –, MDR 1969, 827 f.

180 *Emde,* in Staub, Großkommentar HGB, § 84 Rn. 49; *Hopt,* in Baumbach/Hopt, HGB, § 84 Rn. 26 m.w.N; *Thume,* in Röhricht/Graf von Westphalen/Haas, HGB, § 84 Rn. 18.

181 *Hopt,* in Baumbach/Hopt, HGB, § 84 Rn. 27; *Westphal,* Neues Handelsvertreterrecht, S. 18. Selbst Körperschaften und Anstalten des öffentlichen Rechts können Unternehmer sein; BGH v. 21.1.1965 – VII ZR 22/63 –, BGHZ 43, 108 ff.

182 *Busche,* in Oetker, HGB, § 84 Rn. 36.

183 BGH v. 21.1.1965 – VII ZR 22/63 –, BGHZ 43, 108, 110; BGH v. 4.12.1981 – I ZR 200/79 –, BB 1982, 1876, 1877; ebenso *Thume,* in Röhricht/Graf von Westphalen/Haas, HGB, § 84 Rn. 13.

184 Nach der Gesetzesbegründung, BT-Drs. 1/3856, S. 16, bestehen keine Bedenken, den Begriff der Handelsvertreter auf Personen auszudehnen, die für einen Unternehmer tätig werden, der kein Kaufmann ist.

nach der Art ihrer Tätigkeit typischen Berufsgruppe, der Handelsvertreter. Das geschieht insbesondere durch Einführung zwingender, unabdingbarer Schutzvorschriften zu ihren Gunsten, darunter z.B. auch des § 89 Abs. 2 HGB.[185] Unter diesen Umständen ist eine Auslegung geboten, die bei Dienstverpflichteten, die nach der Art ihrer Tätigkeit sich wirtschaftlich typischerweise in gleichartiger Lage befinden, auch eine gleichartige Rechtsanwendung gewährleistet. Nach der Einschätzung des BGH wäre es „schwer erträglich, wenn interne Verhältnisse beim Auftraggeber, auf deren Gestaltung der Beauftragte keinen Einfluss haben kann, dazu führen müssen, dass dieser in einem Falle Handelsvertreter wäre, im anderen Falle aber (trotz praktisch gleichartiger Tätigkeit, Schutzbedürftigkeit und Schutzwürdigkeit) nicht als Handelsvertreter angesehen werden könnte und damit des Schutzes der §§ 84 ff. HGB entraten müsste".[186] Der Begriff des Unternehmers in § 14 BGB kann als Auslegungshilfe herangezogen werden, stimmt aber nicht vollständig mit dem Unternehmer i. S. d. §§ 84 ff. HGB überein.[187] Das Merkmal „bei Abschluss eines Rechtsgeschäfts" ist unerheblich.[188] Erforderlich und ausreichend ist eine wirtschaftliche Tätigkeit am Markt als Gewerbetreibender, Freiberufler, Wissenschaftler oder Künstler.[189] Abzugrenzen ist von einer Tätigkeit, die lediglich in der Privatsphäre Wirkung entfaltet.[190]

2. *Einfirmenvertreter und Mehrfirmenvertreter*

Zu Missverständnissen könnte der Wortlaut der Vorschrift im Hinblick auf die Verwendung des Begriffs „einen" führen. Nach ihrer rechtlichen Stellung können die Handelsvertreter weiter unterschieden werden in Handelsvertreter, die lediglich ein Unternehmen vertreten (Einfirmenvertreter), und solche, die gleichzeitig mehrere Unternehmen vertreten (Mehrfirmenvertreter).[191] Ein

---

185 BGH v. 21.1.1965 – VII ZR 22/63 –, BGHZ 43, 108, 110.

186 BGH v. 21.1.1965 – VII ZR 22/63 –, BGHZ 43, 108, 110.

187 *Thume*, in Röhricht/Graf von Westphalen/Haas, HGB, § 84 Rn. 13. Die Regelung des § 14 BGB definiert ausgehend vom Recht der EU den Begriff des Unternehmers für das Verbraucherrecht als Gegenbegriff zum Verbraucher i. S. d. § 13 BGB, vgl. *Ellenberger* in Palandt, BGB, § 14 Rn. 1.

188 *Hopt*, in Baumbach/Hopt, HGB, § 84 Rn. 27.

189 *Emde*, in Staub, Großkommentar HGB, § 84 Rn. 49; *Hopt*, in Baumbach/Hopt, HGB, § 84 Rn. 27; *Thume*, in Röhricht/Graf von Westphalen/Haas, HGB, § 84 Rn. 13.

190 *Busche*, in Oetker, HGB, § 84 Rn. 37.

191 Mehrfirmenvertreter sind dabei stets verpflichtet, das Konkurrenzverbot zu beachten; *Schürr*, in Küstner/Thume, Handbuch des gesamten Vertriebsrechts, Bd. 1, Kap. I Rn. 170; *Westphal*, Neues Handelsvertreterrecht, S. 28. Die Anzahl der von

Einfirmenvertreter, der nur für ein Unternehmen tätig werden darf und stärker als ein gewöhnlicher Einfirmenvertreter in dessen Geschäftsbetrieb eingegliedert wird, ist ein Ausschließlichkeitsvertreter.[192] Dieser Vertreter ist in seiner Stellung am stärksten einem Angestellten angenähert, da er an einen Unternehmer gebunden ist, für den er seine Arbeitskraft und –zeit einsetzen muss. Auf diese Weise entsteht eine starke wirtschaftliche Abhängigkeit.[193] Zwar kann sich auch ein Handelsvertreter, der für mehrere Unternehmer tätig ist, in einer wirtschaftlich ungünstigen Lage befinden. Er steht aber nicht in ausschließlicher Verbindung zu einer bestimmten Firma und ist nicht auf die sich bei ihr bietenden Verdienstmöglichkeiten angewiesen.[194] Der Mehrfirmenvertreter kann alle Chancen ausnutzen, die sich durch die Vertretung mehrere Firmen bieten. Er hat demnach die typische Stellung eines selbständigen Kaufmanns und muss deshalb das mit der beruflichen Stellung verbundene Risiko selbst tragen. Sowohl Einfirmenvertreter als auch Mehrfirmenvertreter sind trotz des unterschiedlichen sozialen Schutzbedürfnisses von den Regelungen in §§ 84 ff. HGB umfasst.[195]

3. *Arbeitnehmerähnliche Handelsvertreter i. S. d. § 92a HGB*

Gem. § 92a HGB wird der arbeitnehmerähnliche Einfirmenvertreter (und Mehrfirmenversicherungsvertreter) nach der Einschätzung des historischen Gesetzgebers als sozial besonders schutzbedürftig eingeschätzt.[196] Einfirmenvertreter i. S. d. § 92a HGB sind solche Handelsvertreter, die vertraglich nicht für weitere Unternehmer tätig werden dürfen oder denen dies nach Art und Umfang der von ihnen verlangten Tätigkeit nicht möglich ist.[197] Sie unterscheiden sich von „echten" Arbeitnehmern durch den Grad der persönlichen Abhängigkeit.[198] Sie sind in die betriebliche Organisation des Unternehmers nicht eingegliedert und sind

---

Handelsvertretungen vertretenen Firmen beläuft sich nach den Ergebnissen der CDH-Statistik 2012 im Durchschnitt auf 4,9, siehe http://www.cdh.de/handelsvertreter/daten-fakten, zuletzt abgerufen am 29.6.2014.

192 *Hopt*, ZIP 1996, 1533, 1534; *Westphal*, Neues Handelsvertreterrecht, S. 22.

193 BT-Drs. 1/3856, S. 40.

194 BT-Drs. 1/3856, S. 40.

195 *Busche*, in Oetker, HGB, § 84 Rn. 36.

196 BT-Drs. 1/3856, S. 40; ebenso *Westphal*, Neues Handelsvertreterrecht, B III, 6, S. 28; zur arbeitnehmerähnlichen Person umfassend *Herschel*, DB 1977, 1185 ff.

197 *Thume*, in Röhricht/Graf von Westphalen/Haas, HGB, § 92a Rn. 1.

198 *Schürr*, in Küstner/Thume, Handbuch des gesamten Vertriebsrechts, Bd. 1, Kap. I Rn. 248; *Thume*, in Röhricht/Graf von Westphalen/Haas, HGB, § 92a Rn. 1.

wie „gewöhnliche" Handelsvertreter im Wesentlichen frei in ihrer Tätigkeits- und Arbeitszeitgestaltung i. S. v. § 84 Abs. 1 S. 2 HGB. Entscheidend ist aber, dass eine ausgeprägte wirtschaftliche Abhängigkeit des arbeitnehmerähnlichen Handelsvertreters vorliegt, die mit einer sozialen – dem Arbeitnehmer vergleichbaren - Schutzbedürftigkeit einhergeht.[199] Abzustellen ist dabei auf die gesamte soziale Stellung des Handelsvertreters.[200] Die praktische Relevanz der Regelung des § 92a HGB ist letztlich als gering anzusehen.[201] Zwar ermächtigt § 92a HGB das Bundesministerium der Justiz zum Erlass einer Rechtsverordnung zur Festsetzung von Mindestbedingungen, insbesondere der Mindestvergütung.[202] Eine entsprechende Verordnung ist aber weder bisher erlassen worden, noch auf absehbare Zeit geplant.[203] Durch den Verweis in § 5 Abs. 3 ArbGG auf § 92a HGB begründet die Regelung im Einzelfall die Zuständigkeit der Arbeitsgerichte.

4. *Handelsvertreter im Nebenberuf*

Handelsvertreter in Nebenberuf gem. § 92b HGB[204] sind echte Handelsvertreter i. S. d. §§ 84 ff. HGB.[205] Sie werden aber als weniger schutzbedürftig angesehen.[206] Nebenberufliche Handelsvertreter werden von einzelnen Regelungen der

---

199 § 92a HGB stellt eine echte sozialrechtliche Schutzvorschrift dar; *Schürr*, in Küstner/Thume, Handbuch des gesamten Vertriebsrechts, Bd. 1, Kap. I Rn. 246.

200 *Herschel*, DB 1977, 1185; *Schürr*, in Küstner/Thume, Handbuch des gesamten Vertriebsrechts, Bd. 1, Kap. I Rn. 245.

201 *Keßler*, in Heidel/Schall, Hk-HGB, § 92a Rn. 1; *Westphal*, Neues Handelsvertreterrecht, B III, 6, S. 28.

202 *Hopt*, in Baumbach/Hopt, HGB, § 92a Rn. 2; *Schürr*, in Küstner/Thume, Handbuch des gesamten Vertriebsrechts, Bd. 1, Kap. I Rn. 250.

203 *Hopt*, in Baumbach/Hopt, HGB, § 92a Rn. 2; *Keßler*, in Heidel/Schall, Hk-HGB, § 92a Rn. 1; *von Hoyningen-Huene*, in MünchKomm HGB, § 92a Rn. 4; *Schürr*, in Küstner/Thume, Handbuch des gesamten Vertriebsrechts, Bd. 1, Kap. I Rn. 254.

204 § 92b HGB wurde durch die HGB-Novelle 1953 in das Gesetz eingefügt. Da § 92b HGB den Vorgaben des Art. 2 Abs. 1 der EG-Handelsvertreter-Richtlinie entspricht, bedurfte es nach der Umsetzung der Richtlinie durch die HGB-Novelle 1989 keiner Änderung der Vorschrift. Siehe zur Entstehungsgeschichte auch *Baums*, BB 1986, 891 f.

205 *Emde*, Vertriebsrecht, § 84 Rn. 110.

206 Begründung des Entwurfs eines Gesetzes zur Änderung des Handelsgesetzbuchs (Recht der Handelsvertreter), BT-Drs. 1/3856, S. 42; *Eberstein*, Der Handelsvertreter-Vertrag, A. II. 2. d) cc) S. 54; *Hopt*, in Baumbach/Hopt, HGB, § 92b Rn. 1.

§§ 84 ff. HGB ausgenommen.[207] Insbesondere sind sie nach Vertragsende gem. § 92b Abs. 1 S. 1 HGB nicht ausgleichsberechtigt nach § 89b HGB. Die Regelung des § 92b Abs. 1 HGB setzt voraus, dass der Handelsvertreters zwei unterschiedliche Berufe ausübt, die in Bezug auf die wirtschaftliche Existenz des Handelsvertreters voneinander unabhängig sind.[208] Welcher Beruf als Hauptberuf und welcher als Nebenberuf einzustufen ist, ist gem. § 92b Abs. 3 HGB nach der Verkehrsauffassung zu bestimmen.[209] Abzustellen ist auf die Verkehrsauffassung der maßgeblichen Wirtschaftskreise.[210] Wegen der an die Einstufung als nebenberufliche Tätigkeit geknüpften rechtlichen Folgen, ist die entsprechende Einstufung für den Handelsvertreter von erheblicher Bedeutung. Liegt nach der Verkehrsauffassung eine hauptberufliche Tätigkeit vor, kann diese nicht durch Parteivereinbarung zur nebenberuflichen Tätigkeit des Handelsvertreters „herabgestuft" werden.[211]

Der Gesetzgeber hat den Begriff des Handelsvertreters im Nebenberuf bewusst im Gesetz nicht definiert.[212] Der Regierungsentwurf zum Gesetz zur Änderung des Handelsgesetzbuchs[213] enthielt eine Definition des Handelsvertreters im Nebenberuf, die auf Vorschlag des Rechtsausschusses nicht in das Gesetz aufgenommen wurde,[214] da sich eine völlig befriedigende Begriffsbestimmung kaum finden lassen werde.[215] Nach dem Regierungsentwurf, der der

---

207 *Hopt*, in Baumbach/Hopt, HGB, § 92b Rn. 1. Nach § 92b Abs. 1 S. 1 HGB gelten die in § 89 Abs. 1 und 2 HGB für die hauptberuflichen Handelsvertreter zwingend vorgeschriebenen Mindestkündigungsfristen nicht für Handelsvertreter im Nebenberuf. Daneben besteht nach § 92b Abs. 1 S. 1 HGB die Möglichkeit, den bei Vorliegen seiner Voraussetzungen zwingend vorgeschriebenen Anspruch auf Provisionsvorschuss nach § 87a Abs. 1 S. 2 HGB, ganz oder teilweise auszuschließen.

208 BGH v. 18.4.2007 – VIII ZR 117/06 –, WM 2007, 1856, 1859 mit Anmerkung *Thume*, BB 2007, 1750 ff.; *Hopt*, in Baumbach/Hopt, HGB, § 92b Rn. 1.

209 Siehe dazu *Hopt*, in Baumbach/Hopt, HGB, § 92b Rn. 2; *Küstner*, BB 1999, 541, 543; *Thume*, in Röhricht/Graf von Westphalen/Haas, HGB, § 92b Rn. 2.

210 BGH v. 21.1.1965 – VII ZR 22/63 –, BGHZ 43, 108, 114; BGH v. 4. 11. 1998 – VIII ZR 248/97 –, NJW 1999, 639, 641; mit zustimmenden Anmerkungen von *Escher*, BB 1999, 72; *Emde*, Vertriebsrecht, § 92b Rn. 5.

211 BGH v. 4. 11. 1998 – VIII ZR 248/97 –, NJW 1999, 639, 640 f.; BGH v. 18.4.2007 – VIII ZR 117/06 –, WM 2007, 1856, 1857.

212 *Baums*, BB 1986, 891, 892; *von Brunn*, NJW 1954, 56, 57.

213 BT-Drs. 1/3856, S. 42.

214 *Emde*, Vertriebsrecht, § 92b Rn. 5.

215 BT-Drs. 1/3856, S. 42.

im Schrifttum vertretenen, herrschenden sog. Übergewichtstheorie[216] folgte, ist Handelsvertreter im Nebenberuf, „wer nicht überwiegend als Handelsvertreter tätig ist oder wer aus dieser Tätigkeit nicht den überwiegenden Teil seines Arbeitseinkommens bezieht."[217] Handelsvertreter im Hauptberuf ist danach, wer überwiegend als Handelsvertreter tätig ist und aus dieser Tätigkeit den überwiegenden Teil seines Arbeitseinkommens bezieht.[218] Nach der Übergewichtstheorie ist in der Regel das Vorliegen beider Voraussetzungen kumulativ zu fordern.[219] Dabei kommt es maßgeblich auf die tatsächlichen Verhältnisse in Bezug auf die Zeit, die Art und das Ausmaß des Arbeitseinsatzes sowie das Entgelt an.[220] Zum Schutz des Handelsvertreters kann sich der Unternehmer nur auf § 92b Abs. 1 HGB berufen, wenn er den Handelsvertreter gem. § 92b Abs. 2 HGB ausdrücklich als Handelsvertreter im Nebenberuf mit der Vermittlung oder dem Abschluss von Geschäften betraut hat.[221] Liegt eine ausdrückliche Erklärung i. S. d. § 92b Abs. 2 HGB vor und bestreitet der Handelsvertreter deren Richtigkeit, trifft ihn die Beweislast.[222] Ebenso verhält es sich, wenn aus dem Nebenberuf des Handelsvertreters eine hauptberufliche Tätigkeit wurde.[223] Nach der deklaratorischen Bestimmung des § 92b Abs. 4 HGB können auch Versicherungsvertreter und Bausparkassenvertreter als nebenberufliche

---

216 *Duden*, Recht der Handelsvertreter, § 92b S. 83; *Emde*, Vertriebsrecht, § 92b Rn. 5; *Schürr*, in Küstner/Thume, Handbuch des gesamten Vertriebsrechts, Bd. 1, Kap. I Rn. 197; *Sonnenschein/Weitemeyer*, in Heymann, HGB, § 92b Rn. 3; *Höft*, VersR 1973, 154; *Schröder*, in Schlegelberger, HGB, 92b Rn. 2a; *Hopt*, in Baumbach/Hopt, HGB, § 92b Rn. 2; *Thume*, in Röhricht/Graf von Westphalen/Haas, HGB, § 92b Rn. 2. *Eberstein* spricht von „Schwerpunkt der Lebensgestaltung auf einem anderen Gebiet" liegend, Der Handelsvertreter-Vertrag, A. II. 2. d) cc) S. 54; ebenso *Westphal*, Neues Handelsvertreterrecht, S. 27. Nach a.A. ist auf die Wesentlichkeitstheorie abzustellen, siehe dazu *Trinkhaus*, Handbuch der Versicherungsvermittlung, Bd. 1, 1955 S. 106.

217 BT-Drs. 1/3856, S. 42.

218 BT-Drs. 1/3856, S. 42.

219 *Emde*, Vertriebsrecht, § 92b Rn. 5; *Schürr*, in Küstner/Thume, Handbuch des gesamten Vertriebsrechts, Bd. 1, Kap. I Rn. 201; *Thume*, in Röhricht/Graf von Westphalen/Haas, HGB, § 92b Rn. 2.

220 *Emde*, Vertriebsrecht, § 92b Rn. 5. Zu einzelnen Abgrenzungen in der Praxis siehe ausführlich *Schürr*, in Küstner/Thume, Handbuch des gesamten Vertriebsrechts, Bd. 1, Kap. I Rn. 202, 204 ff.

221 *Hopt*, in Baumbach/Hopt, HGB, § 92b Rn. 3; *Thume*, in Röhricht/Graf von Westphalen/Haas, HGB, § 92b Rn. 7.

222 So schon *Duden*, Recht der Handelsvertreter, § 92b S. 84; ebenso *Thume*, in Röhricht/Graf von Westphalen/Haas, HGB, § 92b Rn. 7.

223 BT-Drs. 1/3856, S. 42.

Handelsvertreter tätig sein.[224] Schließlich kommen auch juristische Person oder Personengemeinschaften als Handelsvertreter im Nebenberuf in Betracht.[225]

VI. Ständige Betrauung

1. Geschäftsbesorgung mit Interessenwahrungspflicht

Die Betrauung i. S. d. § 84 Abs. 1 S. 1 HGB meint eine Beauftragung nach §§ 611 ff., 675 Abs. 1 BGB.[226] Der Handelsvertreter und der Unternehmer schließen – über eine bloße (ständige) Geschäftsverbindung hinaus – einen Dienstvertrag über eine Geschäftsbesorgung, aus dem der Handelsvertreter einer Tätigkeitspflicht unterliegt.[227] Abzugrenzen ist das Tätigwerden des Handelsvertreters mit Tätigkeitspflicht von dem Handeln eines Vermittlers ohne Tätigkeitspflicht. Bei letzteren kann es sich um einen Handelsmakler i. S. d. § 93 HGB oder einen Zivilmakler i. S. d. §§ 652 ff. BGB handeln.[228] Typisch für eine Maklertätigkeit ist nach der Rechtsprechung des BGH, dass diese auf ein bestimmtes Objekt bezogen ist. Der Makler benennt dafür im Nachweisfall einen abschlussbereiten Käufer oder im Vermittlungsfall fördert er den Abschluss des Kaufvertrages. Typisch für die Handelsvertretertätigkeit sei dagegen, dass es dem Unternehmer darum gehe, mit Hilfe des Handelsvertreters immer wieder neu produzierte Objekte zu veräußern. Dementsprechend sprechen die Unbestimmtheit und die Vielzahl der zu veräußernden Objekte und das Interesse an Umsatzförderung für eine Einordnung als Handelsvertreter und gegen eine Maklertätigkeit.[229] Der Handelsvertreter ist nach dieser Rechtsprechung des BGH zwar selbständiger Gewerbetreibender und Kaufmann, jedoch ist er mangels anderer Abrede im

224 *Hopt,* in Baumbach/Hopt, HGB, § 92b Rn. 6.

225 Ausführlich zum Handelsvertreter in Nebenberuf, *Baums,* BB 1986, 891; *Küstner,* BB 1966, 1212; siehe auch *Küstner,* BB 1999, 541, 543; *Thume,* BB 2007, 1750.

226 *Busche,* in Oetker, HGB, § 84 Rn. 41; *Hopt,* in Baumbach/Hopt, HGB, § 84 Rn. 41; *Westphal,* Neues Handelsvertreterrecht, S. 18.

227 BGH v. 1.4.1992 – IV ZR 154/91 –, NJW 1992, 2818, 2819; *Busche,* in Oetker, HGB, § 84 Rn. 41; *Hopt,* in Baumbach/Hopt, HGB, § 84 Rn. 41.

228 *Busche,* in Oetker, HGB, § 84 Rn. 11, 41. Zur Abgrenzung Handelsvertreter und Makler siehe mit Anmerkungen und Angabe weiterer Indizien *Dehner,* NJW 1993, 2225. Die Abgrenzung erfolgt nach dem Gesamtbild der tatsächlichen Handhabung, so *Hopt,* in Baumbach/Hopt, HGB, § 84 Rn. 20.

229 Unter Anwendung der Grundsätze der sog. Verflechtungsrechtsprechung BGH v. 1.4.1992 – IV ZR 154/91 –, NJW 1992, 2818, 2819.

Zweifel doch als Beauftragter in gewissem Umfang weisungsgebunden. Dagegen bleibt der Makler weisungsunabhängig, auch wenn er einen Alleinauftrag hat.[230]

Den Handelsvertreter trifft aus seiner vertraglichen Beziehung zum Unternehmer eine Interessenwahrungspflicht. § 86 Abs. 1, 2. Hs. HGB hat insoweit nur eine klarstellende Funktion.[231] Der Interessenwahrungspflicht steht grundsätzlich nicht entgegen, dass der Handelsvertreter für mehrere Unternehmen parallel agiert (sog. Mehrfirmenvertreter), solange er nicht einer Konkurrenztätigkeit nachgeht, indem er einer Konkurrenzvertretung zustimmt oder den Eigenvertrieb betreibt.[232] Für den Makler ist es existenznotwendig, dass er neben dem Alleinauftraggeber noch eine Vielzahl weiterer Kunden auch mit ähnlichen Objekten an der Hand hat. Demnach spricht es nach den Grundsätzen der Rechtsprechung des BGH für die Einordnung als Handelsvertreter, wenn die Anzahl der für einen Konkurrenten vermittelten Geschäfte sehr gering ist.[233]

2. *Dauerschuldverhältnis*

Die ständige Betrauung setzt eine Tätigkeit über eine gewisse Dauer voraus. Nicht erforderlich ist ein langfristiges, auf unbestimmte Zeit angelegtes Absatzmittlungsverhältnis.[234] Ausreichend für dieses Dauerschuldverhältnis i. S. d § 314 BGB ist vielmehr eine Betrauung, die auf eine gewisse Zeit angelegt ist, z. B. für eine bestimmte Saison, Ausstellung oder Messe[235], solange die Tätigkeit auf eine unbestimmte Anzahl von Geschäften ausgerichtet ist.[236] Wird ein Vermittler nur mit der Vermittlung eines Geschäfts, nur bestimmter einzelner Geschäfte oder ausschließlich gelegentlich mit der Vermittlung betraut, kann es sich um einen sog. Gelegenheitsagenten handeln, der nicht Handelsvertreter ist und nur dem Werkvertrags- und Auftragsrecht des BGB unterliegt.[237]

---

230 BGH v. 1.4.1992 - IV ZR 154/91 -, NJW 1992, 2818, 2819 f.

231 *Busche*, in Oetker, HGB, § 84 Rn. 41; *Hopt*, in Baumbach/Hopt, HGB, § 84 Rn. 41.

232 BGH v. 18.6.1964 - VII ZR 254/62 -, BGHZ 42, 59, 61; BGH v. 9.6.1969 - VII ZR 49/67 -, BGHZ 52, 171, 177. Mit Zustimmung seitens Unternehmers ist eine Konkurrenztätigkeit naturgemäß zulässig, vgl. BGH v. 25.3.1958 - VIII ZR 90/57 -, BB 1958, 425; BGH v. 30.1.1963 - VIII ZR 256/61 -, BB 1963, 448; *K. Schmidt*, Handelsrecht, 5. Aufl. § 27 IV 1c), S. 732.

233 BGH v. 1.4.1992 - IV ZR 154/91 -, NJW 1992, 2818, 2819 f.

234 BGH v. 1.4.1992 - IV ZR 154/91 -, NJW 1992, 2818, 2819.

235 *Westphal*, Neues Handelsvertreterrecht, S. 18.

236 *Busche*, in Oetker, HGB, § 84 Rn. 40; *Hopt*, in Baumbach/Hopt, HGB, § 84 Rn. 42.

237 *Hopt*, in Baumbach/Hopt, HGB, § 84 Rn. 44.

B. Abgrenzung zu ähnlichen Vertriebsmittlern

I. Vertragshändler

Im Vergleich zum Handelsvertreter wird der Vertragshändler[238] im eigenen Namen und auf eigene Rechnung tätig.[239] Der Vertragshändler hat mit dem Unternehmer i. d. R. einen gemischttypischen Rahmenvertrag, den sog. „Vertragshändlervertrag", geschlossen, durch welchen der Vertragshändler wie der Handelsvertreter auf Dauer an den Unternehmer gebunden und in dessen Vertriebsgeflecht er integriert ist.[240] Der Vertrieb erfolgt insoweit in zwei Handelsstufen.[241] Der Hersteller veräußert seine Ware an den Händler, der diese dann an den Kunden verkauft. Im konkreten Einzelfall kann der Vertrag zwischen dem Vertragshändler und dem Unternehmer dem Handelsvertretervertrag z.B. betreffend die Pflichten des Vertragshändlers angenähert sein.[242] In diesen Fällen stellt sich dann die Frage der analogen Anwendbarkeit des Handelsvertreterrechts.[243] Wichtig ist die analoge Anwendung für die Gewährung eines Ausgleichsanspruchs gem. § 89b HGB. Nach der Rechtsprechung des BGH sind etwa bei Kraftfahrzeug-Vertragshändlern die Voraussetzungen einer analogen Anwendung des § 89b HGB erfüllt, wenn der Vertragshändler wie ein Handelsvertreter in die Absatzorganisation des

---

238 Umfassend *Ulmer*, Der Vertragshändler, 1969. Zum Ausgleichsanspruch des Vertragshändlers siehe auch, *Foth*, Der Ausgleichsanspruch des Vertragshändlers, 1985; *Kunz*, Die Anwendung der handelsvertreterrechtlichen Ausgleichsregelung (§ 89b HGB) auf Eigen(Vertrags)händler, 1967.

239 *Roth*, in Koller/Roth/Morck, HGB, § 84 Rn. 7; *Thume*, in Röhricht/Graf von Westphalen/Haas, HGB, § 84 Rn. 42.

240 *Roth*, in Koller/Roth/Morck, HGB, § 84 Rn. 7.

241 *Thume*, in Röhricht/Graf von Westphalen/Haas, HGB, § 84 Rn. 42.

242 *Hopt*, in Baumbach/Hopt, HGB, § 84 Rn. 10.

243 Ständige Rechtsprechung z.B. BGH v. 11.12.1958 – II ZR 73/57 –, BGHZ 29, 83, 85 ff.; BGH v. 21.12.1983 – VIII ZR 195/82 –, BGHZ 89, 206, 216; BGH v. 6.10.1999 – VIII ZR 125/98 –, BGHZ 142, 358, 367; ebenso *K. Schmidt*, Handelsrecht, § 28 II Rn. 11 ff.; *Emde*, Vertriebsrecht, vor § 84 Rn. 366, a.A. Siegert NJW 07, 188 [in Bezug auf den Ausgleichsanspruch des Kfz-Vertragshändlers seit dem In-Kraft-Treten der neuen Gruppenfreistellungsverordnung für den Kfz-Vertrieb, VO (EG) Nr. 1400/2002]; gegen diesen Emde, BB 2008, 2755, 2763. Die Voraussetzungen für eine entsprechende Anwendung der § 84 ff. HGB sind streitig. Einigkeit besteht jedoch darüber, dass bei der Berechnung des Ausgleichsanspruchs nach § 89b HGB die Besonderheiten gegenüber dem Handelsvertreter im Auge zu behalten sind, dazu im Überblick *Hopt*, in Baumbach/Hopt, HGB, § 84 Rn. 12.

Herstellers eingegliedert und vertraglich verpflichtet ist, dem Hersteller nach Vertragsende seinen Kundenstamm zu überlassen, so dass sich der Hersteller dessen Vorteile sofort und ohne weiteres nutzbar machen kann.[244]

II. Kommissionär und Kommissionsagent

Im Gegensatz zum Handelsvertreter schließt der Kommissionär gewerbsmäßig Geschäfte in eigenem Namen auf fremde Rechnung ab (§ 383 Abs. 1 HGB). Besteht eine ständige Betrauung mit den Abschlüssen der Geschäfte i. S. d. § 383 Abs. 1 HGB in eigenem Namen für fremde Rechnung, handelt es sich um einen Kommissionsagenten.[245] Der Kommissionsagent ist zwar Kommissionär, aber er ist dem Handelsvertreter sehr ähnlich.[246] Deshalb sind auf ihn nach der Rechtsprechung des BGH unter Umständen die Regelungen der §§ 84 ff. HGB, sowie insbesondere die Regeln über den Ausgleichsanspruch nach § 89b HGB, entsprechend anzuwenden.[247]

C. Wirtschaftliche Funktion

Der Handelsvertreter ist – als ein ständiger Absatzmittler – ein Teil eines am Markt operierenden Vertriebssystems.[248] Der Vertrieb von Waren und Dienstleistungen wird vielfach durch einen vernetzen Vertrieb gewährleistet, wobei dem Unternehmer juristisch verschiedene Vertriebssysteme als alternative Gestaltungsformen offen stehen.[249] Aus dem betriebswirtschaftlichen Blickwinkel

---

244 BGH v. 6.10.1999 – VIII ZR 125/98 –, BGHZ 142, 358, 367 m.w.N.; BGH v. 13.7.2011 – VIII ZR 17/09 –, NJW 2011, 3438 ff. Vgl. auch *Emde*, ZvertriebsR, 2012, 116; *ders.*, EWiR 2000, 237, 238.

245 *Duden*, Recht der Handelsvertreter, § 84 S. 6; *Hopt*, in Festschrift für Hadding, S. 443; *Hopt*, in Baumbach/Hopt, HGB, § 383 Rn. 3; *Roth*, in Koller/Roth/Morck, HGB, § 84 Rn. 6; § 383 Rn. 4.

246 *Roth*, in Koller/Roth/Morck, HGB, § 383 Rn. 4.

247 Für den Ausgleichsanspruch nach § 89b HGB zugunsten des Kommissionsagenten unter Umständen BGH v. 1.6.1964 – VII ZR 235/62 –, NJW 1964, 1952, 1953; BGH v. 26.9.1980 – I ZR 119/78 –, BGHZ 79, 89, 97; offen gelassen zu § 89b: BGH v. 12.3.2003 – VIII ZR 221/02 –, NJW-RR 2003, 894, 895; *ebenso Thume*, in Röhricht/Graf von Westphalen/Haas, HGB, § 84 Rn. 41; vgl. auch *Ulmer/Habersack*, ZHR 159 (1995), 112 ff.

248 *Hopt*, in Baumbach/Hopt, HGB, § 84 Rn. 1; *Oetker*, Handelsrecht, § 6 Rn. 1; *K. Schmidt*, JuS 2008, 665, 666.

249 Ausführlicher Überblick bei *K. Schmidt*, Handelsrecht, § 25 II Rn. 13 ff.; *K. Schmidt*, JuS 2008, 665, 666 ff.

betrachtet, bedient sich der Unternehmer, also z.B. der Hersteller, Produzent, Importeur oder Dienstleister, des Handelsvertreters oder anderer Absatzkanäle[250], wie des Groß- und Einzelhandels oder des Vertragshändlers, um die Erschließung von Märkten zu sichern.[251] Mit der Organisation der Vertriebswege wirkt der Unternehmer auf die Nachfrage und seinen Absatz ein.[252] Dabei steht nach *K. Schmidt*[253] „nicht die Vermittlung oder der Abschluss einzelner Verträge … im Vordergrund, sondern die perpetuierliche Gewährleistung einer Marktpräsenz des Unternehmers." Der charakteristische Vorteil dieses Vertriebssystems liegt seiner Ansicht nach in der Kundennähe und Sachkunde des Handelsvertreters, der als selbständiger, dauerhafter Vermittlungs- oder Abschlussvertreter den Markt erschließt, ohne selbst das Vertriebsrisiko zu tragen.[254] Rechtlich gesehen ist der Handelsvertreter im Gegensatz zum Groß- und Einzelhändler in den Absatz und Vertrieb eines anderen Unternehmens eingegliedert.[255] In Abgrenzung zum unselbständigen Arbeitnehmer behält er aber seine rechtliche Selbstständigkeit. In der Selbständigkeit des Handelsvertreters liegt eine unternehmerische Freiheit, die im Vergleich zum Arbeitnehmer mit einem geringeren rechtlichen Schutz einhergeht.[256]

D. Realtypisches Erscheinungsbild der Typenvielfalt

In der Rechtswirklichkeit findet sich kein homogenes Berufsbild des Handelsvertreters.[257] Da der Handelsvertreter keine Neuschöpfung des kodifizierten Rechts ist, sondern ein Phänomen der Rechtswirklichkeit und der Gesetzgeber

---

250 Der Direktabsatz über eigene Filialen bzw. Verkaufsangestellte (Reisende) wird nur vereinzelt betrieben, so *Hopt*, in Baumbach/Hopt, HGB, § 84 Rn. 1.

251 *Oetker*, Handelsrecht, § 6 Rn. 1 stellt zutreffend fest, dass sich ein weiterer Vorteil des Unternehmers daraus ergibt, dass er nicht den arbeits- und sozialversicherungsrechtlichen Belastungen und Bindungen unterliegt, die mir der Beschäftigung von Arbeitnehmern einhergehen.

252 *K. Schmidt*, Handelsrecht, § 25 II Rn. 1.

253 *K. Schmidt*, JuS 2008, 665, 666.

254 *Oetker*, Handelsrecht, § 6 Rn. 1; *K. Schmidt*, Handelsrecht, § 27 II Rn. 34.

255 *Hopt*, in Baumbach/Hopt, HGB, § 84 Rn. 1.

256 *Hopt*, in Baumbach/Hopt, HGB, § 84 Rn. 1.

257 *Emde*, Die Handelsvertreter-GmbH, S. 52 ff.; *Kindler*, Der Ausgleichsanspruch des Handelsvertreters im deutsch-italienischen Warenverkehr, 1987, S. 95; *Martinek/Bergmann*, WRP 2006, 1047, 1053; *Stolterfoht*, Die Selbständigkeit des Handelsvertreters, 1973, 37 ff.; *Thume*, in Röhricht/Graf von Westphalen/Haas, HGB, § 84 Rn. 18.

keinen einheitlichen Verkehrstyp des Handelsvertreters vorfand, gestaltete er die gesetzliche Regelung bewusst sehr abstrakt.[258] Mit der höchst abstrakten gesetzlichen Regelung geht in der Realität ein weit gefächertes Erscheinungsbild des Handelsvertreters einher.[259] Anknüpfend an den Gegenstand der Tätigkeit kann zwischen Warenvertretern, Tankstellenbetreibern, Versicherungsvertretern (§ 92 HGB) und Bausparkassenvertretern unterschieden werden.[260] Ausgehend von der Person des Handelsvertreters findet sich ebenfalls eine weite Bandbreite der Erscheinungsformen. Sie reicht von dem kleinen arbeitnehmerähnlichen Vertreter bis hin zur großen, kapitalstarken Handelsgesellschaft mit Marktmacht.[261] Rechtlich unterschieden werden kann zwischen Mehrfirmenvertretern und Einfirmenvertretern, wobei letztere häufig eine arbeitnehmerähnliche Stellung innehaben und daher besonders schutzbedürftig sind (§ 92a HGB).[262] Daneben kann zwischen hauptberuflichen Handelsvertretern und Handelsvertretern im Nebenberuf (§ 92b HGB) differenziert werden.[263] Entsprechend der Variationsbreite der Erscheinungsformen besteht ein unterschiedliches Bedürfnis nach gesetzlichem Schutz.[264]

I. Tätigkeitsbreite des Handelsvertreters

Handelsvertreter sind in der Praxis in vielen Bereichen tätig.[265] Entsprechend der Vielfältigkeit des Wirtschaftslebens können Handelsvertreter aufgrund ihrer Tätigkeit in den verschiedenen Branchen verschiedenen Gruppen zugeordnet werden.[266]

---

258 *Martinek/Bergmann*, WRP 2006, 1047, 1053.

259 *Hopt*, in Baumbach/Hopt, HGB, § 84 Rn. 1.

260 *K. Schmidt*, Handelsrecht, § 27 II Rn. 34.

261 *Martinek/Bergmann*, WRP 2006, 1047, 1053; *Busche*, in Oetker, HGB, § 84 Rn. 5; *Hopt*, in Baumbach/Hopt, HGB, § 84 Rn. 1, so z.B. bestimmte Importeure.

262 *Hopt*, in Baumbach/Hopt, HGB, § 84 Rn. 1.

263 *K. Schmidt*, Handelsrecht, § 27 II Rn. 34.

264 *K. Schmidt*, Handelsrecht, § 27 II Rn. 34.

265 So schon *Schmidt-Rimpler*, in Ehrenberg, Handbuch des gesamten Handelsrechts, V/1/1, S. 43 ff. mit zahlreichen Beispielen.

266 Das mannigfaltige Tätigkeitsfeld der Handelsvertreter zeigt sich auch in den verschiedenen Kundenkreisen. Eine statistische Erhebung der CDH offenbart, dass sich die Hauptkunden der Handelsvertretungen sowohl im produzierenden Gewerbe (Industrie 47 %, Handwerk 19 %) als auch im Handel befinden. Rund 54 % der Handelsvertretungen nennen den Einzelhandel als Kunden, 52 % den Großhandel, 7 % entfallen auf die Gastronomie, fast 15 % auf öffentliche Institutionen, http://www.cdh.de/handelsvertreter/daten-fakten, zuletzt abgerufen am 29.6.2014.

1. *Warenvertreter*

Den Grundtypus des Handelsvertreters bildet der Warenvertreter. Die Regelungen über Handelsvertreter in den §§ 84 ff. HGB sind im Wesentlichen auf diesen Grundtypus zugeschnitten.[267] In der Regel verkauft der Warenvertreter Erzeugnisse für ein oder mehrere Unternehmen.[268] Der Begriff der Ware ist dabei im Gegensatz zu Diensten, Versicherungs- oder Bausparverträgen zu verstehen.[269] Die Tätigkeit des Warenvertreters zielt darauf ab, neue Kunden zu werben, um dadurch laufende Geschäftsbeziehungen zwischen dem bzw. den vertretenen Unternehmen und dem Abnehmer aufzubauen. Darüber hinaus ist der Warenvertreter stets bemüht, bereits bestehende Geschäftsverbindungen auszubauen.[270]

Der Begriff des Handelsvertreters im Sinne der Handelsvertreter-Richtlinie ist auf den Warenvertreter beschränkt. Nach Art. 1 Abs. 2 der EG-Richtlinie 86/653/EWG vom 18.12.1986[271] ist Handelsvertreter, wer als selbständiger Gewerbetreibender ständig damit betraut ist, für eine andere Person (Unternehmer) den Verkauf und den Ankauf von Waren zu vermitteln oder diese Geschäfte im Namen und für Rechnung des Unternehmer abzuschließen. Der erste Vorschlag ebenso wie der geänderte Vorschlag der Kommission für eine Richtlinie des Rates auf dem Gebiet der Handelsvertretung sah zwar in Art. 2[272] eine weitere Definition vor, führte aber zum gleichen Ergebnis über eine Negativabgrenzung in Art. 3, nach der die Richtlinie ausdrücklich nicht anzuwenden ist auf Arbeitnehmer, auf Handelsmittler, die im eigenen Namen tätig sind, auf Handelsvermittler, die nur ein einzelnes oder bestimmte einzelne Geschäfte für den Auftraggeber zu vermitteln oder in dessen Namen abzuschließen haben und auf Handelsvermittler, die auf dem Gebiet der Versicherungen oder des Kreditwesens tätig sind. Leitbild und abschließender Regelungsgegenstand ist nach der Richtlinie abweichend von dem Begriff nach § 84 Abs. 1 HGB der Handelsvertreter als Warenvertreter. Obwohl eine Harmonisierung bezüglich Nicht-Warenvertretern bislang nicht erfolgt ist,[273] wird von vielen Stimmen die richtlinienkonforme Auslegung der

---

267 *Schürr*, in Küstner/Thume, Handbuch des gesamten Vertriebsrechts, Bd. 1, Kap. I Rn. 153; *von Hoyningen-Huene*, in MünchKomm HGB, § 84 Rn. 8.

268 *Von Hoyningen-Huene*, in MünchKomm HGB, § 84 Rn. 8.

269 *Emde*, Vertriebsrecht, § 84 Rn. 97.

270 *Schürr*, in Küstner/Thume, Handbuch des gesamten Vertriebsrechts, Bd. 1, Kap. I Rn. 153; *von Hoyningen-Huene*, in MünchKomm HGB, § 84 Rn. 8.

271 ABl. EG Nr. L 382 vom 18.12.1986, S. 17 ff.

272 ABl. EG Nr. C 56 vom 2.3.1979, S. 5.

273 *Von Bodungen*, BB 2014, 403.

§§ 84 ff. HGB auf alle Handelsvertreter gefordert, um eine drohende Zweigleisigkeit des Rechts zu vermeiden.[274]

2. *Versicherungsvertreter*

Versicherungsvertreter ist nach der Legaldefinition des § 92 Abs. 1 HGB, wer als Handelsvertreter damit betraut ist, Versicherungsverträge zu vermitteln oder abzuschließen.[275] Der Versicherungsvertreter ist folglich nach nationalem Recht eine Unterform des Handelsvertreters.[276] § 92 Abs. 2 HGB regelt, dass auf Versicherungsvertreter allgemeines Handelsvertreterrecht anwendbar ist.[277] Sonderregelungen für Versicherungsvertreter finden sich in den Abs. 3 und Abs. 4 des § 92 HGB. Sie modifizieren den Anspruch des Versicherungsvertreters auf Provision. Darüber hinaus enthält § 89b Abs. 5 HGB in Satz 1 und 2 eine branchenspezifische Sonderregelung im Hinblick auf den Ausgleichsanspruch des Versicherungsvertreters.[278] Nach § 92b Abs. 4 i.V.m. Abs. 1 S. 1 HGB sind die §§ 89 und 89b HGB auf einen Versicherungsvertreter im Nebenberuf nicht anzuwenden, da dieser als weniger schutzbedürftig gilt.[279]

---

274 *Emde*, EWiR 2013, 485, 486; *Ruß*, in Heidelberger Kommentar zum HGB, Einleitung vor § 84 Rn. 1; *Thume*, in Küstner/Thume, Handbuch des gesamten Vertriebsrechts, Bd. 2, Kap. I Rn. 4; *ders.*, in Röhricht/Graf von Westphalen/Haas, HGB, § 89b Rn. 8. Siehe dazu Teil 7 unter E III der Arbeit.

275 Zur geschichtlichen Entwicklung der Vermittlung von Versicherungen über selbständige Vertriebspersonen *Günther*, Der Versicherungsvertreter und sein Ausgleichsanspruch, 2004, S. 5 ff.

276 *Specks*, Der Ausgleichsanspruch des Versicherungsvertreters gemäß § 89b HGB, S. 5.

277 Daneben sind die Rechtsverhältnisse des Versicherungsvertreters normiert im Gesetz über den Versicherungsvertrag (Versicherungsvertragsgesetz - VVG) vom 23.11.2007 (BGBl. I, S. 2631), zuletzt geändert durch Art. 9 des Gesetzes zur Umsetzung der Verbraucherrechte-Richtlinie und zur Änderung des Gesetzes zur Regelung der Wohnungsvermittlung vom 20.9.2013 (BGBl. I, S. 3642).

278 Eine weitere gesetzliche Sonderregelung enthält § 92a Abs. 2 HGB für den Mehrfirmenversicherungsvertreter. Der Einfirmenversicherungsvertreter fällt bereits unter die Regelung des § 92a Abs. 1 HGB; *Hopt*, in Baumbach/Hopt, HGB, § 92a Rn. 5. § 92a HGB enthält eine Ermächtigungsgrundlage für den Erlass einer Verordnung betreffend die Mindestarbeitsbedingungen für arbeitnehmerähnliche Handelsvertreter, wobei eine entsprechende Verordnung bisher weder erlassen noch geplant ist; *Hopt*, in Baumbach/Hopt, HGB, § 92a Rn. 2.

279 § 92b Abs. 4 HGB enthält eine rein deklaratorische Verweisungsvorschrift; *Hopt*, in Baumbach/Hopt, HGB, § 92b Rn. 6. Zum Handelsvertreter im Nebenberuf im Allgemeinen *Baums*, BB 1986, 891 ff.; *Küstner*, BB 1986, 1212 ff.; Zum Tankstellenpächter als Handelsvertreter im Nebenberuf *Thume*, BB 2007, 1750.

Charakteristisch für die Tätigkeit des Versicherungsvertreters ist, dass er regelmäßig langfristige Verträge vermittelt oder abschließt.[280] Die Tätigkeit des Warenvertreters zielt dagegen darauf ab, einzelne Geschäfte mit neuen oder vorhandenen Kunden zu vermitteln oder abzuschließen, die dann ihrerseits zu Nachbestellungen führen.[281] Gleichzeitig bzw. daraus resultierend unterscheiden sich die Provisionssysteme der Warenvertreter einerseits und Versicherungsvertreter andererseits. Aufgrund der Besonderheiten der Tätigkeitsart des Versicherungsvertreters gab es schon 1938 – als in der Akademie für deutsches Recht[282] ein neues Handelsvertreterrecht ausgearbeitet wurde – Bestrebungen, das Recht des Versicherungsvertreters in einem Spezialgesetz zu regeln.[283] Eine Regelung beider Vermittlergruppen in einem einheitlichen Gesetz wurde als nicht zweckmäßig angesehen.[284] Trotzdem veranlassten diese Bestrebungen den Gesetzgeber nicht dazu, das Recht des Versicherungsvertreters in einem gesonderten Gesetz zu regeln.[285] Die Versicherungsvertreter sind nach Art. 1 Abs. 2 der EG-Handelsvertreter-Richtlinie von dem direkten Anwendungsbereich der Richtlinie nicht erfasst.[286]

3. *Bausparkassenvertreter*

Bausparkassenvertreter ist nach § 92 Abs. 5 i. V. m. Abs. 1 HGB, wer als Handelsvertreter damit betraut ist, Bausparverträge zu vermitteln oder abzuschließen.[287] Eine gesetzliche Regelung der Bausparverträge und Bausparkassen findet

---

280 *Hoffmann*, Der Ausgleichsanspruch der Handelsvertreter, 1966, S. 55; *Schürr*, in Küstner/Thume, Handbuch des gesamten Vertriebsrechts, Bd. 1, Kap. I Rn. 156.

281 *Schürr*, in Küstner/Thume, Handbuch des gesamten Vertriebsrechts, Bd. 1, Kap. I Rn. 153.

282 Siehe dazu *Reinicke*, NJW 1953, 1609 m.w.N.

283 Solche Bestrebungen bestanden als die Akademie für Deutsches Recht im Jahre 1938 Entwürfe für ein neues Handelsvertreterrecht bearbeitete, *Thume*, in Küstner/Thume, Handbuch des gesamten Außendienstrechts, Bd. 2, Einleitung, Rn. 4.

284 *Knapp*, Versicherungswirtschaft (VW) 1952, 391.

285 Nach Ansicht von *Knapp*, VW 1952, 391 sind die im Recht der Versicherungsvertreter bestehenden Besonderheiten nicht derart enorm, dass diese eine sondergesetzliche Regelung erforderlich machen. Vielmehr drohe bei Einführung eines Sondergesetzes eine Zersplitterung des Rechts der Kaufleute.

286 Zur richtlinienkonformen Auslegung des § 89b HGB auch auf die Versicherungsvertreter siehe Teil 7 unter E III der Arbeit.

287 Vgl. statt vieler *Hopt*, in Baumbach/Hopt, HGB, § 92 Rn. 2.

sich im Bausparkassengesetz.[288] Die Bausparkassenvertreter sind durch die Verweisungsvorschrift in § 92 Abs. 5 HGB den Versicherungsvertretern gleichgestellt.[289]

4. *Weitere Handelsvertreterarten in der Praxis*

In der Praxis finden sich zahlreiche weitere Handelsvertreterarten. Zu nennen ist beispielsweise der Anzeigenvertreter[290], dessen Tätigkeit darauf abzielt, Interessenten für einen Werbeträger zu finden,[291] der Anlagenvermittler[292], der Autovermieter[293], Inhaber von Lotto-Annahmestellen[294], Mobilfunkvermittler[295], Postagenturen[296], Reisebüros[297], Tankstellenvertreter[298], der Verlagsvertreter, der Verkaufsgeschäfte über Bücher für Verlage vermittelt[299] und viele weitere[300].

---

288 Gesetz über Bausparkassen in der Fassung der Bekanntmachung vom 15. Februar 1991 (BGBl. I, S. 454), das zuletzt durch Artikel 6 Absatz 14 des Gesetzes vom 28. August 2013 (BGBl. I, S. 3395) geändert worden ist.

289 *Schürr*, in Küstner/Thume, Handbuch des gesamten Vertriebsrechts, Bd. 1, Kap. I Rn. 158; *von Hoyningen-Huene*, in MünchKomm HGB, § 84 Rn. 10.

290 BGH v. 19.5.1999 - VIII ZR 354/97 -, BGHZ 141, 248; *Schröder*, DB 1970, 1625 ff.; *von Hoyningen-Huene*, in MünchKomm HGB, § 84 Rn. 11.

291 *Emde*, Vertriebsrecht, § 84 Rn. 96.

292 BGH v. 25.10.2007 - III ZR 100/06 -, BB 2007, 2766 ff.; BGH v. 13.05.1993 - III ZR 25/92, NJW-RR 1993, 1114 ff.; *Emde*, Vertriebsrecht, § 84 Rn. 96 Fn. 678 m.w.N.

293 LG Frankfurt/Main v. 15.11. 2002 - 3-11 O 87/02 u.a. -, EWiR 2003, 573 (Leitsatz).

294 BGH v. 22.6.1972 - VII ZR 36/71 -, BGHZ 59, 87 ff.; siehe auch *Schulze Eckel*, Die Rechtsstellung des Lotto-Toto-Annahmestellenleiters, 1993.

295 OLG Brandenburg v. 28.12.2000 - 6 U 250/99 -, NJW-RR 2002, 1401 (Leitsatz).

296 Siehe *Emde*, Vertriebsrecht, § 84 Rn. 96 Fn. 693; *ders*, in Staub, Großkommentar HGB, § 84 Rn. 96.

297 *Schürr*, in Küstner/Thume, Handbuch des gesamten Vertriebsrechts, Bd. 1, Kap. I Rn. 163 m.w.N.

298 *Semmler*, Die Rechtsstellung des Tankstellenhalters zwischen Handelsvertreter und Vertragshändler, 1994; *Schürr*, in Küstner/Thume, Handbuch des gesamten Vertriebsrechts, Bd. 1, Kap. I Rn. 161.

299 *Schürr*, in Küstner/Thume, Handbuch des gesamten Vertriebsrechts, Bd. 1, Kap. I Rn. 160.

300 Siehe die ausführliche – ohne einen Anspruch auf Vollständigkeit erhebende – Auflistung bei *Emde*, Vertriebsrecht, § 84 Rn. 96 f.

II. Kritik am gesetzlichen Leitbild des Handelsvertreters versus Vielfalt der Handelsvertretertätigkeiten in der Praxis

Martinek[301] kritisiert, dass der Gesetzgeber beim Inkrafttreten der HGB Novelle 1953 einen zu engen Typus des Handelsvertreters, nämlich den des wirtschaftlich abhängigen einzelkaufmännischen Einfirmenvertreters im Einmannbetrieb, zugrunde gelegt habe. Er rügt, „dem deutschen Gesetzgeber der Nachkriegszeit habe als Leitbild seines Handelsvertreterrechts das Bild des Russland-Spätheimkehrers mit der Absicht einer Existenzgründung als Staubsauger-Vertreter vor Augen gestanden."[302] Die Vielfalt und Bandbreite der modernen Absatzmittlertätigkeit sei mit dem engen gesetzlichen Leitbild nicht vereinbar.[303] Beispielhaft verweist er auf große Vertriebsunternehmen mit Marktmacht, auf die der Hersteller angewiesen sei. Insgesamt bezeichnet *Martinek* dieses Phänomen der Typenverengung plakativ als den „Sündenfall" der HGB Novelle 1953.[304] *Hirsch* kritisiert ebenfalls die gesetzliche Konzeption der Zugrundelegung des engen Typus als „höchst unvollkommen".[305] Dabei geht er auf die wirtschaftliche Funktion der Handelsvertreter ein, skizziert den Unterschied zum Handlungsgehilfen und Handlungsreisenden und richtet seinen Fokus auf die verschiedenen Handelsvertreterarten.

Küstner/Thume legen dar, dass auch die höchstrichterliche Rechtsprechung die auftretenden Fragen und Meinungsverschiedenheiten betreffend die Anwendbarkeit der entwickelten ausgleichsrechtlichen Grundsätze auf die verschiedenen in der Rechtswirklichkeit bestehenden Vertretergruppen nicht hinreichend klären konnte.[306] Aus den ergangenen höchstrichterlichen Urteilen ergebe sich meist nicht, ob die entwickelten ausgleichsrechtlichen Grundsätze ausschließlich Geltung für eine bestimmte Vertretergruppe beanspruchen oder ob sie sowohl für Waren- als auch für Versicherungsvertreter gelten.

---

301 *Martinek*, in Festschrift für Lüke, S. 409, 429 f.

302 *Martinek*, in Festschrift für Lüke, S. 409, 430.

303 *Martinek*, ZHR 161 (1997), 67, 75; ebenso *Oetker*, Handelsrecht, § 6 Rn. 2, 3.

304 *Martinek*, in Festschrift für Lüke, S. 409, 429.

305 *Hirsch*, in Festschrift für Tiburtius, S. 383, 414. Generell zum Typusproblem siehe auch *Stolterfoht*, Die Selbständigkeit des Handelsvertreters, 1973, S. 67 ff., 149 ff.

306 *Thume*, in Küstner/Thume, Handbuch des gesamten Außendienstrechts, Bd. 2, Einleitung, Rn. 5.

E. Ergebnis

Aufgabe des Handelsvertreters ist die Vermittlung bzw. der Abschluss von Geschäften für den Unternehmer. Der Handelsvertreter ist als Gewerbetreibender Teil eines vertragsmäßig geordneten Vertriebssystems. Die Vertriebstätigkeit ist nicht auf eine bestimmte Art von Geschäften beschränkt, auf eine gewisse Dauer angelegt und mit einer Tätigkeitspflicht des Handelsvertreters verbunden. Die soziale Abhängigkeit des Handelsvertreters hängt u.a. davon ab, ob er für einen oder mehrere Unternehmer tätig ist. Sowohl Einfirmenvertreter als auch Mehrfirmenvertreter sind von den Regelungen in §§ 84 ff. HGB erfasst.

Während die EG-Handelsvertreter-Richtlinie nur für Warenvertreter gilt, sind die §§ 84 ff. HGB auf alle Geschäfte anwendbar, die Waren, Rechte und Dienstleistungen betreffen. Für Versicherungsvertreter gilt über § 92 Abs. 1 u. 2 HGB ebenfalls das allgemeine Handelsvertreterrecht. Der Versicherungsvertreter ist nach nationalem Recht eine Unterform des Handelsvertreters. § 92 Abs. 3 und 4 HGB enthalten ebenso branchenspezifische Sonderregelungen wie § 89b Abs. 5 HGB für den Ausgleichsanspruch. Der BGH wendet die handelsrechtlichen Vorschriften für Handelsvertreter analog auf mehr oder weniger verwandte Berufsgruppen wie z.B. Kfz-Vertragshändler an.

Das Bild des Handelsvertreters nach nationalem Recht ist diffus. Umfasst sind von den Regelungen in §§ 84 ff. HGB direkt, über Verweise oder analog Warenvertreter, Tankstellenbetreiber, Versicherungs- und Bausparkassenvertreter, Vertragshändler, etc. Das Spektrum reicht von arbeitnehmerähnlichen Vertretern bis zu kapitalkräftigen Handelsgesellschaften. Die Suche nach einheitlichen Regelungen, die allen branchenspezifischen Unterschieden gerecht wird, erscheint aussichtslos.

Der Warenvertreter hat etwa mit dem Versicherungsvertreter wenig gemein. Angesichts dessen ist der Ausschluss der Gruppe der Versicherungsvertreter aus dem Regelungsbereich der EG-Richtlinie 86/653/EWG durch Art. 1 Abs. 2 der Richtlinie konsequent. Der nationale Gesetzgeber hätte im Zuge der Umsetzung der EG-Handelsvertreter-Richtlinie durch das Schaffen eines Sondergesetzes für die Versicherungsbranche, Vertragshändler, etc. die nationale Rechtsprechung entlasten können. Das Bemühen der Rechtsprechung des BGH um einheitliche rechtliche Standards für alle Arten von Handelsvertretern im Sinne des §§ 84 ff. HGB mündet zwangsläufig in einer umfangreichen Einzelfallrechtsprechung.

Teil 4 Provisionsansprüche des Handelsvertreters

A. Vertragliche und gesetzliche Rahmenbedingungen

I. Form des Handelsvertretervertrages

Für die Gestaltung der vertraglichen Beziehungen zwischen dem Handelsvertreter und dem Unternehmer gilt der Grundsatz der Vertragsfreiheit.[307] Die Vertragsfreiheit ist nur insoweit beschränkt, als dies gesetzlich ausdrücklich bestimmt ist.[308] Der zwischen dem Unternehmer und dem Handelsvertreter geschlossene Handelsvertretervertrag kann grundsätzlich formfrei, also auch mündlich oder durch konkludentes Verhalten der Vertragspartner geschlossen werden.[309] Verpflichtet sich der Handelsvertreter gegenüber dem Unternehmer, für die Erfüllung der Verbindlichkeit aus einem Geschäft i.S.d. § 86b Abs. 1 S. 2 HGB durch einen Dritten einzustehen, ist für die Übernahme der Verpflichtung gemäß § 86b Abs. 1 S. 3 HGB die Schriftform vorgesehen. In diesem Fall kann der Handelsvertreter eine besondere Vergütung, die sog. Delkredereprovision,[310] verlangen.

Jeder Vertragspartner (Unternehmer und Handelsvertreter) kann gem. § 85 HGB von dem anderen verlangen, dass über den Inhalt des Vertrages eine schriftliche vom anderen Teil unterzeichnete Urkunde aufgenommen wird. Hintergrund der Regelung ist die meist lange Zeitdauer, über die ein Handelsvertretervertrag abgeschlossen wird. Fehlt eine schriftliche Niederlegung, so entstehen leicht

---

307 Vgl. BT-Drs. 1/3856, S. 17 f. zu § 85 HGB-Entwurf 1953, der vorsah, dass Unternehmer und Handelsvertreter von den gesetzlichen Vorschriften abweichende Vereinbarungen treffen können. Dieser Entwurf wurde allerdings nicht in das HGB übernommen. Die Regelungen in §§ 84 ff. HGB sind aber auch de lege lata weitgehend dispositiv. Statt vieler *von Hoyningen-Huene,* in MünchKomm HGB, § 84 Rn. 75; *Sonnenschein/Weitemeyer,* in Heymann, HGB, § 85 Rn. 1. Zu den gesetzlichen Regelungen über die Bezirksprovision ausdrücklich zuletzt BGH v. 24.4.2014 – VII ZR 163/13 –, juris Rn. 11 m.w.N.

308 BT-Drs. 1/3856, S. 17 f.

309 BT-Drs. 1/3856, S. 18. *Selder,* in Heidelberger Kommentar zum HGB, § 85 Rn. 1; *Löwisch,* in Ebenroth/Boujong/Joost/Strohn, HGB, § 84 Rn. 39.

310 *Eberstein,* Der Handelsvertreter-Vertrag, B. II 1. b) bb), S. 96 ff; *Emde,* in Staub, Großkommentar HGB, § 86b Rn. 21 ff.; *Roth,* in Koller/Roth/Morck, HGB, § 86b Rn. 2 ff.

Unklarheiten über das zwischen den Parteien Vereinbarte.[311] Die Vorschrift soll den Nachweis des Vertragsinhalts erleichtern.[312] Die Gültigkeit des Vertrages ist jedoch von der Schriftform unabhängig.[313] Der Schriftform bedarf gemäß § 90a Abs. 1 S. 1 HGB eine Vereinbarung, die den Handelsvertreter nach Beendigung des Vertragsverhältnisses in seiner gewerblichen Tätigkeit beschränkt (Wettbewerbsabrede).

II. Rechte und Pflichten der Vertragsparteien

Die Pflichten des Handelsvertreters und des Unternehmers bestimmen sich nach dem Vertragsinhalt und dem Gesetz.[314] Der Handelsvertreter hat sich gem. § 86 Abs. 1 HGB um die Vermittlung oder den Abschluss von Geschäften zu bemühen und dabei die Interessen des Unternehmers wahrzunehmen.[315] Nach § 86 Abs. 2 HGB hat er dem Unternehmer die erforderlichen Nachrichten zu geben, also insbesondere von jeder Geschäftsvermittlung und von jedem Geschäftsabschluss unverzüglich Mitteilung zu machen.[316] Neben dieser Hauptaufgabe hat sich der Handelsvertreter über die geschäftlichen Verhältnisse der Kundschaft ein Bild zu machen und die Beziehungen zur Kundschaft zu pflegen.[317]

Die Hauptpflichten des Unternehmers bestehen in der Provisionszahlung gem. § 87 HGB und in der Abrechnung gegenüber dem Handelsvertreter nach § 87c HGB.[318] Weitere Pflichten des Unternehmers bestehen gem. § 86a Abs. 1 HGB darin, dass er dem Handelsvertreter die zur Ausübung seiner Tätigkeit erforderlichen Unterlagen, wie Muster, Zeichnungen, Preislisten, Werbedrucksachen, Geschäftsbedingungen, zur Verfügung zu stellen hat. Der Unternehmer muss dabei dem

---

311 So die Gesetzesbegründung zum inhaltsgleichen Entwurf in § 85a HGB-Entwurf, BT-Drs. 1/3856, S. 18.

312 *Genzow,* in Ensthaler, GK-HGB, § 85 Rn. 2.

313 BT-Drs. 1/3856, S. 18.

314 *Sonnenschein/Weitemeyer,* in Heymann, HGB, § 86 Rn. 7.

315 Die Gesetzesfassung stellt klar, dass der Handelsvertreter nicht zwischen dem Unternehmer und der Kundschaft als eine Art „ehrlicher Makler“ steht, der den entgegengesetzten Interessen zum Ausgleich verhilft. Vgl. BT-Drs. 1/3856, S. 19.

316 Die Berichterstattung erfolgt je nach Vereinbarung turnusmäßig; *Ruß,* in Heidelberger Kommentar zum HGB, § 86 Rn. 5. Sollte der Unternehmer tatsächlich die Abgabe von täglich zu erstattenden Berichten verlangen, bestehen nach Einschätzung des BGH insoweit allerdings im Hinblick auf die Stellung als selbständiger Handelsvertreter Bedenken BGH 16.2.1989 – I ZR 185/87 –, NJW-RR 1989, 862, 863.

317 BT-Drs. 1/3856, S. 18 f.

318 BT-Drs. 1/3856, S. 19. Zu Fragen des Abrechnungssystems und von Modalitäten vgl. § 87c HGB.

Handelsvertreter etwa eine zur Ausübung seiner Tätigkeit erforderliche Musterkollektion im Rahmen einer vertraglichen Nebenpflicht grundsätzlich unentgeltlich überlassen.[319] Eine Pflicht des Handelsvertreters, eine solche Musterkollektion zu kaufen, kann weder durch eine Individualabrede noch durch Allgemeine Geschäftsbedingungen wirksam vereinbart werden.[320]

Der Unternehmer hat dem Handelsvertreter ferner gem. § 86a Abs. 2 S. 2 HGB unverzüglich die Annahme oder Ablehnung eines vom Handelsvertreter vermittelten oder ohne Vertretungsmacht abgeschlossenen Geschäfts und die Nichtausführung eines von ihm vermittelten oder abgeschlossenen Geschäfts mitzuteilen. Darüber hinaus hat er ihn nach § 86a Abs. 2 S. 3 HGB unverzüglich zu unterrichten, wenn er Geschäfte voraussichtlich nur in erheblich geringerem Umfange abschließen kann oder will, als der Handelsvertreter unter gewöhnlichen Umständen erwarten konnte. Diese Regelungen in § 86a Abs. 1 und 2 HGB sind nicht dispositiv.[321]

III. Vergütungen des Handelsvertreters

1. Vermittlungs- und Abschlussprovision

Die Vermittlungs- und Abschlussprovision ist die übliche Vergütung, die der Handelsvertreter für die nach dem Handelsvertretervertrag geschuldeten Leistungen erhält (§ 87 Abs. 1 HGB).[322] Dies schließt nicht aus, dass er aufgrund vertraglicher Vereinbarung neben oder anstelle einer Provision ein festes Gehalt oder eine andere Vergütung (z.B. Tantiemen) erhält.[323] Die Vermittlungs- und Abschlussprovision ist eine Erfolgsvergütung.[324] Sie setzt nach § 87a Abs. 1 HGB voraus, dass das vermittelte Geschäft zustande kommt und ausgeführt wird. Das Erfordernis der Ausführung des Geschäfts unterscheidet den Provisionsanspruch

---

319 *Busche*, in Oetker, HGB, § 86a Rn. 5; *Löwisch*, in Ebenroth/Boujong/Joost/Strohn, HGB, § 87a Rn. 2 ff.

320 OLG München v. 3. 3.1999 – 7 U 6158/98 –, MDR 1999, 1012.

321 § 86a Abs. 3 HGB wurde eingefügt durch das Gesetz vom 23. 10. 1989 BGBl. I, S. 1910.

322 Siehe ausführlich zum Provisionsanspruch *Roemer*, Die Realisierung des Handelsvertreterprovisionsanspruchs, 1981; *Stötter/Lindner/Karrer*, Die Provision und ihre Abrechnung, 1980.

323 BT-Drs. 1/3856, S. 21; *von Hoyningen-Huene*, in MünchKomm HGB, § 87 Rn. 16.

324 *Thume*, in Küstner/Thume, Handbuch des gesamten Vertriebsrechts, Bd. 1, Kap. V Rn. 1 ff.; zur Provision des Versicherungsvertreters *Specks*, Der Ausgleichsanspruch des Versicherungsvertreters gemäß § 89b HGB, S. 7 f., *Thume*, in Küstner/Thume, Handbuch des gesamten Vertriebsrechts, Bd. 1, Kap. V Rn. 409 ff.

des Handelsvertreters von dem des Maklers gem. § 652 BGB, bei dessen Anspruch es für die Entstehung ausreicht, dass der Hauptvertrag zustande kommt.[325]

Nach § 87 Abs. 1 HGB hat der Handelsvertreter Anspruch auf Provision für alle von ihm vermittelten oder abgeschlossenen Geschäfte. Ist dem Handelsvertreter ein bestimmter Bezirk oder Kundenkreis zugewiesen ist, so hat er gem. § 87 Abs. 2 HGB einen Provisionsanspruch auch für die Geschäfte, die ohne seine Mitwirkung mit Personen des Bezirks während des Vertragsverhältnisses abgeschlossen worden sind.[326] Für Geschäfte, die erst nach Beendigung seines Handelsvertretervertrages abgeschlossen werden, hat der Vertreter einen Provisionsanspruch nur, wenn er selbst das Geschäft vermittelt, es eingeleitet oder so vorbereitet hat, dass der Abschluss überwiegend auf seine Tätigkeit zurückzuführen ist und das Geschäft innerhalb einer angemessenen Zeit nach Beendigung seines Vertragsverhältnisses abgeschlossen worden ist (§ 87 Abs. 3 Nr. 1 HGB).[327] Ein Provisionsanspruch steht dem Handelsvertreter nach § 87 Abs. 3 Nr. 2 HGB auch dann zu, wenn vor Beendigung des Handelsvertretervertragsverhältnisses dem Unternehmer oder dem Handelsvertreter ein Angebot eines Dritten zum Abschluss eines Geschäfts bereits zugegangen war.[328] Durch die Regelung soll verhindert werden, dass der Unternehmer die Provisionspflicht vermeidet, indem er die Annahme des Kundenangebots bis zur Beendigung des Handelsvertretervertrages hinausschiebt.[329]

Ein Provisionsanspruch steht dem Handelsvertreter § 87 Abs. 1 S. 1 2 Alt. HGB auch für solche Geschäfte zu, die der Unternehmer mit Dritten abschließt, die der Handelsvertreter als Kunden für Geschäfte der gleichen Art geworben hat. Unter die Regelung fallen Folgeaufträge und Nachbestellungen, die der Handelsvertreter selbst nicht unmittelbar veranlasst hat.[330] Die Frage, was unter Geschäften

---

325 BGH v. 11.11.1992 – IV ZR 218/91 –, NJW-RR 1993, 248, 249.

326 Versicherungs- und Bausparkassenvertreter haben nach § 92 Abs. 3 u. 5 HGB einen Provisionsanspruch nur für die Geschäfte, die auf ihre Tätigkeit zurückzuführen sind. Für diese entfällt ein Provisionsanspruch für Nachbestellungen, Folgeaufträge etc.

327 § 87 Abs. 3 Nr. 1 HGB hat den Zweck zu verhindern, dass der Handelsvertreter den Provisionsanspruch verliert, obwohl er Mühen in ein Geschäft investiert hat, das erst nach der Beendigung des Handelsvertretervertrages abgeschlossen wird. Der Zeitpunkt des Abschlusses des Geschäfts entzieht sich letztlich seiner Einflussmöglichkeit, BT-Drs. 1/3856, S. 23.

328 § 87 Abs. 3 Nr. 2 HGB wurde eingefügt durch das Gesetz vom 23.10.1989, BGBl. I, S. 1910.

329 *Von Hoyningen-Huene,* in MünchKomm HGB, § 87 Rn. 104.

330 *Ruß,* in Heidelberger Kommentar zum HGB, § 87 HGB Rn. 6.

gleicher Art zu verstehen ist, beurteilt sich nach der Verkehrsanschauung.[331] Für Gleichartigkeit ist nicht der identische Handelsartikel notwendig.[332] Dem Handelsvertreter soll aber auch nicht Provision für jedes mit dem Kunden abgeschlossene Geschäft zustehen, auch wenn es mit dem ersten in keinem Zusammenhang steht.[333] Für Versicherungsvertreter sieht § 92 Abs. 3 HGB vor, dass der einzelne Versicherungsvertrag auf seine Tätigkeit zurückzuführen sein muss. Damit sind für diesen sog. Folgegeschäfte ausgeschlossen. Der Provisionsanspruch des Versicherungsvertreters entsteht gem. § 92 Abs. 4 HGB, sobald der Versicherungsnehmer die Prämie gezahlt hat.[334]

2. *Wegfall der Provisionsansprüche*

Der vom Unternehmer erstrebte Erfolg tritt nicht mit dem Abschluss des Geschäfts, sondern erst mit der Ausführung des Geschäfts ein, insbesondere mit der Leistung durch den Dritten.[335] Angesichts dessen ist der Provisionsanspruch des Handelsvertreters nach § 87a Abs. 1 S. 1 HGB nach dem Abschluss des Geschäfts noch aufschiebend bedingt durch die Ausführung des Geschäfts durch den Unternehmer oder durch den Dritten. Sobald eine der Vertragsparteien das Geschäft ausführt, steht dem Handelsvertreter die Provision zu.[336] Ob der Unternehmer oder der Dritte zuerst leistet, ist insoweit unmaßgeblich. Leistet der Unternehmer vor, so ist allerdings der Provisionsanspruch noch auflösend bedingt durch das endgültige Ausbleiben der Leistung des Dritten nach § 87a Abs. 2 HGB.[337] Denn bei Vorleistung durch den Unternehmer steht noch nicht fest, ob der von ihm erstrebte Erfolg der Leistung des Dritten eintritt. Steht fest, dass der Dritte nicht

---

331 BT-Drs. 1/3856, S. 22.

332 *Ruß*, in Heidelberger Kommentar zum HGB, § 87 HGB Rn. 6.

333 Zu dem der Regelung zugrunde liegenden Gedanken vgl. BT-Drs. 1/3856, S. 22.

334 Zur entsprechenden Anwendung der Regelungen für Bausparkassenvertretern vgl. § 92 Abs. 5 HGB.

335 BT-Drs. 1/3856, S. 25.

336 Wird abweichend von der gesetzlichen Regelung vereinbart, dass dem Handelsvertreter die Provision erst zustehen soll, wenn der Dritte das Geschäft ausführt, so hat der Handelsvertreter bei Vorleistung durch den Unternehmer einen Anspruch auf einen angemessenen Vorschuss (§ 87a Abs. 1 S. 2 HGB). Zur Zulässigkeit und zu Folgen von abweichenden Abreden *Thume*, in Röhricht/Graf von Westphalen/Haas, HGB, § 87a Rn. 9 ff.

337 BT-Drs. 1/3856, S. 25.

leistet, so erlischt der Anspruch mit der Folge, dass eine schon gezahlte Provision gem. § 87a Abs. 2 HGB in vollem Umfang zurückzugewähren ist.[338]

3. *Zusätzlicher Ausgleichsanspruch nach § 89b HGB*

Neben den Provisionsanspruch nach § 87 HGB tritt unter den in § 89b HGB niedergelegten Voraussetzungen ein Ausgleichsanspruch des Handelsvertreters. Der Ausgleichsanspruch gewährt einen Wertausgleich dafür, dass der vom Handelsvertreter geschaffene Kundenstamm an den Unternehmer nach Beendigung des Handelsvertretervertrages von dem Unternehmer allein genutzt wird.[339] Die einzelnen Voraussetzungen, unter denen der Handelsvertreter nach Vertragsende einen Ausgleich beanspruchen kann sowie die Ausgleichsbemessung, sind Gegenstand der Teile 6 und 7 der Arbeit. In Parteivereinbarungen kann zwar der Kreis der provisionspflichtigen Geschäfte abweichend von den gesetzlichen Regelungen bestimmt werden.[340] Es ist jedoch nicht zulässig, dass dadurch der Ausgleichsanspruch nach § 89b HGB ausgeschlossen oder beschränkt wird.[341]

Je nach Vertriebssparte ist zwischen den reinen Vermittlungs- und Abschlussprovisionen des Handelsvertreters und Verwaltungs- und Bestandspflegeprovisionen zu unterscheiden. Die Markt- und Kundenpflege ist keine selbständige Pflicht des Handelsvertreter, sondern Teil der Pflicht, alles zu tun, was zu einer erfolgreichen Vermittler- oder Abschlusstätigkeit erforderlich ist. Für solche Nebenpflichten erhält der Handelsvertreter kein besonders Entgelt.[342] Denn dadurch werden keine konkreten Geschäfte vermittelt, sondern lediglich Kaufanreize geschaffen.[343] Die Differenzierung zwischen den Provisionen für originäre werbende bzw. vermittelnde Tätigkeiten des Handelsvertreters einerseits, und „verwaltende“ also vermittlungsfremde Tätigkeiten andererseits hat in der Rechtsprechung

338 BT-Drs. 1/3856, S. 26. Einzelheiten zum Schicksal des entstandenen Provisionsanspruchs und zu Teilleistungen oder nicht vertragsgemäßer Leistung exemplarisch bei *Löwisch,* in Ebenroth/Boujong/Joost/Strohn, HGB, § 87a Rn. 2 ff.

339 BGH v. 28.4.1988 – I ZR 66/87 –, NJW-RR 1988, 1061, 1062.

340 *Von Hoyningen-Huene,* in MünchKomm HGB, § 87 Rn. 8.

341 Zum drohenden Verlust des Ausgleichsanspruchs im sog. Rotationsprinzip BGH v. 28.4.1999 – VIII ZR 354/97 –, BGHZ 141, 248 ff.

342 BT-Drs. 1/3856, S. 19. Vgl. zu den Haupt- und Nebenleistungspflichten im Einzelnen etwa *von Hoyningen-Huene,* in MünchKomm HGB, § 86 Rn. 23–57.

343 *Emde*, in Staub, Großkommentar HGB, § 84 Rn. 54 mit dem Hinweis, dass sonst jede Werbeagentur ein Handelsvertreter wäre.

des BGH für die Höhe eines etwaigen Ausgleichsanspruchs des Handelsvertreters nach Beendigung des Handelsvertretervertrages Bedeutung.[344]

4. *Provisionsanspruch des Bezirksvertreters*

Grundsätzlich muss die Tätigkeit des Handelsvertreters gem. § 87 Abs. 1 HGB für das Zustandekommen des Geschäfts kausal gewesen sein, damit ihm eine Provision gebührt. Insoweit reicht eine Mitursächlichkeit der Tätigkeit des Handelsvertreters für den Geschäftsabschluss aus.[345] Ist dem Handelsvertreter ein bestimmter Bezirk oder ein bestimmter Kundenkreis zugewiesen (Bezirksvertreter),[346] so hat er gem. § 87 Abs. 2 S. 1 HGB Anspruch auf Provision auch für die Geschäfte, die ohne seine Mitwirkung mit Personen seines Bezirkes oder seines Kundenkreises während des Vertragsverhältnisses abgeschlossen sind.[347] Ist der Bezirksvertreter der Alleinvertreter, so ist er in dem ihm zugeteilten Bezirk ausschließlich vertriebsberechtigt.[348] Ohne eine derartige Abrede ist der Unternehmer berechtigt, neben dem Bezirksvertreter entweder selbst oder durch andere Personen dessen Bezirk zu bearbeiten.[349] Ob ein die Handlungsmöglichkeiten des Unternehmens stark einschränkendes Alleinvertriebsrecht des Handelsvertreters oder etwa „nur" eine Bezirksvertretung vorliegt, die lediglich den Anspruch die Bezirksprovision gem. § 87 Abs. 2 S. 1 HGB entstehen lässt, ist durch Auslegung des Vertrages und der konkreten Vertragshandhabung zu ermitteln.[350]

---

344 BGH v. 22.12.2003 – VIII ZR 117/03 –, NJW-RR 2004, 469, 471 f.; vgl. die Ausführungen in Teil 6 E IV zur Ermittlung des Rohausgleichs.

345 Zur Kausalitätsprüfung ausführlich *Emde*, in Staub, Großkommentar HGB, § 87 Rn. 77 ff.; *Canaris*, Handelsrecht, § 15 Rn. 62 ff.

346 Die Frage, ob der Bezirksvertreter auch außerhalb des ihm zugewiesenen Bezirks oder Kundenkreises tätig werden darf, ist umstritten. Siehe dazu *Westphal*, Neues Handelsvertreterrecht, S. 19 m.w.N.

347 Die gesetzlichen Regelungen über die Bezirksprovision sind in den allgemeinen Grenzen dispositiv. Aus Art. 7 Abs. 2 erster Gedankenstrich der Richtlinie 86/653/EWG des Rates vom 18.12.1986, ABl. EG Nr. L 382 S. 17, ergibt sich nichts Gegenteiliges, BGH v. 24.4.2014 – VII ZR 163/13, DB 2014, 1428.

348 *Westphal*, Neues Handelsvertreterrecht, S. 22; *Schürr* in Küstner/Thume, Handbuch des gesamten Vertriebsrechts, Bd. 1, Kap. I Rn. 176.

349 BT-Drs. 1/3856, S. 22.

350 BGH v. 25.05.1988 – VIII ZR 360/86 –, NJW RR 1988, 1077, 1080. *Emde*, Vertriebsrecht, § 84 Rn. 99.

5. *Echte und unechte Untervertreter*

Hat sich der Handelsvertreter dem Unternehmer gegenüber nicht zur persönlichen Vertragserfüllung verpflichtet, kann er die Entscheidung über die Notwendigkeit der Mitwirkung von Hilfspersonal selbst treffen.[351] Dies ergibt sich aus seiner selbständigen Stellung.[352] Bedient sich der Handelsvertreter zur Erfüllung seiner Verpflichtung weiterer Personen, so ist zwischen echter und unechter Untervertretung zu unterscheiden.[353] Für den echten Untervertreter regelt § 84 Abs. 3 HGB klarstellend, dass der Unternehmer auch ein Handelsvertreter sein kann.[354] Im diesem Fall schließt der Handelsvertreter, teilweise als „Generalvertreter" oder „Bezirksdirektor" bezeichnet, im eigenen Namen einen Handelsvertretervertrag mit dem (echten) Untervertreter ab.[355] Der Untervertreter, der selbst zwingend die Voraussetzungen des § 84 Abs. 1 HGB erfüllt, tritt nicht in ein Vertragsverhältnis zum Unternehmer ein, sondern handelt diesem gegenüber nur als ein Erfüllungsgehilfe des Hauptvertreters bei dessen Verpflichtungen.[356] Innerhalb dieses mehrstufigen Rechtsverhältnisses hat der Hauptvertreter einen Anspruch auf Provision aus der Tätigkeit des Untervertreters und es steht ihm gegen den Unternehmer ein Anspruch auf Ausgleich nach § 89b HGB zu.[357] Bei

---

351 *Löwisch,* in Ebenroth/Boujong/Joost/Strohn, HGB, § 84 Rn. 87; *von Hoyningen-Huene,* in MünchKomm HGB, § 84 Rn. 17. Die Handelsvermittlung kann als ein Wirtschaftsbereich mit mittelständischer Struktur beschrieben werden. Ca. 24 % aller Handelsvertretungen werden als Einzelfirma betrieben, wobei der Inhaber sämtliche Funktionen übernimmt. Ca. 63 % aller Handelsvertretungen beschäftigen 1 bis 6 Mitarbeiter. In 13 % der Handelsvertretungen sind mehr als 6 Personen angestellt; http://www.cdh.de/handelsvertreter/daten-fakten, zuletzt abgerufen am 29.06.2014.

352 *Westphal,* Neues Handelsvertreterrecht, S. 22.

353 *Emde,* Vertriebsrecht, § 84 Rn. 113 ff.; *Löwisch,* in Ebenroth/Boujong/Joost/Strohn, HGB, § 84 Rn. 87 ff.; *von Hoyningen-Huene,* in MünchKomm HGB, § 84 Rn. 17.

354 *Löwisch,* in Ebenroth/Boujong/Joost/Strohn, HGB, § 84 Rn. 88.

355 Die Bezeichnung als „Generalvertreter" ist aber nicht eindeutig, sie kann auch Handelsvertreter, Bezirksvertreter oder Eigenhändler bedeuten. So BGH v. 18.3.1970 – VIII ZR 57/68 –, NJW 1970, 1040; *Hopt,* in Baumbach/Hopt, HGB, § 84 Rn. 32. Vgl. auch BGH v. 20.6.1984 – I ZR 62/82 –, BGHZ 91, 370, 373; BGH v. 21. 10. 2009 – VIII ZR 286/07, NJW 2010, 298 ff.; *von Hoyningen-Huene,* in MünchKomm HGB, § 84 Rn. 17 f.

356 BGH v. 22.6.1972 – VII ZR 36/71 –, BGHZ 59, 87, 92; *Hopt,* in Baumbach/Hopt, HGB, § 84 Rn. 31.

357 BGH v. 24.6.1971 – VII ZR 223/69 –, BGHZ 56, 290, 293; BGH v. 22.6.1972 – VII ZR 36/71 –, BGHZ 59, 87, 92; *Hopt,* in Baumbach/Hopt, HGB, § 84 Rn. 31.

Beendigung des Untervertretervertrages hat der Untervertreter einen Ausgleichsanspruch nach § 89b HGB gegen den Hauptvertreter.[358]

Im Rahmen der unechten Untervertretung tritt der Hauptunternehmer unmittelbar in eine vertragliche Beziehung zum Untervertreter ein.[359] Dadurch wird ein Provisionsanspruch gegen den Unternehmer begründet.[360] Regelmäßig wird der Untervertreter gleichzeitig in organisatorischer Hinsicht dem Hauptvertreter unterstellt. Dem Hauptvertreter obliegt dann die Führung und Beaufsichtigung des unechten Untervertreters, soweit der Unternehmer die ihm gegenüber dem Untervertreter gesetzlich und vertraglich zustehenden Rechte, insbesondere Weisungsrechte, dem Hauptvertreter zur Ausübung übertragen hat.[361] *Löwisch* spricht von einer „Vertragsgestaltung mit organisatorischer Unterordnung ohne vertragliche Beziehungen zu dem Hauptvertreter".[362] Der Hauptvertreter hat im Gegenzug gegen den Unternehmer einen Anspruch auf Provision für die von dem Untervertreter vermittelten Geschäfte in Form von einer sog. „Superprovision" und (bzw. oder) einer sog. „Provisionsspitze".[363] Dem unechten Untervertreter steht bei Beendigung des Untervertretervertrages ein Ausgleichsanspruch nach § 89b HGB gegen den Unternehmer zu.[364]

Der sog. Strukturvertrieb stellt einen Sonderfall der Untervertretung dar.[365] Charakteristisch für diese mehrstufige Vertriebsform ist, dass ein Vertriebsmittler, in der Regel ein Handelsvertreter, Untervertreter oder freie Mitarbeiter für sich tätig werden lässt.[366] Diese Vertriebsorganisation findet sich in der Praxis

358 *Von Hoyningen-Huene,* in MünchKomm HGB, § 89b Rn. 12.

359 *Hopt,* in Baumbach/Hopt, HGB, § 84 Rn. 32.

360 *Löwisch,* in Ebenroth/Boujong/Joost/Strohn, HGB, § 84 Rn. 90.

361 *Löwisch,* in Ebenroth/Boujong/Joost/Strohn, HGB, § 84 Rn. 90; *Schürr,* in Küstner/Thume, Handbuch des gesamten Vertriebsrechts, Bd. 1, Kap. I Rn. 187; *Westphal,* Neues Handelsvertreterrecht, S. 23.

362 *Emde,* MDR 1999, 1108, 1109; *Löwisch,* in Ebenroth/Boujong/Joost/Strohn, HGB, § 84 Rn. 90.

363 *Löwisch,* in Ebenroth/Boujong/Joost/Strohn, HGB, § 84 Rn. 90; *Schürr,* in Küstner/Thume, Handbuch des gesamten Vertriebsrechts, Bd. 1, Kap. I Rn. 153; *Emde,* in Staub, Großkommentar HGB, § 84 Rn. 118.

364 *Von Hoyningen-Huene,* in MünchKomm HGB, § 89b Rn. 12.

365 *Emde,* MDR 1999, 1108 ff.; *von Hoyningen-Huene,* in MünchKomm HGB, § 84 Rn. 17.

366 *Emde,* in Staub, Großkommentar HGB, § 87c Rn. 81; *von Hoyningen-Huene,* in MünchKomm HGB, § 84 Rn. 17; zur Haftung OLG Celle v. 15.12.2005 – 11 U 107/05 –, ZIP 2006, 858 (Leitsatz).

vor allem in der Versicherungswirtschaft wieder.[367] Für die Vertragsvermittlung im Strukturvertrieb werden vor allem nebenberufliche Vermittler, Endabnehmer, Verbraucher und andere verkaufswillige Dritte aktiv in die Absatzstrategie des Unternehmens einbezogen.[368]

B. Beendigung des Handelsvertretervertrages

I. Allgemeine Beendigungsgründe für Verträge nach dem BGB

Voraussetzung für die Entstehung des Ausgleichsanspruchs ist die Beendigung des Handelsvertretervertrages. In Betracht kommt jede Art von Beendigung.[369] Die Beendigungsgründe sind nicht abschließend im HGB geregelt, sondern richten sich nach den Vorschriften über Rechtsgeschäfte bzw. Schuldverhältnisse des BGB.[370] Ist der Vertrag auf bestimmte Zeit abgeschlossen, so endet er gemäß § 620 BGB mit dem Zeitablauf.[371] Der Handelsvertretervertrag kann auch einvernehmlich von den Vertragspartnern beendet werden. Ferner endet der Handelsvertretervertrag mit dem Tod des Handelsvertreters entsprechend § 673 S. 1 BGB.[372] Der Tod des Unternehmers führt allerdings entsprechend § 672 S. 1 BGB im Zweifel nicht zur Beendigung des Handelsvertretervertrages.

Der Handelsvertretervertrag endet, wenn über das Vermögen des Unternehmens das Insolvenzverfahren eröffnet ist (§§ 115, 116 InsO).[373] Dagegen hat die Eröffnung des Insolvenzverfahrens über das Vermögen des Handelsvertreters nicht zwingend die Beendigung des Vertrages zur Folge.[374] Der Unternehmer

367 *Schürr,* in Küstner/Thume, Handbuch des gesamten Vertriebsrechts, Bd. 1, Kap. I Rn. 190.

368 *Schürr,* in Küstner/Thume, Handbuch des gesamten Vertriebsrechts, Bd. 1, Kap. I Rn. 190.

369 *Emde,* in Staub, Großkommentar HGB, § 89b Rn. 52; *Roth,* in Koller/Roth/Morck, HGB, § 89b Rn. 3; *Ruß,* in Heidelberger Kommentar zum HGB, § 89a Rn. 3.

370 *Busche,* in Oetker, HGB, § 89b Rn. 27. Vgl. nur den Überblick bei *Weidenkaff in* Palandt, BGB, Vorbemerkung v. § 620 Rn. 1 ff.

371 *Genzow,* in Ensthaler, GK-HGB, § 89b Rn. 1.

372 *Löwisch,* in Ebenroth/Boujong/Joost/Strohn, HGB, § 89 Rn. 6; *von Hoyningen-Huene,* in MünchKomm HGB, § 89 Rn. 19; zur Ausgleichsberechtigung der Erben vgl. die Ausführungen in Teil 6.

373 *Hopt,* in Baumbach/Hopt, HGB, § 89 Rn. 4; *Löwisch,* in Ebenroth/Boujong/Joost/Strohn, HGB, § 89 Rn. 7; *Thume,* IHR 2006, 191, 197.

374 *Hopt,* in Baumbach/Hopt, HGB, § 89 Rn. 4; *Löwisch,* in Ebenroth/Boujong/Joost/Strohn, HGB, § 89 Rn. 8; *von Hoyningen-Huene,* in MünchKomm HGB, § 89 Rn. 25.

kann in diesem Fall aber in der Regel den Vertrag aus wichtigem Grund außerordentlich kündigen.[375]

II. Ordentliche Kündigung gem. § 89 Abs. 1 HGB

Ist der Handelsvertretervertrag auf unbestimmte Zeit geschlossen, so können beide Vertragspartner innerhalb der Fristen des § 89 Abs. 1 HGB kündigen. Die Kündigungsfrist beträgt im ersten Jahr der Vertragsdauer einen Monat, im zweiten Jahr zwei Monate und im dritten bis fünften Vertragsjahr drei Monate. Nach einer Vertragsdauer von fünf Jahren kann das Vertragsverhältnis mit einer Frist von sechs Monaten gekündigt werden. Die Kündigung ist nur für den Schluss eines Kalendermonats zulässig, sofern keine abweichende Vereinbarung getroffen wurde. Eine Verlängerung der Kündigungsfristen ist möglich, jedoch darf die Frist für den Unternehmer nicht kürzer sein als für den Handelsvertreter (§ 89 Abs. 2 HGB). Kürzere Kündigungsfristen sind nach der Rechtsprechung des BGH nicht zulässig.[376] Die Kündigungsfristen in § 89 HGB entsprechen den Vorgaben in Art. 15 der EG-Handelsvertreter-Richtlinie.

III. Außerordentliche Kündigung nach § 89a Abs. 1 HGB

Nach § 89a Abs. 1 HGB kann ein Handelsvertretervertrag von jedem Vertragspartner außerordentlich gekündigt werden. Das Recht zur fristlosen Kündigung darf gem. § 89a Abs. 1 S. 2 HGB nicht ausgeschlossen oder beschränkt werden. Die Zweiwochenfrist des § 626 Abs. 2 BGB findet auf die fristlose Kündigung des Handelsvertreterverhältnisses nach § 89a HGB keine Anwendung.[377] Voraussetzung für die außerordentliche Kündigung ist das Vorliegen eines wichtigen Grundes. Bei dem wichtigen Grund handelt es sich um einen unbestimmten Rechtsbegriff.[378] Ein wichtiger Grund für die Kündigung eines Dauerschuldverhältnisses liegt nach der Legaldefinition in § 314 Abs. 1 S. 2 BGB vor, wenn dem

---

375 *Hopt*, in Baumbach/Hopt, HGB, § 89 Rn. 4; *von Hoyningen-Huene*, in MünchKomm HGB, § 89 Rn. 23; *Thume*, IHR 2006, 191, 197.

376 Eine Kündigungsfrist muss nach der Rechtsprechung des BGH zu § 89 HGB dem Gekündigten als Mindestfrist ungeschmälert gewahrt bleiben. Sonst würde bei kurzen Kündigungsfristen der Schutz des Gekündigten unter Umständen in erheblichem Umfang eingeschränkt. Die Rechtssicherheit lasse auf die Umstände des Einzelfalles abgestellte Billigkeitsentscheidungen in dieser Frage nicht zu. So BGH v. 28.9.1972 – VII ZR 186/71 –, BGHZ 59, 265, 266 ff.

377 BGH v. 3.7.1986 – I ZR 171/84 –, NJW 1987, 57.

378 *Emde*, Vertriebsrecht, § 89a Rn. 11.

kündigenden Teil unter Berücksichtigung aller Umstände des Einzelfalls und unter Abwägung der beiderseitigen Interessen die Fortsetzung des Vertragsverhältnisses bis zur vereinbarten Beendigung oder bis zum Ablauf einer Kündigungsfrist nicht zugemutet werden kann.[379] Besteht der wichtige Grund in der Verletzung einer Pflicht aus dem Vertrag, ist gem. § 314 Abs. 2 BGB die Kündigung erst nach erfolglosem Ablauf einer zur Abhilfe bestimmten Frist oder nach erfolgloser Abmahnung zulässig.

Nach der Rechtsprechung des BGH muss der wichtige Grund dem Kündigenden das Abwarten der Kündigungsfrist unzumutbar machen.[380] Die Unzumutbarkeit ist danach gegeben, wenn es Treu und Glauben mit Rücksicht auf Billigkeit widersprechen würde, den Kündigenden am Vertrag weiterhin festzuhalten. Dabei sei auf die gesamten Umstände abzustellen. Es könne daher dieselbe Verfehlung, die in dem einen Fall einen wichtigen Grund abgibt, bei einer anderen Sachlage hierzu nicht ausreichen. Für die Beurteilung der Frage, ob zur Zeit des Ausspruches der Kündigung ein wichtiger Grund vorgelegen hat, sei entscheidend, wie sich die wirtschaftliche Lage und ihre Weiterentwicklung bei vernünftiger wirtschaftlicher Betrachtung für den Unternehmer bei Ausspruch der Kündigung gezeigt hat.[381]

Die Rechtsprechung des BGH zur außerordentlichen Kündigung bzw. zum Vorliegen eines wichtigen Grundes ist sehr umfangreich, da jeder Fall für sich zu betrachten ist.[382] Der Unternehmer kann dem Handelsvertreter insbesondere bei Verstößen gegen das Konkurrenzverbot fristlos kündigen.[383] Bei geringfügigen Wettbewerbsverstößen, die das Vertrauensverhältnis zwischen Unternehmer und Handelsvertreter nicht grundlegend beschädigen, ist der Unternehmer nach der Auffassung des BGH jedoch nicht - zumindest nicht ohne vorherige Abmahnung - zur fristlosen Kündigung berechtigt.[384] Ein entsprechender wichtiger Grund kann insbesondere in einem Vertrauensverstoß bestehen. Liegt ein schwerwiegenden Vertrauensverstoß vor, der auch aufgrund einer Abmahnung nicht wieder korrigiert werden könnte, ist die fristlose Kündigung ohne vorherige Abmahnung zulässig.[385] Ein solcher Verstoß liegt etwa bei Preisabsprachen

---

379 BGH v. 10.11.2010 – VIII ZR 327/09 –, NJW 2011, 608, 609.

380 BGH v. 20.2.1958 – II ZR 20/57 –, BB 1958, 894 (Leitsatz). vgl. auch die Legaldefinition für Dauerschuldverhältnisse in § 314 Abs. 1 S. 2 BGB.

381 BGH v. 20.2.1958 – II ZR 20/57 –, BB 1958, 894 (Leitsatz).

382 Vgl. nur *Emde,* Vertriebsrecht, § 89a Rn. 26.

383 BGH v. 10.11.2010 – VIII ZR 327/09 –, NJW 2011, 608 ff.

384 BGH v. 10.11.2010 – VIII ZR 327/09 –, NJW 2011, 608, 609.

385 BGH v. 26.05.1999 – VIII ZR 123/98 – BB 1999, 1516, 1517.

mit Lieferanten vor.[386] Wichtige Kündigungsgründe sind Täuschungsversuche des Handelsvertreters. Dazu gehören z.B. Auftragsmanipulationen[387] oder die Fälschung von Kundenunterschriften,[388]sowie eine versuchte Straftat zum Nachteil des Unternehmers.[389]

Wichtige Kündigungsgründe für den Handelsvertreter sind insbesondere der Einbehalt von Provisionszahlungen seitens des Unternehmers.[390] Ferner stellt es nach der Rechtsprechung des BGH einen groben Verstoß gegen die Treuepflicht dar, wenn ein Unternehmer schon vor einer Kündigung dem Untervertreter seines Handelsvertreters die Übertragung der Vertretung verspricht oder in Aussicht stellt oder ihn dadurch zu einer Kündigung des Untervertreterverhältnisses veranlasst.[391] Denn der Unternehmer ist verpflichtet, alles zu unterlassen, was eine Schädigung der Interessen ihres Handelsvertreters herbeizuführen geeignet ist.[392]

IV. Mögliche Konsequenzen der Kündigung: Schadensersatzanspruch und Verlust des Ausgleichsanspruchs

Wird die außerordentliche Kündigung des Vertrages durch ein schuldhaftes Verhalten des gekündigten Vertragspartners veranlasst, so hat der Kündigende gemäß § 89a Abs. 2 HGB Anspruch auf Schadenersatz. Fehlt der Kündigungsgrund, so ist vom Kündigenden Schadenersatz zu leisten.[393] Die Schadensersatzpflicht des gekündigten Teils ist nach der Rechtsprechung des BGH durch den Schutzzweck

386 LG Münster v. 12.1.2012 – 24 O 131/10 –, juris.

387 BGH v. 21.11.1980 – I ZR 118/78 –, DB 1981, 987.

388 Das Verhalten des Versicherungsvertreters, einen Antrag auf Abschluss einer Versicherung mit dem Namen des Versicherungsnehmers unterschrieben zu haben, ohne vom Versicherungsnehmer hierzu beauftragt worden zu sein, rechtfertigt die fristlose Kündigung seitens des Versicherungsunternehmens. So OLG München v. 1.7.2003 – 23 U 1637/03 –, VersR 2004, 470. Zum elektronischen Einreichen von Versicherungsanträge ohne Kundenunterschrift OLG Köln v. 25.5.2012 – 19 U 176/11 –, juris.

389 Anmeldung eines vorgetäuschten Versicherungsschadens KG Berlin v. 22.1.1999 – 14 U 4581/97 –, NJW-RR 2000, 1566.

390 Einbehalt von Provisionen durch Unternehmer ohne hinreichende Grund, BGH 16.2.1989 – I ZR 185/87 –, NJW-RR 1989, 862 f.

391 BGH v. 18.6.1964 – VII ZR 254/62 –, BGHZ 42, 59, 62.

392 BGH v. 11.12.1981 – I ZR 139/79 –, DB 1982, 1269.

393 Der Handelsvertreter hat einen etwa entgangenen Gewinn des Unternehmers zu ersetzen, der Unternehmer die ausgefallenen Provisionen, *Ruß*, in Heidelberger Kommentar zum HGB, § 89a Rn. 1.

der Haftungsnorm begrenzt.[394] Der durch die vorzeitige Aufhebung des Handelsvertretervertrages infolge fristloser Kündigung entstehende Schaden soll gem. § 89a Abs. 2 HGB ersetzt werden. Dem Kündigenden soll es erspart werden, ein unzumutbar gewordenes Vertragsverhältnis bis zum Ablauf der ordentlichen Kündigungsfrist oder der vereinbarten Beendigung fortsetzen zu müssen.[395] Der Kündigende soll zum Fortsetzen des Vertrages auch aus wirtschaftlichen Gründen nicht gezwungen sein. Der BGH begrenzt aus diesen Erwägungen den Anspruch nach § 89 a Abs. 2 HGB auf Ersatz des Schadens, der bis zum Ablauf der Kündigungsfrist oder bis zur vereinbarten Beendigung des Vertragsverhältnisses entsteht. Nicht ersetzt wird ein darüber hinausgehenden Schaden.[396]

Neben einen etwaigen Schadensersatzanspruch des Handelsvertreters tritt sein Ausgleichsanspruch nach § 89b HGB.[397] Beide Ansprüche treten in Konkurrenz zueinander dergestalt, dass die Zahlung eines Ausgleichs sich nicht anspruchsmindernd auf den Schadensersatzanspruch auswirken kann.[398] Für den Fall der Kündigung ist die Beantwortung der Frage nach dem Ausgleich im Sinne des § 89b HGB davon abhängig, wer gekündigt hat, Unternehmer oder Handelsvertreter, und aus welchem Grund die Kündigung erfolgte. Ist der Kündigungsgrund des Handelsvertreters nicht hinreichend bedeutsam oder der Kündigungsgrund des Unternehmers ein wichtiger Grund, so verliert der Handelsvertreter i.d.R. seinen Ausgleichsanspruch. Für Näheres zu den Ausschlussgründen sei auf Teil 8 und 9 verwiesen.

C. Ergebnis

Der Handelsvertretervertrag kann grundsätzlich formfrei geschlossen werden. Zur Vermeidung von Unklarheiten und aus Beweissicherungsgründen ist angesichts der regelmäßig langen Laufzeit des Vertrages eine schriftliche Niederlegung angezeigt. In einigen Fällen wie z.B. bei Vereinbarung einer Delkredereprovision (§ 86b HGB) bedarf der Vertrag der Schriftform. Die Hauptpflicht des Unternehmers besteht in der Provisionszahlung und der turnusmäßigen Abrechnung. Der Handelsvertreter ist verpflichtet alles für die Vermittlung und den Abschluss von

394 Exemplarisch BGH v. 3.3.1993 – VIII ZR 101/92 –, BGHZ 122, 9, 14 f.

395 Vgl. § 626 Abs. 1 BGB; BGH v. 3.3.1993 – VIII ZR 101/92 –, BGHZ 122, 9, 14 f.; *Hopt,* in Baumbach/Hopt, HGB, § 89a Rn. 6.

396 BGH v. 3.3.1993 – VIII ZR 101/92 –, BGHZ 122, 9, 14 f.

397 BGH v. 8.6.1988 – I ZR 244/86 –, BB 1988, 1770 f.

398 Ein Vorteilsausgleich findet nicht statt. *Emde*, in Staub, Großkommentar HGB, § 89b Rn. 347.

Geschäften zwischen dem Unternehmer und Dritten Erforderliche zu tun. Die Kundenpflege ist dabei nur eine nicht gesondert vergütete Nebenpflicht. Der Provisionsanspruch für alle auf die Tätigkeit des Handelsvertreters zurückzuführenden Geschäfte entsteht mit dem Abschluss des Geschäfts aufschiebend bedingt. Erst durch die Ausführung des Geschäfts durch den Unternehmer oder den Dritten entsteht der Provisionsanspruch unter der dann auflösenden Bedingung, dass die Leistung des Dritten nicht endgültig ausbleibt. Die feststehende Nichtleistung des Dritten hat zur Folge, dass eine bereits empfangene Provision zurückzugewähren ist. Für Folgegeschäfte wie z.B. Nachbestellungen hat der Handelsvertreter grundsätzlich ebenso Anspruch auf Provision wie für Geschäfte, die nach Beendigung des Handelsvertretervertrages abgeschlossen wurden, aber zumindest überwiegend auf die frühere Tätigkeit des Handelsvertreters zurückzuführen sind.

Grundsätzlich muss die Tätigkeit des Handelsvertreters kausal, also zumindest mitursächlich für den Erfolg des Geschäftsabschlusses sein. Ist dem Handelsvertreter ein bestimmter Bezirk zugewiesen, so ist der provisionsberechtigt auch für die Geschäfte, die während des Vertragsverhältnisses ohne seine Mitwirkung mit Personen des Bezirks abgeschlossen werden. Nach § 84 Abs. 3 HGB steht es dem Handelsvertreter frei, sich bei der Erfüllung seiner Pflichten Gehilfen zu bedienen. Solche echte Untervertreter treten nicht in ein Vertragsverhältnis zum Unternehmer, sondern sind Erfüllungsgehilfen des Hauptvertreters. Dem echten Untervertreter steht bei Beendigung des Untervertretervertrages grundsätzlich ein Ausgleichsanspruch nach § 89b HGB gegen den Hauptvertreter zu. Daneben hat der Hauptvertreter einen Anspruch auf Ausgleich nach § 89b HGB im Verhältnis zum Unternehmer. Bei der unechten Untervertretung tritt der Untervertreter unmittelbar in ein Vertragsverhältnis zum Unternehmer. Bei Beendigung des Untervertretervertrages hat der unechte Untervertreter steht einen Ausgleichsanspruch nach § 89b HGB gegen den Unternehmer.

Der Handelsvertretervertrag kann von beiden Seiten, Handelsvertreter und Unternehmer einvernehmlich beendet werden oder von jeder Seite ordentlich oder fristlos gekündigt werden. Im Fall der fristlosen Kündigung kann gem. § 89a Abs. 2 HGB je nach dem Kündigungsgrund und Vertretenmüssen ein Schadensersatzanspruch entstehen. Während die laufenden Provisionsansprüche das Entgelt des Handelsvertreters für die Laufzeit des Handelsvertretervertrages ausmachen, ist der Ausgleichsanspruch der für den Handelsvertreter – neben etwaigen Schadensersatzansprüchen - bedeutendste Anspruch im Fall der Beendigung des Vertrages. Neben der Problematik der Entstehung eines Ausgleichsanspruchs gem. § 89b HGB, richtete sich der Fokus auf die Frage, ob der Anspruch bei Kündigung des Unternehmers oder des Handelsvertreters unter Umständen ausgeschlossen sein kann.

Teil 5 Rechtsnatur des Ausgleichsanspruchs

Die dogmatische Einordnung des Ausgleichsanspruchs ist in Literatur und Rechtsprechung umstritten. Unter Berücksichtigung der tatbestandlichen Voraussetzungen des § 89b HGB werden unterschiedliche Ansätze diskutiert.[399]

A. Entschädigungsanspruch

Die Gesetzesmaterialien zur HGB-Novelle 1953 verwenden den Begriff des „Entschädigungsanspruchs", der auf dem Gedanken der Vorteilsausgleichung beruht.[400] Auch die Rechtsprechung des BGH sieht teilweise den Normzweck der Regelung des Ausgleichsanspruchs in § 89b HGB u.a. darin, den Handelsvertreter „für die ihm durch die Vertragsbeendigung entgehenden Provisionen zu entschädigen"[401]. In der Literatur finden sich ebenfalls Stimmen, die den Entschädigungscharakter des Ausgleichsanspruchs für maßgeblich halten.[402]

Die Einordnung der Norm als Entschädigungsanspruch wird von anderer Seite als „zumindest schief"[403] und unscharf beurteilt. Mit der Bezeichnung als Entschädigungsanspruch ist keine Klarheit im Hinblick auf die Rechtsnatur gewonnen. Die Betonung des Entschädigungscharakters trifft keine Aussage über den systematischen Standort des Anspruchs.[404] Ausgehend von der schuldrechtlichen Unterteilung in Vertrags-, Aufwendungsersatz-, Bereicherungs- und Deliktansprüche gibt es keine Kategorie von Entschädigungsansprüchen.[405] Die Berufung auf einen Gedanken der Vorteilsausgleichung ist missverständlich, denn einen

---

399 Dazu auch *Ball*, Rechtsnatur und Funktion des Ausgleichsanspruchs nach § 89b HGB unter besonderer Berücksichtigung der Rechtsprechung des BGH, in Saenger/Schulze, Der Ausgleichsanspruch des Handelsvertreters, S. 17 ff.

400 Der Handelsvertreter soll nicht „entschädigungslos um die Früchte einer u.U. jahrelangen Arbeit gebracht werden". Siehe die Begründung zum Entwurf eines Gesetzes zur Änderung des Handelsgesetzbuches (Recht der Handelsvertreter), BT-Drs. 1/3856, S. 9, 33.

401 BGH v. 26.2.1997 – VIII ZR 272/95 –, BGHZ 135, 14, 20. Vgl. auch BGH v. 7.3.1957 – II ZR 261/55 –, BGHZ 24, 30, 33 f.

402 *Gessler*, Der Ausgleichsanspruch der Handels- und Versicherungsvertreter, 1953, S. 37 f.; *Habscheid*, in Festschrift für Schmidt-Rimpler, S. 335, 355 f.; Nipperdey, in Festschrift für Hedemann, S. 207, 229.

403 *Canaris*, Handelsrecht, § 15 Rn. 98.

404 *Ulmer*, Der Vertragshändler, 1969, § 23 S. 456.

405 *Ulmer*, Der Vertragshändler, 1969, § 23 S. 456.

allgemeiner Grundsatz des Vorteilsausgleichs, der eine Entschädigungspflicht entstehen lässt, wenn jemand auf Kosten eines anderen einen Vorteil erlangt hat, ist dem deutschen Recht außerhalb des Bereicherungs- und Gesellschaftsrechts fremd.[406] Die Einordnung als Entschädigungsanspruch ist daher im Ergebnis abzulehnen.[407]

B. Bereicherungsanspruch

Teilweise wird der Ausgleichsanspruch als Bereicherungsanspruch betrachtet.[408] *Canaris* bezeichnet den Ausgleichsanspruch als Vorteilsabschöpfungsanspruch.[409] Er sieht eine Verwandtschaft des Ausgleichsanspruchs mit der condictio ob causam finitam gem. § 812 Abs. 1 S. 2, Alt. 1 BGB.[410] Der Handelsvertreter habe dem Unternehmer durch seine Tätigkeit die Möglichkeit zu Geschäftsabschlüssen mit neu geworbenen Kunden verschafft. Durch die Beendigung des Vertrages sei der Rechtsgrund für diese Leistung weggefallen, soweit ein Provisionsanspruch bislang nicht zur Entstehung gelangt ist.

Gegen eine bereicherungsrechtliche Einordnung spricht – wie die Befürworter selbst erkennen[411] – die in § 89b Abs. S. 1 Nr. 2 HGB vorgesehene Billigkeitsprüfung. Darüber hinaus beruht der auszugleichende Wertzuwachs durch den dem Unternehmer verbleibenden Kundenstamm auf der vertraglich geschuldeten Leistung des Handelsvertreters, namentlich auf der Vermittlungs- und Abschlusstätigkeit während der Vertragsdauer.[412] Er ist folglich nicht ohne

406 *Ulmer*, Der Vertragshändler, 1969, § 23 S. 456. Eine Ähnlichkeit zwischen dem Ausgleichsanspruch nach § 89b HG und dem ungeschriebenen Ausgleichsanspruch kraft Treupflicht bejahend *Canaris*, Handelsrecht, § 15 Rn. 101.

407 Ebenso *Kunz*, Die Anwendung der handelsvertreterrechtlichen Ausgleichsregelung (§ 89b HGB) auf Eigen(Vertrags)händler, 1967, S. 42 ff.

408 *Sieg*, VersR 1964, 789 (in Bezug auf den Ausgleichsanspruch des Versicherungsvertreters); KG Berlin v. 29.1.1958 – 10 U 1779/57 –, NJW 1958, 912, 913 spricht von einem „Bereicherungsausgleich".

409 *Canaris*, Handelsrecht, § 15 Rn. 98. Kritisch zur Kennzeichnung des Ausgleichsanspruch als „Wert- oder Vorteilsausgleich" *Habscheid*, in Festschrift für Schmidt-Rimpler, S. 335, 352.

410 *Canaris*, Handelsrecht, § 15 Rn. 100.

411 *Canaris*, Handelsrecht, § 15 Rn. 100.

412 *Ulmer*, Der Vertragshändler, 1969, § 23 S. 451; *von Hoyningen-Huene*, in MünchKomm HGB, § 89b Rn. 5.

rechtlichen Grund erlangt, so dass eine bereicherungsrechtliche Einordnung nicht in Frage kommt.[413]

C. Schadensersatzanspruch

Eine Einordnung des Ausgleichsanspruchs als Schadensersatzanspruch, etwa wegen einer unzulässigen Kündigung,[414] ist abzulehnen.[415] *Ulmer* verweist zur Begründung auf das Erfordernis des Verschuldens des ersatzpflichtigen Teils im Rahmen der vertraglichen und deliktischen Schadensersatzansprüche.[416] Gegen eine Einordnung als Schadensersatzanspruch spricht auch, dass der Gesetzgeber sich bei der Umsetzung der EG-Handelsvertreter-Richtlinie ausdrücklich für die Variante des Ausgleichs und gegen die Konzeption als Schadensersatzanspruch nach französischem Vorbild entschieden hat.[417]

D. Vergütungsanspruch

Ziel des Ausgleichsanspruchs ist die Herbeiführung eines angemessenen Interessenausgleichs.[418] Der Unternehmer soll nicht einseitig von dem wirtschaftlichen Besitzstand profitieren, der zumindest auch auf die Leistung des Handelsvertreters

---

413 *Emde*, in Staub, Großkommentar HGB, § 89b Rdnr. 23; *Höft*, VersR 1966, 104, 105; *Kunz*, Die Anwendung der handelsvertreterrechtlichen Ausgleichsregelung (§ 89b HGB) auf Eigen(Vertrags)händler, 1967, S. 41 f.; Nipperdey, in Festschrift für Hedemann, S. 207, 233; *von Hoyningen-Huene*, in MünchKomm HGB, § 89b Rn. 5; *Ulmer*, Der Vertragshändler, 1969, § 23 S. 451.

414 *Schroeder*, Über die Frage, ob bei Beendigung des Handelsvertretervertrages durch Tod des Handelsvertreters ein Ausgleichsanspruch nach § 89b HGB zur Entstehung gelangt, 1955, S. 9; *von Hoyningen-Huene*, in MünchKomm HGB, § 89b Rn. 5.

415 *Ball*, Rechtsnatur und Funktion des Ausgleichsanspruchs nach § 89b HGB unter besonderer Berücksichtigung der Rechtsprechung des BGH, in Saenger/Schulze, Der Ausgleichsanspruch des Handelsvertreters, S. 17; *Ulmer*, Der Vertragshändler, 1969, § 23 S. 451; *Emde*, Vertriebsrecht, § 89b Rn. 25.

416 *Ulmer*, Der Vertragshändler, 1969, § 23 S. 451.

417 Bericht über die Anwendung von Artikel 17 der Richtlinie des Rates zur Koordinierung der Rechtsvorschriften der Mitgliedstaaten betreffend die selbständigen Handelsvertreter (86/653/EWG), KOM (96) 364 S. 6, 7, 17.

418 Gesetzentwurf der Bundesregierung - Begründung zum Entwurf eines Gesetzes zur Durchführung der EG-Richtlinie zur Koordinierung des Rechts der Handelsvertreter, BT-Drs. 11/3077, S. 6, 9; ebenso die Begründung zum Entwurf eines Gesetzes zur Änderung des Handelsgesetzbuches (Recht der Handelsvertreter), BT-Drs. 1/3856, S. 9, 34 f.

zurückgeht.[419] Mit Blick auf diese Grundgedanken wird der Ausgleichanspruch von zahlreichen Stimmen der Literatur und der Rechtsprechung des BGH als Vergütungsanspruch qualifiziert.[420] Intention der Vorschrift sei eine Vergütung des Handelsvertreters für Leistungen, die durch die Provisionen noch nicht voll abgegolten sind.[421] Bei der Leistung handelt es sich um den vom Handelsvertreter geschaffenen Kundenstamm,[422] den der Unternehmer vom Zeitpunkt der Vertragsbeendigung an allein nutzen kann.[423]

Ausgangspunkt dieses Verständnisses ist nach der Rechtsprechung des BGH die Provisionsregelung des § 87 Abs. 1 Satz 1 HGB, nach welcher dem Handelsvertreter für jeden von ihm vermittelten Einzelabschluss eine Provision zusteht.[424]

---

419 BGH v. 13.1.2010 – VIII ZR 25/08 –, NJW-RR 2010, 1263, 1265; *Busche,* in Oetker, HGB, § 89b Rn. 1.

420 Gegenleistung für nicht mehr vergüteten Vorteil BGH v. 13.5.1957 – II ZR 318/56 –, BGHZ 24, 214, 222; *Hopt,* in Baumbach/Hopt, HGB, § 89b Rn. 2 f.; *von Hoyningen-Huene,* in MünchKomm HGB, § 89b Rn. 5 m.w.N.

421 *Giefers,* Recht des Handelsvertreters, 1965, S. 100 f.

422 An die Stelle des für den Warenvertreter bedeutsamen Kundenstamms treten beim Versicherungsvertreter die vermittelten oder abgeschlossenen Versicherungsverträge, der sog. Versicherungsbestand; *Gessler,* Der Ausgleichsanspruch der Handels- und Versicherungsvertreter, 1953, 53 ff. Während der Ausgleichsanspruch beim Warenvertreter an den Wegfall der Verdienstchance anknüpft, betrifft er beim Versicherungsvertreter einen bereits dem Grunde nach entstandenen Anspruch und knüpft an einen in der Vergangenheit liegenden Tätigkeitserfolg an; OLG Frankfurt v. 26.1.1978 – 15 U 250/76 –, BB 1978, 728; *Thume,* in Küstner/Thume, Handbuch des gesamten Vertriebsrechts, Bd. 2, Kap. I Rn. 33. Der Ausgleichsanspruch ist als ein Surrogat zu verstehen, das an die Stelle bereits verdienter Provisionsansprüche tritt, die wegen einer in der Praxis regelmäßig vereinbarten sog. Provisionsverzichtsklausel entfallen; OLG München v. 9.7.1964 – 1 U 2164/62 –, BB 1965, 345. Im Gegensatz zum Ausgleichanspruch des Warenvertreters wird dem Versicherungsvertreter keine Vergütung für den Aufbau des Kundenstamms gewährt, sondern eine Rest-Gegenleistung für die Vermittlungsdienste in pauschalierter Form; *Emde,* Festschrift für Karsten Schmidt, S. 331, 333.

423 St. Rspr. BGH v. 13.5.1957 – II ZR 318/56 –, BGHZ 24, 214, 222; BGH v. 9.4.1964 – VII ZR 123/62 –, BGHZ 41, 292, 296; BGH v. 28.4.1988 – I ZR 66/87 –, WM 1988, 1204, 1205; BGH v. 16.6.2010 – VIII ZR 259/09 –, NJW 2010, 3226, 3227; *Busche,* in Oetker, HGB, § 89b Rn. 1; *Emde,* Vertriebsrecht, § 89b Rn. 17; *U. Müller,* in Saenger/Aderhold/Lenkaitis/Speckmann, Handels- und Gesellschaftsrecht, 1. Teil § 1, F. Rn. 707; *Saenger,* DB 2000, 129, 130; *Thume,* in Küstner/Thume, Handbuch des gesamten Vertriebsrechts, Bd. 2, Kap. I Rn. 14 ff.; *Wauschkuhn,* in Flohr/Wauschkuhn, Vertriebsrecht, § 89b HGB, Rn. 6.

424 BGH v. 16.6.2010 – VIII ZR 259/09 –, NJW 2010, 3226, 3227.

Die Vermittlungstätigkeit des Handelsvertreters führe jedoch über den Abschluss einzelner Geschäfte hinaus zum Aufbau eines Kundenstammes. Dieser Erfolg werde während der Dauer des Handelsvertretervertrages zum einen durch die bei Stammkunden häufig erleichterte Vermittlung von den Provisionsanspruch nach § 87 Abs. 1 Satz 1 Fall 1 HGB begründenden Geschäftsabschlüssen und zum anderen durch den Provisionsanspruch für Folgegeschäfte nach § 87 Abs. 1 Satz 1 Fall 2 HGB abgegolten. Soweit die durch den Handelsvertreter geschaffenen Kundenbeziehungen das Ende des Vertragsverhältnisses überdauern, habe - jenseits der engen Voraussetzungen des Provisionsanspruchs nach § 87 Abs. 3 HGB - aber allein der Unternehmer den Nutzen, für den er dem Handelsvertreter als Gegenleistung ein Entgelt zahlen müsse.[425] Durch sein Auftreten auf dem Markt hat der Handelsvertreter darüber hinaus für den Unternehmer einen Goodwill (Geschäfts- oder Firmenwert) geschaffen.[426] Ebenso stellt der Kommissionsbericht vom 23.07.1996 über die Anwendung des Art. 17 der Richtlinie 86/653/ EWG auf den durch die Tätigkeit des Handelsvertreters gesteigerten Goodwill des Unternehmers ab.[427]

E. Modifizierter Vergütungsanspruch

Der Ausgleichanspruch stellt aber nach verbreiteter Auffassung keinen reinen, sondern nur einen modifizierten Vergütungsanspruch dar,[428] da er hinsichtlich seiner Entstehung und Bemessung weitgehend durch Gesichtspunkte der

---

425 BGH v. 16.6.2010 – VIII ZR 259/09 –, NJW 2010, 3226, 3227. mit Hinweis auf *Emde*, in Staub, Großkommentar HGB, § 89b Rdnr. 14 ff.; *Ball*, Rechtsnatur und Funktion des Ausgleichsanspruchs nach § 89b HGB unter besonderer Berücksichtigung der Rechtsprechung des BGH, in Saenger/Schulze, Der Ausgleichsanspruch des Handelsvertreters, S. 17 f.

426 *Busche*, in Oetker, HGB, § 89b Rn. 1; *Pauly*, MDR 2013, 694, 696; *Westphal*, DB 2010, 1333, 1336.

427 Bericht über die Anwendung von Artikel 17 der Richtlinie des Rates zur Koordinierung der Rechtsvorschriften der Mitgliedstaaten betreffend die selbständigen Handelsvertreter (86/653/EWG), KOM (96) 364 S. 1.

428 BVerfG v. 22.8.1995 – 1 BvR 1624/92 –, BVerfG NJW 1996, 381; BGH v. 3.3.1983 – I ZR 34/81 –, NJW 1983, 1789; BGH v. 16.6.2010 – VIII ZR 259/09 –, NJW 2010, 3226, 3227; OLG München v. 16.11.2006 – 23 U 2539/06 –, WM 2007, 710, 711 f.; *Busche*, in Oetker, HGB, § 89b Rn. 1; *von Hoyningen-Huene*, in MünchKomm HGB, § 89b Rn. 6.

Billigkeit (§ 89b Abs. 1 S. 1 Nr. 2 HGB) bestimmt wird.[429] Um dem Gedanken des Interessenausgleichs gerecht zu werden, unterliegt der Anspruch dem Vorbehalt der Billigkeit (§ 89b Abs. 1 S. 1 Nr. 2 und Abs. 3 Nr. 1 HGB) derart, dass die Höhe des Ausgleichs nicht allein vom Umfang der Provisionsverluste und der entsprechenden Unternehmensvorteile abhängt, sondern immer eine abschließende Billigkeitsprüfung[430] stattfinden muss (§ 89b Abs. 1 S. 1 Nr. 2 HGB n.F bzw. § 89b Abs. 1 S. 1 Nr. 3 HGB a.F.).[431] Der BGH spricht daher von einem Mischtatbestand bestehend aus einer Entgelt- und einer Billigkeitskomponente und qualifiziert den Ausgleichsanspruch als Entgeltforderung im Sinne des § 288 Abs. 2 BGB.[432] Der Entgeltcharakter scheitere auch nicht an dem Umstand, dass der Ausgleichsanspruch kein reiner Vergütungsanspruch sei, sondern auch von Billigkeitsgesichtspunkten abhänge.[433] Das KG Berlin bejahte zwar auch den Entgeltcharakter, sprach sich aber gegen eine Entgeltforderung i. S. d. § 288 Abs. 2 BGB aus.[434] Es legte dar, dass die Leistung des Handelsvertreters, die abgegolten werden solle, zu dem Zahlungsanspruch nicht im Gegenseitigkeitsverhältnis steht, es insoweit also an einer synallagmatischen Verknüpfung zwischen den Ansprüchen fehlt. Entgelt für die nach § 86 Abs. 1 HGB geschuldete Leistung des Handelsvertreters sei nicht der Ausgleichsanspruch nach § 89b HGB, sondern allein der Provisionsanspruch nach § 87 HGB. Der Handelsvertreter vermittele Geschäfte, um hierfür Provisionen zu erhalten, und nicht, um nach Beendigung des Vertrages einen Ausgleich nach

---

429 St. Rspr. BGH v. 13.5.1957 – II ZR 318/56 –, BGHZ 24, 214, 222; BGH v. 23.5.1966 – VII ZR 268/64 –, BGHZ 45, 268, 270 f.; BGH v. 30.6.1966 – VII ZR 124/65 –, BGHZ 45, 385, 386; vgl. auch BVerfG v. 22.8.1995 – 1 BvR 1624/92 –, NJW 1996, 381. *Hopt,* in Baumbach/Hopt, HGB, § 89b Rn. 3, der gleichzeitig kritisch anmerkt, dass der Billigkeitsvorbehalt zulasten der Rechtssicherheit geht. *Emde,* in Staub, Großkommentar HGB, § 89b Rn. 16 ff; *von Hoyningen-Huene,* in MünchKomm HGB, § 84 Rn. 6; *Schnabl,* NJW 2009, 955.

430 Zu Einzelheiten vgl. die Darstellung in den Teilen 6 und 7 sowie zur Kritik an der Billigkeitsprüfung Teil 11 der Arbeit.

431 *Von Hoyningen-Huene,* in MünchKomm HGB, § 89b Rn. 6.

432 BGH v. 16.6.2010 – VIII ZR 259/09 –, NJW 2010, 3226, 3227; ebenso *Busche,* in Oetker, HGB, § 89b Rn. 1. Gegen eine Qualifikation als Entgeltforderung dagegen als Vorinstanz das KG Berlin v. 27.8.2009, Az. 23 U 52/09 –, (Leitsatz) juris.

433 BGH v. 16.6.2010 – VIII ZR 259/09 –, NJW 2010, 3226, 3227.

434 KG Berlin v. 27.8.2009, Az. 23 U 52/09 –, (Leitsatz) juris. Ausführlich und differenzierend zur Frage, ob es sich bei dem Ausgleichsanspruch aus § 89b HGB um eine Entgeltforderung i.S.d. § 288 Abs. 2 BGB handelt, *Schnabl,* NJW 2009, 955.

§ 89b HGB zu bekommen. Der Ausgleich gehe über die durch die Vermittlungstätigkeit verdienten Provisionen hinaus, ohne dass der Handelsvertreter hierfür eine zusätzliche Leistung zu erbringen habe.[435]

In Teilen der Literatur wird der Ausgleichsanspruch als ein Entgelt für die noch nicht abgegoltene Markterschließungsleistung bezeichnet.[436] An anderer Stelle wird er als eine kapitalisierte, synallagmatische Restvergütung für den Aufbau des Kundenstamms betrachtet.[437] Da der Handelsvertretervertrag ein gegenseitiger Vertrag i.S.d. §§ 320 ff. BGB ist, sei die Ausgleichsleistung des Unternehmers nach § 89b HGB Gegenleistung für die vom Handelsvertreter erbrachten vertraglichen Leistungen.[438] Der Ausgleichsanspruch verschaffe dem Handelsvertreter eine weitere Gegenleistung[439], eine zusätzliche Vergütung.[440]

Gegen einen Charakter als Vergütungsanspruch spricht, dass der Anspruch unabhängig ist von der Höhe der dem Handelsvertreter während der gesamten Vertragsdauer gewährten Provision.[441] Ferner besteht der Ausgleichsanspruch nach der ausdrücklichen gesetzlichen Anordnung in § 92b Abs. 1 HGB nicht für den Handelsvertreter im Nebenberuf.[442] Auch ein Handelsvertreter im Nebenberuf muss aber Anspruch auf Vergütung seiner Tätigkeit haben. Im Übrigen steht

---

435 KG Berlin v. 27.8.2009, Az. 23 U 52/09 –, Rn. 63 juris.

436 *Horn*, ZIP 1988, 137, 138; *von Hoyningen-Huene*, in MünchKomm HGB, § 89b Rn. 3; *Wauschkuhn*, in Flohr/Wauschkuhn, Vertriebsrecht, § 89b HGB, Rn. 6.

437 *Emde*, Vertriebsrecht, § 89b Rn. 16; *Löwisch*, in Ebenroth/Boujong/Joost/Strohn, HGB, § 89b Rn. 2; *Thume*, in Küstner/Thume, Handbuch des gesamten Vertriebsrechts, Bd. 2, Kap. I Rn. 14; *von Hoyningen-Huene*, in MünchKomm HGB, § 89b Rn. 3, 5 m.w.N.

438 *Schroeder*, Über die Frage, ob bei Beendigung des Handelsvertretervertrages durch Tod des Handelsvertreters ein Ausgleichsanspruch nach § 89b HGB zur Entstehung gelangt, 1955, S. 8, 10.

439 *Duden*, Recht der Handelsvertreter, § 89b S. 58.

440 *Schroeder*, Über die Frage, ob bei Beendigung des Handelsvertretervertrages durch Tod des Handelsvertreters ein Ausgleichsanspruch nach § 89b HGB zur Entstehung gelangt, 1955, S. 10.

441 *Stolterfoht*, Handelsrecht, 1973, S. 77; *Ulmer*, Kündigungsschranken im Handels- und Gesellschaftsrecht, S. 295, 312. Ausführlich zu den zahlreichen gegen den Vergütungscharakter des Ausgleichsanspruchs vorgebrachten Einwänden *Stolterfoht*, Die Selbständigkeit des Handelsvertreters, 1973, S. 235 ff.; *Ulmer*, Der Vertragshändler, 1969, S. 452 ff. m.w.N.

442 *Kindler*, Der Ausgleichsanspruch des Handelsvertreters im deutsch-italienischen Warenverkehr, 1987, S. 95; *Ulmer*, Kündigungsschranken im Handels- und Gesellschaftsrecht, S. 295, 312. Dagegen wird nicht überzeugend vorgebracht, dass das Gesetz den Ausgleich versagt, da der nebenberufliche Handelsvertreter sein Einkommen

ein Anspruch nach § 89b HGB nicht den auf Provisionsbasis tätigen angestellten Vermittlern nach Vertragsende zu, obwohl sich ihr Entgelt im Übrigen nach den für den Handelvertreter geltenden Vorschriften bemisst (§ 65 i.V.m. §§ 87 Abs. 1 und 3, 87a-87c HGB).[443] Schließlich kann der Wegfall der Provisionsansprüche bei Vertragsende nicht für den Vergütungscharakter angeführt werden.[444] Denn das deutsche Recht kennt keinen allgemeinen Grundsatz derart, dass derjenige, dessen Tätigkeit während der Vertragsdauer dem anderen Vertragsteil eine auch nach Vertragsende fortwirkenden Wertzuwachs verschafft, gegen den anderen Teil einen Anspruch auf Ausgleich hat.[445] In der Regel verbleibt der Wertzuwachs bei Vertragsende ausschließlich bei dem Rechtsinhaber.[446] Der Ausgleichsanspruch lässt sich demnach nicht auf eine reine Vergütungskomponente reduzieren.

F. Versorgungsanspruch

Von einigen Stimmen im Schrifttum wurde im Sinne einer Versorgungstheorie vertreten, dass der Ausgleichsanspruch als Ersatz für den fehlenden arbeitsrechtlichen Kündigungsschutz des Handelsvertreters und als Mindestbasis seiner Alterssicherung anzusehen ist.[447] In der Rechtsprechung wird dem Ausgleichsanspruch zum Teil zumindest auch ein Versorgungscharakter zuerkannt.[448] Allerdings erkennen selbst die Befürworteter der Einordnung als Versorgungsanspruch an, dass aus dem Umkehrschluss zu § 92a HGB deutlich zu sehen ist, dass der Ausgleichsanspruch nicht primär der sozialen Absicherung und Versorgung des Handelsvertreters diene, sondern der Gewährung einer zusätzlichen

vorwiegend aus einer anderen Tätigkeit beziehe; *Stolterfoht*, Die Selbständigkeit des Handelsvertreters, 1973, S. 235, 239.

443 *Kindler*, Der Ausgleichsanspruch des Handelsvertreters im deutsch-italienischen Warenverkehr, 1987, S. 94; *Stolterfoht*, Handelsrecht, 1973, S. 77; *Ulmer*, Kündigungsschranken im Handels- und Gesellschaftsrecht, S. 295, 312.

444 *Ulmer*, Der Vertragshändler, 1969, S. 454.

445 *Stolterfoht*, Die Selbständigkeit des Handelsvertreters, 1973, S. 235, 238; *Ulmer*, Der Vertragshändler, 1969, S. 454.

446 Siehe ausführlich und mit zahlreichen Beispielen *Ulmer*, Der Vertragshändler, 1969, S. 454; *Stolterfoht*, Die Selbständigkeit des Handelsvertreters, 1973, S. 235, 238.

447 *Bieder*, NJW 2007, 3471, 3473; *Emde*, BB 2008, 2755, 2761; *Martinek*, in Festschrift für Lüke, S. 409, 432 f.

448 In BGH v. 2.10.1958 – II ZR 113/57 –, NJW 1958, 1966, 1967 zwar kein reiner Versorgungsanspruch aber u.U. bei Tod des Handelsvertreters Ausgleichszahlung an die Witwe; deutlich OLG München v. 2.02.2000 – 7 U 4410/99 –, VersR 2001, 1429, 1430.

Vergütung für während der Vertragsdauer geleistete, vor der Kündigung allerdings noch nicht abgegoltene Dienste.[449] Darüber hinaus legt *Kindler*[450] dar, dass die Höhe des Ausgleichsbetrages diametral entgegengesetzt zur Abnahme der Schutzbedürftigkeit zunimmt. Der geschäftstüchtige „reiche" Handelsvertreter könne erheblich höhere Zahlungen erwarten als der „kleine" weniger erfolgreiche, der auf eine Erwerbsquelle viel mehr angewiesen sei und in der Regel nicht über Ersparnisse verfüge, die ihm ein gesichertes Ruhestandsleben ermöglichen. Der Versorgungscharakter stellt demnach nicht die primäre Funktion des Ausgleichsanspruchs dar. Daher wird heute die Einordnung als reiner Versorgungsanspruch von den meisten Stimmen zutreffend verneint.[451]

G. Sozialschutznorm

Nach einer Ansicht wird der Ausgleichsanspruch im Hinblick auf den Billigkeitsvorbehalt als eine echte Sozialschutznorm zugunsten des Handelsvertreters eingeordnet. Dafür spricht, dass der Gesetzgeber mit der Norm einen Beitrag zur Verbesserung der wirtschaftlichen Situation und sozialen Absicherung von Handelsvertretern habe leisten wollte.[452] Eine andere Auffassung in der Literatur spricht sich wegen des vorrangigen Entgeltgedankens gegen die Qualifizierung als reine Sozialschutznorm aus.[453]. Über den Vergütungsgedanken hinaus seien zwar soziale Aspekte bei der Beurteilung der Billigkeit zu berücksichtigen,

---

449 *Bieder*, NJW 2007, 3471, 3472 f.

450 *Kindler*, Der Ausgleichsanspruch des Handelsvertreters im deutsch-italienischen Warenverkehr, 1987, S. 94.

451 *Ball*, Rechtsnatur und Funktion des Ausgleichsanspruchs nach § 89b HGB unter besonderer Berücksichtigung der Rechtsprechung des BGH, in Saenger/Schulze, Der Ausgleichsanspruch des Handelsvertreters, S. 17; *Duden*, Recht der Handelsvertreter, § 89b S. 58. *Hopt*, in Baumbach/Hopt, HGB, § 89b Rn. 2; *Roth*, in Koller/Roth/Morck, HGB, § 89b Rn. 1; *von Hoyningen-Huene*, in MünchKomm HGB, § 89b Rn. 5. So im Ergebnis auch schon BGH 2.10.1958 – II ZR 113/57 –, NJW 1958, 1966, 1967.

452 So OLG Frankfurt a.M. v. 10.7.2007 – 5 U 62/06 –, juris; *Ulmer*, in Festschrift für Möhring, S. 295, 311; *Martinek*, ZHR 161 (1997), 67, 74; *Thume*, in Röhricht/Graf von Westphalen/Haas, HGB, § 89b Rn. 6; *Roth*, in Koller/Roth/Morck, HGB, § 89b Rn. 1; vermittelnd *Canaris*, Handelsrecht, § 15 Rn. 104, 113. Vgl. dazu BT-Drs. 1/3856, 33 f., 7/3918, 7 ff.; BVerfG NJW 1996, 381.

453 *Von Hoyningen-Huene*, in MünchKomm HGB, § 89b Rn. 3. Ähnlich *Hopt*, in Baumbach/Hopt, HGB, § 89b Rn. 3; *Genzow*, in Ensthaler, GK-HGB, § 89b Rn. 2; *Grundmann*, Der Treuhandvertrag, 1997, S. 367 ff; 375 ff, 378; *K. Schmidt*, Handelsrecht, § 27 V Rn. 69; *Maier*, BB 1970, 1327, 1329; *Schnabl*, NJW 2009, 955, 956; *Schröder*, BB 1954, 477; *Emde*, in Staub, Großkommentar HGB, § 89b Rn. 20.

dies führe jedoch nicht dazu, dass andere Aspekte, insbesondere Interessen des Unternehmers[454], von vornherein zurückzutreten hätten.[455] Auch in der Rechtsprechung wird neben der Vergütungskomponente eine soziale Schutzfunktion gesehen.[456]

Für einen sozialen Schutzcharakter der Vorschrift des § 89b HGB spricht, dass der Ausgleichsanspruch nach Abs. 4 der Regelung (halb-)zwingender Natur ist, da er nicht im Voraus ausgeschlossen werden kann.[457] Ferner schreibt § 89b Abs. 1 S. 1 Nr. 3 HGB a.F. (§ 89b Abs. 1 S. 1 Nr. 2 HGB n.F.) ausdrücklich die Berücksichtigung „aller" Umstände vor. In Anbetracht der typischen Unterlegenheit des Handelsvertreters und der Nähe zum Arbeitsverhältnis müssen wohl auch soziale Aspekte dazu gehören.[458] Für einen sozialen Charakter des Ausgleichsanspruchs spricht auch die EG-Handelsvertreter-Richtlinie, die den Schutz des Handelsvertreters bezweckt.[459] Nach der Stellungnahme des Wirtschafts- und Sozialausschusses erscheint die Harmonisierung für den rechtlichen Schutz des Handelsvertreters notwendig, da er sich trotz seiner Selbständigkeit in einer dem Unternehmer gegenüber schwächeren Position befindet.[460] Der Handelsvertreter sei aber auf einen rechtlichen Schutz angewiesen, der ihm ein Mindestmaß an sozialer Sicherheit garantiert, da er aufgrund seiner selbständigen Tätigkeit nicht

---

454 Die Gewährung des Ausgleichsanspruchs kann zu einer Art „Doppelbelastung" des Unternehmers führen. Einerseits schuldet der Unternehmer dem ausgeschiedenen Handelsvertreter Ausgleich gem. § 89b HGB. Andererseits ist er dem Nachfolger des früheren Handelsvertreters gegenüber verpflichtet, Provision für dessen Geschäfte gem. §§ 87 Abs. 1, 87a HGB zu zahlen; vgl. dazu *Westphal*, BB 1991, 2017, 2028 f. Beide Ansprüche bestehen jedoch unabhängig voneinander. In Bezug auf Stammkunden können die zwei „Vergütungsarten" nicht immer scharf voneinander getrennt werden; *Busche*, in Oetker, HGB, § 89b Rn. 1. Nach Ansicht der Rechtsprechung besteht aufgrund der unterschiedlichen Rechtsnatur der Ansprüche schon keine wirkliche Doppelbelastung; BGH v. 15.10.1964 – VII ZR 150/62 –, BGHZ 42, 244, 248; BGH v. 6.10.2010 – VIII ZR 209/07 –, NJW 2011, 848, 849; mit Anm. *Steinhauer*, BB 2011, 211 f.

455 BVerfG v. 22.8.1995 – 1 BvR 1624/92 –, NJW 1996, 381; *Busche*, in Oetker, HGB, § 89b Rn. 1.

456 BGH v. 16.2.1961 – VII ZR 239/59 –, BGHZ 34, 282, 290 f.; BGH v. 12.6.1963 – VII ZR 272/61 –, BGHZ 40, 13, 15; BGH v. 11.2.1977 – I ZR 185/75 –, BGHZ 68, 340, 345. Siehe zur Rechtsprechung des EuGH die Ausführungen im Teil 7 der Arbeit.

457 *Canaris*, Handelsrecht, § 15 Rn. 104; *Martinek*, in Festschrift für Lüke, S. 409, 434.

458 *Canaris*, Handelsrecht, § 15 Rn. 104.

459 Erwägungsgründe der Richtlinie 86/653/EWG des Rates vom 18.12.1986, ABl. EG Nr. L 382 S. 17.

460 ABl. EG Nr. C 59/31 vom 8.03.1978, Ziffer 1.3., 2.10.

die sozialen Rechte der abhängig Erwerbstätigen in Anspruch nehmen kann.[461] Spätestens seit dem Erlass der EG-Handelsvertreter-Richtlinie bzw. ihrer Umsetzung in das deutsche Recht, kann ein sozialer Schutzzweck nicht gänzlich aberkannt werden kann[462].

H. Anspruch sui generis

Der Ausgleichsanspruch ist nicht als Entschädigungs-, Bereicherungs-, Schadensersatz-, Versorgungs-, (modifizierter) Vergütungsanspruch oder Sozialschutznorm zu begreifen, sondern als ein Anspruch sui generis, der seinem Inhalt nach zu den Schutzvorschriften für den Handelsvertreter gehört.[463]. Vor dem europarechtlichen Hintergrund handelt es sich um eine Sonderregelung zum Schutz des Handelsvertreters, die im Ergebnis einem Kündigungsschutz nahe kommt.[464] Die Anknüpfung an den Kündigungsschutzgedanken liegt nahe, da Handelsvertreter nach der Einschätzung des historischen Gesetzgebers besonders schutzbedürftig waren, weil sie vielfach schlechter gestellt waren als ein Angestellter.[465] Zwingende gesetzliche Vorschriften sollten sie in wesentlichen Punkten des Vertragsverhältnisses vor Vereinbarungen schützen, die sie benachteiligen.[466]

Eigentümlich gegenüber anderen materiellen Anspruchsgrundlagen ist dem Ausgleichsanspruch die Verknüpfung des Sozialschutzgedankens mit der Vergütungskomponente. Denn die von Handelsvertretern infolge der Beendigung des Handelsvertretervertrages erlittenen Provisionsverluste sind ebenso wie die Vorteile des Unternehmers – namentlich der Kundenstamm – bei der Bemessung des Ausgleichsanspruchs bzw. nach § 89b Abs. 1 Nr. 2 HGB n.F. zumindest als Kriterium im Rahmen der Billigkeitsprüfung zu berücksichtigen. Auch die

461 Der Wirtschafts- und Sozialausschuss spricht unter Ziffer 2.8.9. von einem „Rechtsinstitut, das in der französischen, italienischen, niederländischen und deutschen Gesetzgebung verankert und in dem Benelux-Abkommen vorgesehen ist."

462 BVerfG v. 22.8.1995 – 1 BvR 1624/92 –, NJW 1996, 381; *Martinek*, in Festschrift für Lüke, S. 409, 434.

463 *Ulmer*, Der Vertragshändler, 1969, S. 456; zustimmend *Schwerdtner*, DB 1989, 1757, 1759. *Emde*, Vertriebsrecht, § 89b HGB Rn. 17 spricht von einem Vergütungsanspruch sui generis, bestehend aus Entgelt- und Billigkeitskomponente.

464 *Schwerdtner*, DB 1989, 1757, 1759; *Stolterfoht*, Die Selbständigkeit des Handelsvertreters, 1973, 235 ff.; *Ulmer*, Der Vertragshändler, 1969, S. 456; *ders*, in Festschrift für Möhring, S. 295, 311 ff; *Wauschkuhn*, in Flohr/Wauschkuhn, Vertriebsrecht, § 89b HGB, Rn. 7.

465 BT-Drs. 1/3856, S. 10 f. zu Nr. 3.

466 Siehe auch die Darstellung in Teil 2 der Arbeit.

Ausschlusstatbestände in § 89b Abs. 3 HGB spiegeln als konkrete Billigkeitsregeln die soziale Funktion des Ausgleichsanspruchs wider. Bei einer reinen Sozialschutznorm würde demgegenüber der Gesichtspunkt des Entgelts für nicht durch laufende Provisionszahlungen abgedeckte Vorteile des Unternehmers in den Hintergrund treten.

I. Ergebnis

Der Ausgleichsanspruch ist nach dem Willen des Gesetzgebers eine Entschädigung für die jahrelange Arbeit des Handelsvertreters. Das Schuldrecht sieht Entschädigungsansprüche nicht als eigenständige Kategorie von Ansprüchen vor. Der Ausgleichsanspruch ist eine Vergütung für den vom Handelsvertreter geschaffenen Kundestamm, den der Unternehmer nach Beendigung des Handelsvertretervertrages allein nutzen kann. Durch die Tätigkeit des Handelsvertreters am Markt hat er ferner den Goodwill des Unternehmers gesteigert.

Während jedoch die Regelung des §§ 87, 87a HGB unproblematisch einen Vergütungsanspruch darstellt, handelt es sich bei § 89b HGB der Sache nach um einen Mischtatbestand. Der Ausgleichsanspruch als Vergütungsanspruch besonderer Art unterliegt dem Vorbehalt der Billigkeit. § 89b HGB bzw. Art. 17 und 18 der EG-Richtlinie beinhalten eine Sonderregelung zum sozialen und wirtschaftlichen Schutz des Handelsvertreters. Dem nach der Wertung des historischen Gesetzgebers und Richtliniengebers schutzbedürftigen Handelsvertreter soll eine Art Kündigungsschutz gewährt werden. Dieser soziale Schutzaspekt liegt der Billigkeitskonzeption zugrunde. Nicht nur die Bemessung des Ausgleichs der Höhe nach hängt gem. § 89b Abs. 1 HGB bzw. Art. 17 Abs. 2 der EG-Richtlinie von Billigkeitsaspekten ab, sondern auch die Frage des Wegfalls des Ausgleichsanspruchs nach § 89b Abs. 1 HGB bzw. Art. 18 der EG-Richtlinie. Der Mischcharakter macht den Ausgleichsanspruch zu einem Anspruch sui generis. Der Mischtatbestand erschwert dem Rechtsanwender die Subsumtion unter die Norm und führt dazu, dass Entscheidungen im Einzelfall schwer vorhersehbar und nicht immer gut nachvollziehbar sind.[467] Die wertausfüllungsbedürftigen

467 *Stolterfoht*, Handelsrecht, 1973, S. 77 ist der Ansicht, dass aufgrund der bestehenden Unstimmigkeiten und Widersprüche gar keine ratio legis erkennbar ist.

Tatbestandsmerkmale ermöglichen der Rechtsprechung in einem Fall die Betonung der Vergütungskomponente und in einem anderen Fall die Hervorhebung der Billigkeits- bzw. Sozialschutzkomponente.[468] Der Mischcharakter der Norm führt auf der einen Seite zu präzisen Vergütungsberechnungen, die auf der anderen Seite durch Billigkeitsgesichtspunkte in Zweifel gezogen werden.[469]

468 *Martinek*, in Festschrift für Lüke, S. 409, 435.

469 Als Beleg bezieht sich *Martinek* auf die Entscheidung des BGH v. 15.2.1965 – VII ZR 194/63 –, BGHZ 43, 154, 161 f., in welcher der BGH die Größe der achtköpfigen Familie des Handelsvertreters bei der Berechnung des Ausgleichsanspruchs berücksichtigt.

Teil 6 Voraussetzungen des Ausgleichanspruchs bis zu der EuGH-Entscheidung Semen gegen Tamoil

A. Vertragsbeendigung

Nach § 89b Abs. 1 HGB kann der Handelsvertreter unter den in dieser Bestimmung näher geregelten Voraussetzungen nach Beendigung seines Vertragsverhältnisses einen angemessenen Ausgleich verlangen. Beendigung des Vertragsverhältnisses gem. § 89b Abs. 1 HGB bedeutet das Aufhören der Vertragsbeziehungen zwischen dem Handelsvertreter und dem Unternehmer unabhängig von dem Grund.[470] Die Beendigung des Vertragsverhältnisses kann auf Zeitablauf, Aufhebungsvertrag beider Vertragspartner beruhen oder einseitig durch Kündigung erfolgen oder aus anderen Gründen mit der Rechtsfolge der Beendigung des Vertragsverhältnisses ausgelöst werden.[471]

Die Frage, ob ein Ausgleichsanspruch auch entsteht, wenn das Vertragsverhältnis durch den Tod des Handelsvertreters sein Ende findet, war einige Zeit umstritten, hat den BGH bereits beschäftigt und ist anerkannt.[472] Die Wortauslegung allein führt zu keinem eindeutigen Ergebnis, da das Gesetz zwar Regelungen zur Kündigung in §§ 89, 89a HGB enthält und den Beendigungsgrund des Todes des Handelsvertreters nicht erwähnt. Die Verwendung des Ausdrucks „Beendigung des Vertragsverhältnisses“ anstatt „Kündigung“ macht es aber nach der Rechtsprechung des BGH wahrscheinlich, dass es sich hierbei um eine reine Zeitbestimmung handelt, die lediglich besagt, dass der Handelsvertretervertrag

---

470 *Emde*, in Staub, Großkommentar HGB, § 89b Rn. 52; *Roth*, in Koller/Roth/Morck, HGB, § 89b Rn. 3; *Ruß*, in Heidelberger Kommentar zum HGB, § 89a Rn. 3. Zu den Konsequenzen einer einverständlichen Beendigung des Vertrages vgl. BGH v. 13.3.1969 - VII ZR 48/67 -, BGHZ 52, 12, 14 ff.

471 *Thume*, in Röhricht/Graf von Westphalen/Haas, HGB, § 89b Rn. 42. Siehe dazu die Darstellung in Teil 4 B.

472 BGH v. 13.5.1957 - II ZR 318/56 -, BGHZ 24, 214, 215 ff. Siehe dazu auch *Hiekel*, Der Ausgleichsanspruch des Handelsvertreters und des Vertragshändlers, 1985, S. 83 ff. m.w.N; *Leuze*, Entsteht beim Tode des Handelsvertreters ein Ausgleichsanspruch gemäß § 89b HGB?, 1955 sowie das ausführliche Rechtsgutachten von *Schroeder*, Über die Frage, ob bei Beendigung des Handelsvertretervertrages durch Tod des Handelsvertreters ein Ausgleichsanspruch nach § 89b HGB zur Entstehung gelangt, 1955.

nicht mehr besteht.[473] Der Gebrauch derselben Worte „nach Beendigung des Vertragsverhältnisses“ in § 87 Abs. 3 HGB spricht dafür, dass grundsätzlich alle Beendigungsgründe, somit auch der Tod des Handelsvertreters den Anspruch entstehen lassen. Für diese Auslegung spricht sowohl die Vergütungskomponente als auch der Gedanke des sozialen Schutzes des Handelsvertreters und seiner Hinterbliebenen.[474] Der erste Vorschlag ebenso wie der geänderte Vorschlag der Kommission für eine Richtlinie des Rates auf dem Gebiet der Handelsvertretung in Art. 30 Abs. 1[475] sah vor, dass nach Beendigung des Vertrages der Handelsvertreter oder seine Erben von dem Unternehmer eine Ausgleich verlangen können. Der Zusatz „oder sein Erben“ ist zwar in Art. 17 Abs. 2a der Richtlinie des Rates 86/653/EWG nicht mehr enthalten. Der Richtliniengeber hat sich aber für die Anspruchsberechtigung der Erben des Handelsvertreters entschieden hat, da nach Art. 17 Abs. 4 ein Anspruch auf Ausgleich auch dann besteht, wenn das Vertragsverhältnis durch Tod des Handelsvertreters endet.

B. Vorteile des Unternehmers

Die zweite Voraussetzung für einen Ausgleichsanspruch des Handelsvertreters ist gem. § 89b Abs. 1 S. 1 Nr. 1 HGB, dass der Unternehmer aus der Geschäftsbeziehung mit neuen Kunden, die der Handelsvertreter geworben hat, auch nach der Beendigung des Vertragsverhältnisses erhebliche Vorteile hat.[476] Der Begriff des Kunden ist weit zu fassen.[477] Kunde ist der Geschäftspartner des Unternehmers, der die Erzeugnisse des Unternehmers erwirbt oder dessen Dienstleistungen in Anspruch nimmt.[478] Neu ist ein Kunde, wenn er zuvor hinsichtlich der Gattung der Produkte, die Gegenstand der vom Handelsvertreter vermittelten oder abgeschlossenen Geschäfte sind, nicht in einer Geschäftsbeziehung zum Unternehmer stand.[479] Dabei ist eine branchenbezogene Betrachtung vorzunehmen.[480]

---

473 BGH v. 13.5.1957 – II ZR 318/56 –, BGHZ 24, 214, 218.

474 BGH v. 13.5.1957 – II ZR 318/56 –, BGHZ 24, 214, 222 f. Der BGH verweist darauf, dass der Handelsvertreter im Zeitpunkt der Beendigung seine Leistung (Zuführung des Kundenstamms) erbracht hat sowie auf Billigkeitsgesichtspunkte.

475 ABl. EG Nr. C 56 vom 2.3.1979, S. 5.

476 Ausführlich dazu *Thume,* in Röhricht/Graf von Westphalen/Haas, HGB, § 89b Rn. 72.

477 *Wauschkuhn,* in Flohr/Wauschkuhn, Vertriebsrecht, § 89b HGB Rn. 62.

478 *Von Hoyningen-Huene,* in MünchKomm HGB, § 89b Rn. 55.

479 *Wauschkuhn,* in Flohr/Wauschkuhn, Vertriebsrecht, § 89b HGB Rn. 66.

480 *Löwisch,* in Ebenroth/Boujong/Joost/Strohn, HGB, § 89b Rn. 76; *Wauschkuhn,* in Flohr/Wauschkuhn, Vertriebsrecht, § 89b HGB Rn. 66.

Neuer Kunde kann daher auch sein, wer mit dem Unternehmer in Bezug auf andersartige Produkte in Geschäftsbeziehung steht.[481] Zu den „neuen Kunden" gehören nicht nur Kunden, zu denen der Unternehmer bisher keinen geschäftlichen Kontakt hatte, sondern unter Umständen auch wiedergewonnene oder reaktivierte Altkunden.[482] „Geworben" i. S. von § 89b Abs. 1 S. 1 Nr. 1 HGB ist ein Kunde durch den Handelsvertreter, wenn dessen Tätigkeit zumindest mitursächlich für eine Geschäftsverbindung zwischen dem Kunden und dem Unternehmer geworden ist[483]. Insoweit ist erforderlich, dass ein Kundenstamm vorhanden ist, der sich durch erkennbare Beständigkeit kennzeichnet.[484] Zu Stammkunden in diesem Sinne zählen alle Kunden, die in einem überschaubaren Zeitraum mehr als nur einmal ein Geschäft mit dem Unternehmer abgeschlossen haben oder voraussichtlich abschließen werden.[485]

Der Werbung eines neuen Kunden steht es gleich, wenn der Handelsvertreter die Geschäftsverbindung mit einem Kunden so wesentlich erweitert hat, dass dies wirtschaftlich der Werbung eines neuen Kunden entspricht (§ 89b Abs. 1 S. 2 HGB). Die wesentliche Erweiterung der Geschäftsverbindung kann sowohl durch eine qualitative, also zum Beispiel durch den Vertrieb der Produkte einer anderen Branche, als auch durch quantitative Umsatzsteigerung begründet werden.[486] Der Vorteil für den Unternehmer liegt dabei in der Möglichkeit, nach Beendigung des Handelsvertretervertrages ohne Zahlung einer Provision an den Handelsvertreter, die von diesem geschaffenen Geschäftsverbindungen nutzen zu können.[487] Für den Unternehmer besteht eine Aussicht auf Unternehmensgewinn ohne gleichzeitige Provisionszahlungspflicht.[488] Es ist also eine Prognose vorzunehmen, ob die neuen Kunden voraussichtlich mit dem Unternehmer weitere Geschäfte

---

481 *Löwisch,* in Ebenroth/Boujong/Joost/Strohn, HGB, § 89b Rn. 76.

482 *Wauschkuhn,* in Flohr/Wauschkuhn, Vertriebsrecht, § 89b HGB Rn. 66. Zur Reaktivierung von Altkunden nach dem 2. Weltkrieg OLG Nürnberg v. 29.9.1964 – 2 U 96/62 –, BB 1964, 1400; *Löwisch,* in Ebenroth/Boujong/Joost/Strohn, HGB, § 89b Rn. 77; *von Hoyningen-Huene,* in MünchKomm HGB, § 89b Rn. 58.

483 BGH v. 10.7.2002 – VIII ZR 58/00 –, NJW-RR 2002, 1548, 1551.

484 *K. Schmidt,* Handelsrecht, § 27 V Rn. 76.

485 *Reichelsdorfer,* in Haag/Löffler, HGB, § 89b Rn. 8.

486 BGH v. 3.06.1971 – VII ZR 23/70 –, BGHZ 56, 242, 245; *Wauschkuhn,* in Flohr/Wauschkuhn, Vertriebsrecht, § 89b HGB Rn. 79.

487 BGH v. 15.11.1984 – I ZR 79/82 –, NJW 1985, 860, 861; *von Hoyningen-Huene,* in MünchKomm HGB, § 89b Rn. 71.

488 *U. Müller,* in Saenger/Aderhold/Lenkaitis/Speckmann, Handels- und Gesellschaftsrecht, 1. Teil § 1, F. Rn. 720.

abschließen werden.[489] Im Rahmen der Prognoseentscheidung ist die Entwicklung der vom Handelsvertreter hergestellten Geschäftsbeziehungen zu prüfen.[490] Es stellt sich die Frage, wie lange und im welchem Umfang die Geschäfte zwischen dem Unternehmer und dem vom Handelsvertreter aufgebauten Kundenstamm voraussichtlich fortgesetzt werden.[491]

Von erheblichen Vorteilen für den Unternehmer aus solchen Geschäftsverbindungen kann gesprochen werden, wenn hierdurch eine Wertsteigerung für das Unternehmen eingetreten ist.[492] Für die Erheblichkeit kommt es nicht auf das Verhältnis zwischen dem Gesamtumsatz des Unternehmers und dem vom Handelsvertreter vermittelten Umsatz an.[493] Maßgeblich ist, welchen Umsatz und Gewinn der Unternehmer aus den fortbestehenden Geschäftsverbindungen zieht. Dabei ist ein Vergleich vorzunehmen zwischen dem Umfang der Geschäfte des Unternehmers in dem Bezirk des ausgeschiedenen Handelsvertreters vor Beginn dessen Tätigkeit und dem Umfang nach Beendigung des Handelsvertretervertrages unter Berücksichtigung der vom Handelsvertreter geworbenen Kunden.[494]

C. Provisionsverluste des Handelsvertreters

Als weiteres Tatbestandsmerkmal für die Entstehung des Ausgleichsanspruchs enthält § 89b Abs. 1 Nr. 2 HGB in der Fassung bis zur Gesetzesänderung vom

489 BGH v. 10.7.2002 – VIII ZR 58/00 –, NJW-RR 2002, 1548, 1551. Für die Anwendung des § 89b HGB genügt grundsätzlich nicht die bloße Werbung bei Dritten, die nicht selbst Vertragspartner des Unternehmers werden, sondern nur einen unmittelbaren oder mittelbaren Einfluss auf die Kaufentscheidung haben. Denn Sinn der Regelung des Ausgleichsanspruchs ist es, dem Handelsvertreter eine Gegenleistung für den von ihm geschaffenen Kundenstamm zu verschaffen, den der Unternehmer wirtschaftlich weiter nutzen kann. BGH v. 11.10.1990 – I ZR 32/89 –, NJW-RR 1991, 156, 157 f.

490 BGH v. 15.10.1992 – I ZR 173/91 –, BB 1992, 2385; *Busche,* in Oetker, HGB, § 89b Rn. 15; *Wauschkuhn,* in Flohr/Wauschkuhn, Vertriebsrecht, § 89b HGB Rn. 121.

491 BGH v. 15.10.1992 – I ZR 173/91 –, BB 1992, 2385.

492 Eine Umsatzsteigerung ist nicht Voraussetzung für die Erheblichkeit. Ein Vorteil kann sogar bei einer Umsatzminderung vorliegen. Diese kann aber u.U. im Rahmen der Biligkeitsprüfung nach § 89b Abs. 1 S. 1 Nr. 2 HGB berücksichtigt werden. Vgl. *Reichelsdorfer,* in Haag/Löffler, HGB, § 89b Rn. 16.

493 *Sonnenschein/Weitemeyer,* in Heymann, HGB, § 89b Rn. 30.

494 Begründung zum Entwurf eines Gesetzes zur Änderung des Handelsgesetzbuches (Recht der Handelsvertreter) vom 15.11.1952, BT- Drucks. 1/3856, S. 35.

31.7.2009[495], dass der Handelsvertreter infolge der Beendigung des Vertragsverhältnisses Ansprüche auf Provision verliert, die er bei Fortsetzung desselben aus bereits abgeschlossenen oder künftig zustande kommenden Geschäften mit den von ihm geworbenen Kunden hätte.[496] Während des Bestehens des Handelsvertreterverhältnisses hat ein Handelsvertreter nach § 87 Abs. 1 Satz 1 HGB Anspruch auf Provision für alle von ihm abgeschlossenen Geschäfte, die auf seine Tätigkeit zurückzuführen sind oder mit Dritten abgeschlossen werden, die er als Kunden für Geschäfte der gleichen Art geworben hat.[497] Kommen solche Folgegeschäfte ohne Mitwirkung des Handelsvertreters nach Beendigung des Vertragsverhältnisses zustande, führt dies i.d.R. zu einem durch die Beendigung des Handelsvertretervertrages entstehenden Provisionsverlust.[498] Bei der Feststellung des dem Handelsvertreter entstehenden Nachteils ist nach der Rechtsprechung des BGH davon auszugehen, dass das Vertragsverhältnis fortgesetzt worden wäre. Der BGH geht von dem für den Unternehmer geschaffenen Vorteil und den von dem Handelsvertreter erlittenen Verlusten aus und bestimmt die Größe dieser beiden Faktoren durch eine Zukunftsprognose.[499] Der Gesetzgeber hat die Fiktion des Fortbestehens des Vertrags lediglich dahin eingeschränkt, dass das Vertragsverhältnis nur bezüglich der Geschäfte als fortbestehend gelten solle, die mit Kunden zustande kommen, die von dem Handelsvertreter geworben sind. Die Aussicht, weitere Kunden zu gewinnen, kann nach der Rechtsprechung des BGH dagegen nach dem klaren Gesetzesinhalt nicht herangezogen werden.[500] Zu den Nachteilen, die sich aus der Beendigung des Vertragsverhältnisses ergeben, gehört neben dem Verlust der Provision für Nachbestellungen auch der Verlust der Möglichkeit, mit dem geschaffenen Kundenstamm weitere

---

495 Die Neufassung ist am 05.08.2009 in Kraft getreten, Art. 8 des Gesetzes zur Neuregelung der Rechtsverhältnisse bei Schuldverschreibungen aus Gesamtemissionen und zur verbesserten Durchsetzbarkeit von Ansprüchen von Anlegern aus Falschberatung vom 31.07.2009, BGBl. I, S. 2512, 2519.

496 Siehe zur alten Rechtslage *Küstner*, Der Ausgleichsanspruch des Handelsvertreters, 1961, S. 49 ff.

497 Siehe dazu Teil 4 unter A III der Arbeit.

498 § 89b HGB greift nur dann, wenn nicht bereits ein Provisionsanspruch nach § 87 Abs. 3 HGB besteht.

499 Ursprünglich sprach der BGH von Verhältnissen, die erst nach Beendigung eintreten, so in BGH v. 13.5.1957 – II ZR 19/57 –, BGHZ 24, 223, 227. Demgegenüber mussten die Verhältnisse in späteren Entscheidungen bei Beendigung bereits absehbar sein, vgl. BGH v. 6.8.1997 – VIII ZR 92/96 –, NJW 1998, 71 (Leitsatz).

500 BGH v. 13.5.1957 – II ZR 19/57 –, BGHZ 24, 223, 228; zum Versicherungsvertreter BGH v. 1.12.1960 – VII ZR 215/51 –, BB 1961, 189 f.

Geschäfte abzuschließen.[501] Der Ausgleichsanspruch wird dafür gewährt, dass der Handelsvertreter zwar durch die Provision im Falle eines neu geworbenen Kunden für das einzelne Geschäft mit diesem abgefunden ist, dass jedoch seine darüber hinausgehende Leistung, die in der Gewinnung eines Kunden für den Unternehmer besteht, noch nicht abgegolten ist.[502] Bedeutung hat dies insbesondere im Fall von Stammkunden. Stammkunden sind Mehrfachkunden, also solche Kunden, die in einem überschaubaren Zeitraum, in dem üblicherweise mit Nachbestellungen zu rechnen, ein oder mehrere Nachfolgegeschäfte mit dem Unternehmer abgeschlossen haben oder voraussichtlich abschließen werden.[503] Dieser Kundenstamm, den der Handelsvertreter verliert, kann ihm nicht nur die Aussicht geben, Provision ohne erneute Arbeit durch Nachbestellungen zu verdienen, sondern auch ermöglichen, durch neue, aber erleichterte Tätigkeit Geld zu verdienen. Ein Verlust liegt darin, dass die Möglichkeit wegfällt, auf leichtere Weise Geld zu verdienen.[504]

In Abgrenzung zu einem aus einem Unternehmen ausscheidenden Arbeitnehmer verliert der Handelsvertreter nicht nur die Möglichkeit, durch weitere Arbeit Geld zu verdienen. Der Handelsvertreter hat in der Regel mit seinem Ausscheiden den Gegenwert für die von ihm durch Werbung neuer Kunden geschaffene Wertsteigerung noch nicht erhalten.[505] Dem für den Handelsvertreter eintretenden Verlust entspricht der Vorteil des Unternehmers.[506]

D. Billigkeitsprüfung

Nach § 89b Abs. 1 S. 1 Nr. 3 HGB in der Fassung bis zur Gesetzesänderung vom 31.7.2009[507] kann der Handelsvertreter einen angemessener Ausgleich verlangen, wenn und soweit die Zahlung eines Ausgleichs unter Berücksichtigung aller Umstände der Billigkeit entspricht. Der Billigkeitsgrundsatz beinhaltet eine

501 BGH v. 27.10.1960 – II ZR 1/59 –, NJW 1961, 120, 121.

502 Vgl. dazu die Ausführungen zur Rechtsnatur in Teil 5 der Arbeit.

503 Exemplarisch aus der Rechtsprechung zu Stammkunden im Tankstellengeschäft BGH v. 6.8.1997 – VIII ZR 150/96 –, NJW 1998, 66, 68. *Von Hoyningen-Huene*, in MünchKomm HGB, § 89b Rn. 67.

504 BGH v. 13.5.1957 – II ZR 19/57 –, BGHZ 24, 223, 228 f.

505 BGH v. 13.5.1957 – II ZR 19/57 –, BGHZ 24, 223, 229.

506 In diesem Sinne die Gesetzesbegründung BT-Drs. 1/3856, S. 35.

507 In der ab 5.8.2009 gültigen Neufassung ist die Billigkeitsprüfung in § 89b Abs. 1 S. 1 Nr. 2 HGB geregelt, BGBl. I, S. 2512, 2519.

selbständige Anspruchsvoraussetzung und ist mithin neben den anderen Tatbestandsmerkmalen schon bei der Anspruchsbegründung zu prüfen.[508]

I. Keine Begründung eines Ausgleichsanspruchs durch Billigkeitsgesichtspunkte

Nach langjähriger der Rechtsprechung des BGH ist stets nach § 89b Abs. 1 S. 1 Nr. 1 und 2 HGB zunächst die Vorteils- und Verlustberechnung vorzunehmen. Erst wenn auf diese Weise die erforderliche Grundlage für einen Ausgleichsanspruch gewonnen ist, kommt eine Überprüfung des Ergebnisses nach Billigkeitsgrundsätzen (§ 89b Abs. 1 S. 1 Nr. 3 HGB) in Frage. Die Billigkeitsprüfung ist also an das Ergebnis der Vorteils- und Verlustberechnung anzuschließen.[509] Das bedeutet, dass der Zahlungsanspruch nicht erst durch Billigkeitsgesichtspunkte begründet werden kann.[510]

II. Einbeziehung von vertragsbezogenen und vertragsfremden Umständen

Nach dem Wortlaut sind alle Umstände im Rahmen der Billigkeitsprüfung zu berücksichtigen. Einigkeit besteht darüber, dass sachfremde und willkürliche Umstände keine billigkeitserheblichen Tatsachen sind.[511] Umstritten ist, ob neben vertragsbezogenen Umständen auch vertragsfremde, insbesondere personenbezogene Umstände in die Billigkeitsprüfung einzubeziehen sind.[512] Als außerhalb des Vertragsverhältnisses liegend kommen auch die wirtschaftlichen Verhältnisse der Beteiligten und sonstige soziale Gesichtspunkte in Betracht. Nach *Hopt*[513] sollen grundsätzlich nur Umstände einbezogen werden, die mit der Einbindung des Handelsvertreters in die Gegebenheiten zusammenhingen, aus denen der

---

508 Exemplarisch aus der Rechtsprechung BGH v. 15.2.1965 – VII ZR 194/63 –, NJW 1965, 1134, 1135; *Emde*, in Staub, Großkommentar HGB, § 89b Rn. 154 ff; *ders*, Vertriebsrecht, § 89b Rn. 154 ff.; *Hoffmann*, Der Ausgleichsanspruch der Handelsvertreter, 1966, S. 57 ff; *von Hoyningen-Huene*, in MünchKomm HGB, § 89b Rn. 84; *Semler*, in Martinek/Semler/Habermeier/Flohr, Handbuch des Vertriebsrechts, § 20 Rn. 41 ff.

509 BGH v. 15.2.1965 – VII ZR 194/63 –, NJW 1965, 1134, 1135; BGH v. 19.11.1970 – VII ZR 47/69 –, BGHZ 55, 45, 54 f. gegen Billigkeitsabschlag vom Höchstbetrag nach § 89b Abs. 2 HGB.

510 BGH v. 10.5.1984 – I ZR 36/82 –, NJW 1985, 58, 59.

511 *Emde*, Vertriebsrecht, § 89b Rn. 165.

512 *Emde*, Vertriebsrecht, § 89b Rn. 165; *Hiekel*, Der Ausgleichsanspruch des Handelsvertreters und des Vertragshändlers, 1985, S. 69 ff.

513 *Hopt*, in Baumbach/Hopt, HGB, § 89b Rn. 43.

Ausgleich vom Gesetz gewährt wird. Folglich sollen Alter, Krankheit, Vermögenslage der Parteien, Zahl der Kinder, etc. als billigkeitsbestimmende Merkmale ausscheiden.[514]

Nach anderer Auffassung sind vertragsfremde Umstände nicht per se ausgeschlossen aber weniger geeignet.[515] Nach Art. 17 Abs. 2a der Richtlinie des Rates 86/653/EWG sei für einen Ausgleichanspruch ebenso Voraussetzung, dass die Zahlung unter Berücksichtigung aller Umstände, insbesondere der dem Handelsvertreter aus Geschäften mit diesen Kunden entgehenden Provisionen, der Billigkeit entspricht.[516] Der BGH schließt vertragsfremde Umstände nicht von vorneherein aus den abwägungsrelevanten Umständen aus.[517] Er sieht alle Umstände, also u.U. auch die wirtschaftliche Lage und die sozialen Verhältnisse beider Teile für nach § 89b Abs. 1 Nr. 3 HGB berücksichtigungsfähig an.[518] So könne der Unternehmer etwa geltend machen, die Zahlung eines größeren Ausgleichsbetrages würde die Weiterführung seines Betriebs gefährden. Der BGH hat keine Bedenken, dass je nach Sachlage auch der wirtschaftlichen Lage und den sozialen Verhältnissen des Handelsvertreters eine gewisse Bedeutung beizumessen ist, wenn das neben anderen Umständen des Falles billig erscheint. Eine wesentliche Bedeutung wird ihnen allerdings wohl nur dann zukommen, wenn sich ihre Berücksichtigung den Umständen nach besonders aufdrängt.[519] Somit sind dem Grunde nach die gesamten persönlichen und sachlichen Besonderheiten des Einzelfalls in die Billigkeitsprüfung einzubeziehen.[520]

---

514 *Hopt,* in Baumbach/Hopt, HGB, § 89b Rn. 43; so schon *Meyer,* BB 1955, 299; *Küstner,* Der Ausgleichsanspruch des Handelsvertreters, 1961, S. 58; *ders,* BB 1963, 1147, 1148; *Grundmann,* Der Treuhandvertrag, 1997, S. 378.

515 *Emde,* Vertriebsrecht, § 89b Rn. 165.

516 *Emde,* Vertriebsrecht, § 89b Rn. 165.

517 BGH v. 15.02.1965 – VII ZR 194/63 –, BGHZ 43, 154, 161 f.

518 BGH v. 15.02.1965 – VII ZR 194/63 –, BGHZ 43, 154, 162. Die Frage hatte er in BGH v. 5.2.1959 – II ZR 107/57 –, BGHZ 29, 275, 280 offen gelassen.

519 BGH v. 15.02.1965 – VII ZR 194/63 –, BGHZ 43, 154, 161 f.

520 *Canaris,* Handelsrecht, § 15 Rn. 113; *Roth,* in Koller/Roth/Morck, HGB, § 89b Rn. 11a; *von Hoyningen-Huene,* in MünchKomm HGB, § 89b Rn. 88, 121; stark einschränkend *Hopt,* in Baumbach/Hopt, HGB, § 89b Rn. 43.

E. Prognoseentscheidung durch prüfendes Gericht

I. Festlegung eines Prognosezeitraums

Der BGH hat die bei der Bemessung des Ausgleichsanspruchs anzustellenden Erwägungen in zahlreichen Entscheidungen seit der Einführung des Ausgleichsanspruchs in das HGB vom 6. August 1953 entwickelt.[521] Der Gesetzgeber habe mit der Einführung dem Richter aufgegeben, eine Prognose über die zukünftige Entwicklung des Geschäfts zu stellen und danach zu ermitteln, welche Vorteile ein Unternehmer aus dem vom Handelsvertreter geworbenen Kundenstamm hat und welche Provision der Handelsvertreter bei Fortsetzung des Vertretungsverhältnisses aus Geschäften mit diesen Kunden noch erzielt hätte.[522] § 89b HGB sieht keine Begrenzung des Zeitraums vor, der hierbei zu berücksichtigen ist. Es muss sich allerdings nach Ansicht des BGH um eine übersehbare, in ihrer Entwicklung noch schätzbare Zeitspanne handeln.[523] Es sei daher im Einzelfall zu ermitteln, wie lange die durch Neuwerbung von Kunden eingeleiteten Geschäftsverbindungen zwischen diesen und dem Unternehmer noch erwartungsgemäß fortgesetzt werden.[524] Einen wichtigen Anhaltspunkt bildet in der Regel nach der Rechtsprechung des BGH, welche Geschäfte die neu geworbenen Kunden schon während des Bestehens des Handelsvertretervertrages in einem bestimmten Zeitraum abgeschlossen haben. Auf dieser Basis kann die zukünftige Entwicklung abgeschätzt werden.[525] Es macht demnach einen Unterschied, ob Erzeugnisse mit einem gewissen Monopolcharakter vertrieben werden oder Erzeugnisse, die in starkem Wettbewerb stehen, so dass eher mit einem Abspringen geworbener Kunden zu rechnen ist. Der Richter trifft also vorausschauend eine mit zahlreichen Unsicherheiten belastete Beurteilung, die auf allgemeiner Marktbeobachtung und Erkenntnissen hinsichtlich konkreter Geschäftsbeziehungen basiert.[526]

---

521 BGH v. 3.6.1971 – VII ZR 23/70 –, BGHZ 56, 242, 246 ff.; BGH v. 29.3.1990 – I ZR 2/89 –, NJW 1990, 2889; BGH v. 13.1.2010 – VIII ZR 25/08 –, NJW-RR 2010, 1263 (Berechnung des Ausgleichsanspruchs eines Vertragshändlers).

522 Im Gegensatz zum österreichischen Recht vgl. *Gessler*, Der Ausgleichsanspruch der Handels- und Versicherungsvertreter, 1953, S. 11; *Habscheid* in Festschrift für Schmidt-Rimpler S. 340 f.

523 BGH v. 27.10.1960 – II ZR 1/59 –, NJW 1961, 120, 121.

524 BGH v. 15.10.1992 – I ZR 173/91 –, BB 1992, 2385.

525 Grundlegend BGH v. 27.10.1960 – II ZR 1/59 –, NJW 1961, 120, 121. Zur Berechnung des Stammkundenumsatzanteils bei Tankstellen BGH v. 12.9.2007 – VIII ZR 194/06 –, BB 2007, 2475, 2476 ff.

526 BGH v. 27.10.1960 – II ZR 1/59 –, NJW 1961, 120, 121.

II. Prüfung der Vorteile des Unternehmers und der Nachteile des Handelsvertreters

Das Gericht prüft im Rahmen des festgelegten Prognosezeitraums die Bemessungsgrundlagen, also die Vorteile des Unternehmers und die Nachteile des Handelsvertreters. Konnte der Unternehmer etwa den Umsatz mit dem vom ausgeschiedenen Handelsvertreter überlassenen Kundenstamm nach dessen Ausscheiden steigern, so ist dieser Vorteil des Unternehmens nach der Rechtsprechung des BGH den Provisionsverlusten des Handelsvertreters gegenüberzustellen.[527] Ein Umsatzrückgang nach dem Ausscheiden des Handelsvertreters ist bei der Bemessung des Ausgleichsanspruchs auch dann zu berücksichtigen, wenn er dem Handelsvertreter nicht angelastet werden kann.[528] Der Bemessung der Provisionsverluste ist die Bruttoprovision zugrunde zu legen.[529] Mit Blick auf die Nachteile des Handelsvertreters ist zu beachten, ob sich unter den Unkosten des Handelsvertreters nicht solche Aufwendungen befinden, die vom Umsatz nicht abhängig sind. Das können z.B. Kosten für Löhne, Gehälter und Bürounkosten oder auch Versicherungsauslagen sein.[530] Die Frage, ob und wieweit ersparte Betriebsunkosten den Verlust des Handelsvertreters mindern, ist im Rahmen der Billigkeit zu berücksichtigen. Bei diesen Billigkeitserwägungen könne jedoch nicht streng nur auf den reinen Verdienst des Handelsvertreters abgestellt werden.[531] Vielmehr sei auch der Sinn und Zweck des Ausgleichsanspruchs zu beachten. Der Handelsvertreter soll für einen auf seiner Tätigkeit beruhenden, ihm aber infolge der Beendigung des Vertragsverhältnisses nicht mehr vergüteten Vorteil, wie er in der Schaffung des Kundenstammes liegt, eine Gegenleistung erhalten.[532] Es handele sich somit um eine durch Billigkeitsgesichtspunkte beeinflusste nachträgliche Vergütung.[533] Mit dem Ausgleichsanspruch erhält der Handelsvertreter für den von ihm erwirtschafteten Vorteil des Unternehmers eine Gegenleistung, die er regelmäßig mit großen Aufwendungen verdient hat.[534]

527 Umsatzsteigerung von 15 % nach dem Ausscheiden des Handelsvertreters etwa in BGH v. 27.10.1960 – II ZR 1/59 –, NJW 1961, 120, 121.

528 BGH v. 3.6.1971 – VII ZR 23/70 –, BGHZ 56, 242, 247.

529 BGH v. 11.12.1958 – II ZR 73/57 –, BGHZ 29, 83, 92.

530 BGH v. 27.10.1960 – II ZR 1/59 –, NJW 1961, 120, 121.

531 BGH v. 11.12.1958 – II ZR 73/57 –, BGHZ 29, 83, 92.

532 BGH v. 13.5.1957 – II ZR 318/56 –, BGHZ 24, 214, 222. Zur Rechtsnatur des Ausgleichsanspruchs vgl. Teil 5.

533 BGH v. 27.10.1960 – II ZR 1/59 –, NJW 1961, 120, 121.

534 So bereits im Sinne eines Vergütungsanspruchs BGH v. 27.10.1960 – II ZR 1/59 –, NJW 1961, 120, 121.

III. Prognosezeitpunkt

Nach langjähriger Rechtsprechung des BGH waren bei der Bemessung der Höhe des Ausgleiches im Rahmen der Billigkeit gegebenenfalls auch Umstände zu berücksichtigen, die erst nach Entstehung des Anspruchs eingetreten sind.[535] Unter Abweichung von dieser Rechtsprechung geht der BGH seit der Entscheidung v. 8.11.1990[536] davon aus, dass der Ausgleichsanspruch mit der Beendigung des Handelsvertreterverhältnisses entsteht und fällig wird.[537] Grundlage seiner Berechnung könne somit nur eine zu diesem Zeitpunkt zu stellende Prognose sein, die sich als richtig oder unrichtig erweisen, aber nicht durch später eintretende Umstände ändern kann. Solche Umstände können deshalb nur dann in die Prognose einfließen, wenn sie im Zeitpunkt der Vertragsbeendigung bereits abzusehen sind. Von unvorhergesehenen tatsächlichen Entwicklungen kann die Höhe des bereits entstandenen Anspruchs dagegen nicht mehr beeinflusst werden. Anderenfalls wäre die Konsequenz, dass die eine oder die andere Partei Rückzahlungs- bzw. Nachzahlungsansprüche geltend machen könnten, falls sich die Prognose nachträglich als unzutreffend erweist. Diese Konsequenz lehnt der BGH unter Hinweis auf einige Stimmen im Schrifttum ab[538].

IV. Berechnung des Ausgleichsbetrages nach § 89b Abs. 1 HGB alter Fassung

1. Ermittlung des Rohausgleichs

Ausgangspunkt des BGH bei der Berechnung des Ausgleichsanspruchs ist der sog. Rohausgleich. Der „Rohausgleich" ist der Wert, der sich aus den Unternehmervorteilen, den Provisionsverlusten des Handelsvertreters und unter Billigkeitsgesichtspunkten ergibt.[539]

---

535 BGH v. 28.01.1965 – VII ZR 120/63 –, NJW 1965, 1136.

536 BGH v. 8.11.1990 – I ZR 269/88 –, NJW-RR 1991, 481, 482.

537 BGH v. 8.11.1990 – I ZR 269/88 –, NJW-RR 1991, 481, 482; bestätigt durch BGH v. 6.8.1997 – VIII ZR 92/96 –, NJW 1998, 71, 75; zum Streit, ob der Ausgleichsanspruch schon am Tag der Vertragsbeendigung fällig wird und den Folgen für den Verjährungsbeginn *Küstner/v. Manteuffel/Evers,* Der Ausgleichsanspruch des Handelsvertreters, 1998, S. 100 m. w. N.

538 BGH v. 6.8.1997 – VIII ZR 92/96 –, NJW 1998, 71,75.

539 Vgl. BGH v. 25.11.1998 – VIII ZR 221/97 –, NJW 1999, 946, 948; BGH v. 20.11.2002 – VIII ZR 146/01 –, BGHZ 153, 6, 15.

a. Provisionsverluste

Der Rohausgleich wird nach ständiger Rechtsprechung des BGH[540] auf der Grundlage der Provisionen ermittelt, die der Handelsvertreter in den letzten zwölf Monaten seiner Tätigkeit erzielt hat. In die Ausgleichsberechnung einzubeziehen sind nur Vermittlungs- bzw. Abschlussprovisionen, die auf Geschäften mit Neukunden bzw. auf intensivierten Altkunden beruhen.[541] Der BGH erkennt z.B. in Fällen von Tankstellenbetreibern, die als Handelsvertreter einzustufen sind, als Provisionen im Sinne des § 89b Abs. 1 HGB nur die Abschlussprovisionen an[542]. Nicht ausgleichsrelevant sind danach Provisionen, die für die Verwaltung des vom Handelsvertreter geworbenen oder ihm vom Unternehmen übertragenen Bestandes an Kunden gewährt werden. Für die Bestimmung der bei der Bemessung eines Handelsvertreterausgleichs zu berücksichtigenden Provisionsanteile kommt es demnach, sofern hinreichende vertragliche Absprachen nicht vorhanden sind, auf das tatsächliche Verhältnis zwischen werbender und verwaltender Tätigkeit an.[543]

aa. Abgrenzung zwischen werbender und verwaltender Tätigkeit

Wesentliche Aufgabe des Handelsvertreters ist nach der Rechtsprechung des BGH die vermittelnde oder werbende Tätigkeit. Der Berechnung des Ausgleichsanspruchs sind all diejenigen Provisionen und Provisionsanteile zu Grunde zu legen, die der Handelsvertreter für seine auf die Schaffung des Kundenstamms gerichteten Bemühungen erhält.[544] Verwaltende Tätigkeiten sind solche, die für den Begriff des Handelsvertreters nicht wesentlich sind und für die Werbung des Kundenstamms keine entscheidende Rolle spielen.[545] Tätigkeiten, die ausschließlich verwaltenden Zwecken dienen, sind bei der Ausgleichsberechnung nicht zu

---

540 BGH v. 25.11.1998 – VIII ZR 221/97 –, NJW 1999, 946, 948; BGH v. 20.11.2002 – VIII ZR 146/01 –, BGHZ 153, 6, 15; BGH v. 6.10.2010 – VIII ZR 210/07 –, NJW-RR 2011, 389, 391. Siehe dazu auch *Emde,* VersR 2006, 1592, 1596.

541 *Von Hoyningen-Huene,* in MünchKomm HGB, § 89b Rn. 87.

542 Exemplarisch BGH v. 19.01.2011 – VIII ZR 149/09 –, Rn. 18 juris.

543 Vgl. auch zur Darlegungslast BGH v. 19.01.2011 – VIII ZR 149/09 –, Rn. 18 juris. Siehe zur Abgrenzung der Vermittlungs- und Abschlussprovisionen gegenüber den Verwaltungs- und Bestandspflegeprovisionen Teil 4 unter A III 3.

544 BGH v. 6.8.1997 – VIII ZR 150/96 –, NJW 1998, 66, 69; BGH v. 6.8.1997 – VIII ZR 92/96 –, NJW 1998, 71, 73; OLG Köln v. 04.11. 2011 – 19 U 79/10 –, Rn. 170 juris.

545 Vgl. OLG Köln v. 04.11. 2011 – 19 U 79/10 –, Rn. 170 juris.

berücksichtigen.[546] Kennzeichnend für eine werbende Funktion ist danach, dass sich die Tätigkeiten im Allgemeinen vor den Augen des Kunden abspielen oder deren Ergebnisse sich dem Kunden darstellen. Dies treffe etwa auf Maßnahmen im Hinblick auf den Zustand, die Ordnung und Sauberkeit der Handelsvertretung sowie die Einstellung, Führung und Überwachung der Mitarbeiter zu, da sie für die Schaffung des Kundenstamms von Bedeutung seien.[547] Nicht ausgleichfähig sind demgegenüber Provisionen für verwaltende Tätigkeiten wie etwa für das Lagern und Ausliefern von Waren[548] oder für Regalpflegedienste[549].

Für die Berechnung des Provisionsverlustes des Handelsvertreters nach § 89 Abs. 1 Nr. 2 HGB a.F. sind die um die Verwaltungsanteile bereinigten Bruttoprovisionen zu berücksichtigen.[550] Bei atypischem Verlauf des letzten Vertragsjahres muss auf vorhergehende repräsentative Jahre und unter Umständen auf einen längerfristigen Jahresdurchschnitt zurückgegriffen werden.[551] Bei kürzerer Dauer des Handelsvertretervertrages als ein Jahr sind nur Provisionen zu berücksichtigen, die dem Handelsvertreter während der Vertragsdauer zugeflossen sind.[552]

bb. Abwanderungsquote

Zu beachten ist, dass der Kundenstamm einer Fluktuation unterliegt. Nach ständiger Rechtsprechung des BGH ist für jedes Jahr eine Quote zu berücksichtigen für Kunden, die ihre Geschäftsbeziehungen zum Unternehmer lösen.[553] Zu ermitteln ist eine Abwanderungsquote aus der Zeit vor Vertragsbeendigung,

---

546 Vgl. BGH v. 6.8.1997 - VIII ZR 150/96 -, NJW 1998, 66, 69; BGH v. 6.8.1997 - VIII ZR 92/96 -, NJW 1998, 71, 73. *Emde*, ZVertriebsR 2012, 137, 138 äußert sich kritisch im Hinblick darauf, dass verwaltende Vergütungsbestandteile in die Ausgleichsberechnung nicht einbezogen werden. Die EG-Handelsvertreter-Richtlinie kenne eine derartige Unterscheidung nicht. Vgl. auch *Kindler/Menges*, DB 2010, 1109, 1115. Siehe dazu Teil 7 der Arbeit unter C III.

547 Vgl. BGH v. 6.8.1997 - VIII ZR 150/96 -, NJW 1998, 66, 69.

548 BGH v. 3.6.1971 - VII ZR 23/70 -, BGHZ 56, 242, 248.

549 OLG Hamm v. 21.11.1997 - 35 U 55/96 -, Rn. 4 juris. Weitere Beispiele bei *Löwisch*, in Ebenroth/Boujong/Joost/Strohn, HGB, § 89b Rn. 92.

550 BGH v. 11.12.1958 - II ZR 73/57 -, BGHZ 29, 83, 92 f.

551 BGH v. 26.2.1997 - VIII ZR 272/95 -, BGHZ 135, 14, 23. Für die Ermittlung eines Ausgleichsanspruchs im Falle einer Handelsvertreterbeschäftigung im Rotationsverfahren BGH v. 28.4.1999 VIII ZR 354/97 -, BGHZ 141, 248, 252.

552 *Von Hoyningen-Huene*, in MünchKomm HGB, § 89b Rn. 131.

553 Exemplarisch BGH v. 28.4.1999 - VIII ZR 354/97 -, BGHZ 141, 248, 253 f.; BGH v. 6.8.1997 - VIII ZR 150/96 -, NJW 1998, 66, 70.

wobei die Umsatzminderung für jeden abgewanderten Kunden entscheidend ist.[554] Anhand dieser Grundlagen war nach langjähriger Rechtsprechung des BGH zu § 89 Abs. 1 Nr. 2 HGB a.F. der Provisionsverlust des Handelsvertreters zu errechnen. Er beträgt nach diesen Grundsätzen für das erste Jahr nach Beendigung des Handelsvertretervertrages die ermittelte Jahresprovision abzüglich der Abwanderungsquote. Für das zweite Jahr nach Vertragsbeendigung berechnet sich der Provisionsverlust, indem von dem des ersten Jahres erneut die Abwanderungsquote abgezogen wird. Auch für das dritte Jahr und die nachfolgenden Jahre wird jeweils der Provisionsverlust des Vorjahres abzüglich der Abwanderungsquote zugrunde gelegt, und zwar für so viele Jahre, wie der Handelsvertreter aus dem von ihm geschaffenen Kundenstamm noch hätte Vorteile ziehen können. Schließlich sind die Provisionsverluste der einzelnen Jahre zusammenzuziehen. Als Ergebnis erhält man den gesamten Provisionsverlust des Handelsvertreters.[555]

Da allgemeine Erfahrungswerte fehlen, die für alle Vertreterverträge gelten, kann die Kundenfluktuation aus der durchschnittlichen Abwanderungsquote der Vergangenheit ermittelt werden.[556] Es ist davon auszugehen, dass auch in Zukunft eine der Vergangenheit entsprechende Zahl von Kunden abwandern wird, es sei denn, zum Zeitpunkt des Vertragsendes ist eine abweichende Entwicklung konkret vorhersehbar.[557] Das Fehlen einer Fluktuation in der Vergangenheit legt demnach das Fehlen einer solchen in der Zukunft nahe, es sei denn, es bestehen im Prognosezeitraum Anhaltspunkte für das Abspringen einzelner oder aller Kunden. Der BGH lehnt eine schematische Abwanderungsquote etwa von jährlich 20 % innerhalb eines Prognosezeitraums von vier Jahren ab.[558] Der BGH hat aber gem. § 287 ZPO geschätzte Abwanderungsquoten ausdrücklich

---

554 BGH v. 28.4.1999 – VIII ZR 354/97 –, BGHZ 141, 248, 253 f.; BGH v. 6.8.1997 – VIII ZR 150/96 –, NJW 1998, 66, 70; *Busche,* in Oetker, HGB, § 89b Rn. 22; *Löwisch,* in Ebenroth/Boujong/Joost/Strohn, HGB, § 89b Rn 102; *U. Müller,* in Saenger/Aderhold/Lenkaitis/Speckmann, Handels- und Gesellschaftsrecht, 1. Teil § 1, F. Rn. 739; *Semler,* in Martinek/Semler/Habermeier/Flohr, Handbuch des Vertriebsrechts, § 20 Rn. 27 f.

555 So beschrieben von *Emde,* Vertriebsrecht, § 89b Rn. 376. Berechnungsbeispiele aus der Rechtsprechung: BGH v. 28.4.1999 – VIII ZR 354/97 –, BGHZ 141, 248, 252 ff.; BGH v. 6.8.1997 – VIII ZR 150/96 –, NJW 1998, 66, 71.

556 *Von Hoyningen-Huene,* in MünchKomm HGB, § 89b Rn. 136.

557 *Emde,* VersR 2006, 1592, 1597.

558 BGH v. 15.9.1999 – VIII ZR 137/98 –, NJW-RR 2000, 109.

gebilligt und festgestellt, dass die Ermittlung der Abwanderungsquote in erster Linie Aufgabe des Tatrichters sei.[559]

b. Unternehmervorteile

Den Provisionsverlusten des Handelsvertreters stehen regelmäßig die Vorteile des Unternehmers im Sinne des § 89b Abs. 1 Nr. 1 HGB gegenüber. Die Vorteile des Unternehmers aus dem durch den Handelsvertreter geschaffenen Kundenstamm müssen sich zwar nicht notwendig mit den Provisionsverlusten des Handelsvertreters decken. Zwischen den Vorteilen des Unternehmers und den Provisionsverlusten des Handelsvertreters besteht jedoch ein so enger Zusammenhang, dass im Wege einer Schätzung davon ausgegangen werden kann, dass die Unternehmervorteile des Unternehmers und die Provisionsverluste des Handelsvertreters gleich hoch sind.[560]

c. Herabsetzung des Ausgleichsanspruchs aus Billigkeitsgründen

aa. Sogwirkung einer Marke

In der Rechtsprechung des BGH wurde der Billigkeitsgrundsatz gemäß § 89b Abs. 1 Nr. 3 HGB a.F. regelmäßig als Korrektiv verwendet, um einen unangemessen hohen Ausgleich des Handelsvertreters zu verhindern.[561] Im Rahmen der Billigkeitserwägungen hat der BGH der Sogwirkung einer Marke eine besondere Bedeutung zugemessen.[562] Insbesondere in der Automobilbranche ist die Automarke für die Kaufentscheidung von erheblicher Bedeutung. In Anbetracht dessen rückt die Werbetätigkeit des Handelsvertreters durch die Sogwirkung einer Marke in den Hintergrund.[563] So hat der BGH im Bereich der Kfz-Händler

---

559 BGH v. 6.8.1997 – VIII ZR 92/96 –, NJW 1998, 71, 75.

560 BGH v. 29.3.1990 – I ZR 2/89 –, NJW 1990, 2889, 2891.

561 Exemplarisch die Herabsetzung des Anspruchs um 25 % aus Billigkeitsgründen BGH v. 6.10.2010 – VIII ZR 210/07 –, NJW-RR 2011, 389, 391 f.

562 BGH v. 06.10.1993 – VIII ZR 172/92 –, NJW-RR 1994, 99, 101. BGH v. 26.2.1997 – VIII ZR 272/95 –, NJW 1997, 1503, 1506. Die Abwägung der Ursächlichkeit von werbender Tätigkeit des Händlers und Sogwirkung des Produkts gehört zum Kernbereich tatrichterlichen Schätzungsermessens, so BGH v. 5.6.1996 – VIII ZR 141/95 –, NJW 1996, 2298, 2301 (hier Abschlag wegen der „Sogwirkung der Marke" von 10 %).

563 *Busche*, in Oetker, HGB, § 89b Rn. 23; *U. Müller*, in Saenger/Aderhold/Lenkaitis/Speckmann, Handels- und Gesellschaftsrecht, 1. Teil § 1, F. Rn. 744; *Semler*, in Martinek/Semler/Habermeier/Flohr, Handbuch des Vertriebsrechts, § 20 Rn. 65; *von Hoyningen-Huene*, in MünchKomm HGB, § 89b Rn. 113; *Wauschkuhn*, in Flohr/Wauschkuhn, Vertriebsrecht, § 89b HGB Rn. 166.

regelmäßig die Erhebung von Abzügen in Höhe von ca. 25 % gebilligt. Er überträgt die Würdigung der im Rahmen der Billigkeitsprüfung nach § 89b Abs. 1 Satz 1 Nr. 3 HGB a.F. zu berücksichtigenden Umstände dem Tatrichter, wobei dieser einen entsprechenden Abzug im Wege der Schätzung nach § 287 Abs. 2 ZPO vornehmen kann.[564] Im Schrifttum wurde anerkannt, dass Billigkeitsgründe den errechneten Ausgleichsbetrag des Handelsvertreters erhöhen und mindern können, wobei regelmäßig die Ausgleichshöhe in der Rechtsprechung des BGH nach unten korrigiert wird.[565]

bb. Alters- und Hinterbliebenenversorgung

Einen weiteren Billigkeitsabschlag hat der BGH in seiner langjährigen Rechtsprechung vorgesehen für eine vom Unternehmer finanzierte Altersversorgung. Nach der Rechtsprechung des BGH kann die einem Handels- oder Versicherungsvertreter gewährte Alters- und Hinterbliebenenversorgung, soweit sie aus Mitteln des Unternehmens finanziert wird, auf den Ausgleichsanspruch angerechnet werden, wenn das nach den gesamten Umständen des Falles der Billigkeit entspricht.[566] Übersteigt der Kapitalwert der Versorgungsrente im Einzelfall den Ausgleichsanspruch, so kann dieser unter Umständen sogar ganz entfallen.[567] Der BGH begründet dies mit der „funktionellen Verwandtschaft" zwischen Ausgleichsanspruch und Altersversorgung sowie mit der Überlegung, dass die Altersversorgung den „praktischen Zweck" einer Ausgleichszahlung übernimmt.[568]

cc. Ausnahme: Entstehung des Anspruchs aus Billigkeitsgründen

Der Ausgleichsanspruch wird auch hinsichtlich seiner Entstehung durch Gesichtspunkte der Billigkeit beeinflusst. Der BGH hat auch in seiner Entscheidung

---

564 So bereits BGH v. 15.11.1984 – I ZR 79/82 –, NJW 1985, 860, 861; BGH v. 6.10.2010 – VIII ZR 210/07 –, NJW-RR 2011, 389, 391 f. sowie zuletzt BGH v. 13.7.2011 – VIII ZR 17/09 –, NJW 2011, 3438, 3439. In diesem Sinne auch *Sonnenschein/Weitemeyer*, in Heymann, HGB, § 89b Rn. 42.

565 *Von Hoyningen-Huene*, in MünchKomm HGB, § 89b Rn. 136.

566 BGH v. 23.5.1966 – VII ZR 268/64 –, BGHZ 45, 268 (Leitsatz). Zur Minderung des Ausgleichsanspruchs durch Anrechnung der Altersversorgung des Vertreters ohne einzellfallbezogene Billigkeitsabwägung i.S.d. § 89b Abs. 1 S. 1 Nr. 3 HGB a.F. siehe BGH v. 8.5.2014 – VII ZR 282/12 –, DB 2014, 1425, 1426.

567 BGH v. 23.5.1966 – VII ZR 268/64 –, BGHZ 45, 268 (Leitsatz).

568 BGH v. 23.5.1966 – VII ZR 268/64 –, BGHZ 45, 268, 272 f.; BGH v. 23.2.1994 – VIII ZR 94/93 –, NJW 1994, 1350, 1351.

vom 13.5.1957[569] dem Billigkeitsgrundsatz Bedeutung für die Entstehung des Ausgleichanspruchs beigemessen. Darin führt der BGH aus, dass Erben grundsätzlich einen Ausgleichsanspruch geltend machen können, wenn das Vertragsverhältnis zwischen Unternehmer und Handelsvertreter durch den Tod des Handelsvertreters sein Ende gefunden hat. Es sei nicht einzusehen, warum der Unternehmer von seiner Verpflichtung beim Tode des Handelsvertreters befreit sein soll. Der Ausgleich habe als Leistungsergebnis des Vertreters den Erben zuzukommen. Grundsätzliche Bedenken, dass er in der Person des Erben entstehen kann, beständen daher nicht. Ob unter Umständen der beim Tode des Handelsvertreters gegebene Ausgleichsanspruch aus Billigkeitserwägungen z.B. im Hinblick auf den beteiligten Personenkreis entfällt, ließ der erkennende Senat unter Hinweis auf fehlende konkrete Gesichtspunkte im zu entscheidenden Fall offen.[570] *Thume* weist zu Recht darauf hin, dass diese Feststellung des BGH nur so verstanden werden kann, dass nicht ausnahmslos jeder überhaupt als Erbe des Handelsvertreters anspruchsberechtigt ist.[571] So werde wohl im Extremfall der Fiskus als gesetzlicher Erbe nicht den Ausgleichsanspruch beanspruchen können.[572] Die Anspruchsberechtigung der vorhandenen Erben hänge damit letztlich davon ab, ob der Ausgleichsanspruch im Hinblick auf den in Betracht kommenden Kreis der Erben des Handelsvertreters unter Billigkeitsgesichtspunkten überhaupt entstehen kann.[573] Der Billigkeitsgrundsatz war angesichts dessen auch unter der Rechtsprechung des BGH zum § 89b Abs. 1 HGB in der bis zum 4.8.2009 gültigen Fassung[574] mehr als nur ein bloßes Korrektiv, anhand dessen ein entstandener Anspruch im Hinblick auf seine Höhe unter besonderen Umständen angepasst werden kann.[575]

569 BGH v. 13.5.1957 – II ZR 318/56 –, BGHZ 24, 214 (Leitsatz). Siehe dazu auch *Hiekel*, Der Ausgleichsanspruch des Handelsvertreters und des Vertragshändlers, 1985, S. 83 ff. m.w.N; *Leuze*, Entsteht beim Tode des Handelsvertreters ein Ausgleichsanspruch gemäß § 89b HGB?, 1955 sowie das ausführliche Rechtsgutachten von *Schroeder*, Über die Frage, ob bei Beendigung des Handelsvertretervertrages durch Tod des Handelsvertreters ein Ausgleichsanspruch nach § 89b HGB zur Entstehung gelangt, 1955.

570 BGH v. 13.5.1957 – II ZR 318/56 –, BGHZ 24, 214, 223.

571 *Thume*, in Küstner/Thume, Handbuch des gesamten Vertriebsrechts, Bd. 2, Kap. VIII Rn. 10.

572 § 1936 Abs. 1 BGB.

573 *Höft*, VersR 1965, 553, a. A. *Schiefelbein*, VersR 1965, 552, 553; *Thume*, in Küstner/Thume, Handbuch des gesamten Vertriebsrechts, Bd. 2, Kap. VIII Rn. 10.

574 Vgl. zu der ab dem 5.8.2009 gültigen Fassung den Teil 7 der Arbeit.

575 *Thume*, in Küstner/Thume, Handbuch des gesamten Vertriebsrechts, Bd. 2, Kap. VIII Rn. 10.

d. Abzinsung

Von dem Rohausgleich ist eine Abzinsung vorzunehmen.[576] Die Abzinsung wird vom Rohausgleich und nicht von der Ausgleichshöchstgrenze vorgenommen.[577] Denn würde von der Ausgleichshöchstgrenze abgezinst, könnte sie niemals erreicht werden.[578] Die Abzinsung ist gerechtfertigt, da dem Handelsvertreter durch den Ausgleichsanspruch Provisionsverluste im Voraus abgegolten werden, die er als Provision erst über einen längeren Zeitraum verdient hätte.[579] Diesem Zinsvorteil und Kapitalisierungseffekt ist durch einen Zinsabzug Rechnung zu tragen. Die Zinssätze orientieren sich am Zinsniveau des Kapitalmarkts.[580]

2. Keine Billigkeitsabzüge vom Höchstbetrag gem. § 89b Abs. 2 HGB

Gem. § 89b Abs. 2 HGB erreicht der Ausgleich höchstens eine nach dem Durchschnitt der letzten fünf Jahre der Tätigkeit des Handelsvertreters berechnete Jahresprovision oder sonstige Jahresvergütung. Dieser Höchstbetrag dient der Begrenzung des nach § 89b Abs. 1 HGB ermittelten Rohausgleichs. Der Höchstbetrag ist nur dann bedeutsam, wenn er niedriger als der Rohausgleich ist und diesen deshalb der Höhe nach begrenzt. Billigkeitsabzüge dürfen nicht vom Höchstbetrag gem. § 89b Abs. 2 HGB vorgenommen werden, denn der Ausgleich bemisst sich nach § 89b Abs. 1 Nr. 1 bis 3 HGB a.F.[581] Eine Reduzierung unter Billigkeitsgesichtspunkten durfte demnach ausschließlich vom Rohausgleich erfolgen und nicht wie in der Praxis lange Zeit üblich vom Höchstbetrag gem. § 89b Abs. 2 HGB.[582]

---

576 BGH v. 28.6.1973 – VII ZR 3/71 –, juris Rn. 16; BGH v. 6.8.1997 – VIII ZR 92/96 –, NJW 1998, 71, 75; BGH v. 28.4.1999 – VIII ZR 354/97 –, BGHZ 141, 248, 256; *Emde*, Vertriebsrecht, § 89b Rn. 380; *Löwisch,* in Ebenroth/Boujong/Joost/Strohn, HGB, § 89b Rn 131; *Schwerdtner,* EWiR 1991, 591.

577 *Thume,* in Küstner/Thume, Handbuch des gesamten Vertriebsrechts, Bd. 2, Kap. IX Rn. 156 ist der gegenteiligen Ansicht, dass eine Abzinsung nur auf die Provisionsverluste erfolgen kann.

578 So zutreffend *Emde*, VersR 2006, 1592, 1598.

579 *Von Hoyningen-Huene,* in MünchKomm HGB, § 89b Rn. 143; *Thume,* in Küstner/Thume, Handbuch des gesamten Vertriebsrechts, Bd. 2, Kap. IX Rn. 147.

580 *Emde,* in Vertriebsrecht, § 89b Rn. 380.

581 BGH v. 19.11.1970 – VII ZR 47/69 –, BGHZ 55, 45, 54 f.

582 *Thume,* in Küstner/Thume, Handbuch des gesamten Vertriebsrechts, Bd. 2, Kap. IX Rn. 156 verneint eine Abzinsung von der Ausgleichshöchstgrenze und vom Rohausgleich und legt dar, dass eine Abzinsung nur auf die Provisionsverluste erfolgen könne.

3. *Darlegungs- und Beweislast des Handelsvertreters*

Für das Gebiet privatrechtlicher Beziehungen ist als Grundregel anerkannt, dass derjenige die tatsächlichen Voraussetzungen der rechtsbegründenden und rechtserhaltenden Tatbestandsmerkmale zu beweisen hat, der ein Recht geltend macht.[583] Wer demgegenüber das Bestehen eines Rechts leugnet, trägt die Beweislast für die tatsächlichen Voraussetzungen der rechtshindernden, rechtshemmenden und rechtsvernichtenden Tatbestandsmerkmale.[584] Nach diesen Grundsätzen obliegt die Darlegungs- und Beweislast für die Voraussetzungen des § 89b Abs. 1 Satz 1 Nr. 1 bis 3 HGB dem Handelsvertreter.[585]

Grundlage der Berechnung des Ausgleichsanspruchs nach § 89b HGB ist eine Prognose über die nach Vertragsbeendigung zu erwartenden Unternehmervorteile und Provisionsverluste, die auf der Grundlage der vom Handelsvertreter darzulegenden Entwicklung seiner bis zum Vertragsende erzielten Provisionseinkünfte aufzustellen ist.[586] Für diese Prognose ist es erforderlich, aber auch ausreichend, dass der Handelsvertreter die ihm entstandenen Verluste und die dem Unternehmer zu Gute kommenden Vorteile konkretisiert.[587] Der Handelsvertreter ist auch insoweit darlegungspflichtig, als er Ausgleich für Provisionsverluste aus Geschäften beansprucht, die zwar nach Beendigung des Handelsvertretervertrages abgeschlossen worden sind, aber in engem wirtschaftlichen Zusammenhang mit von ihm früher vermittelten Geschäften stehen.[588]

---

583 *Wauschkuhn*, in Flohr/Wauschkuhn, Vertriebsrecht, § 89b HGB Rn. 310.

584 BGH v. 16.6.1983 – VII ZR 370/82 –, BGHZ 87, 393, 399 f.; BGH v. 28.6.1972 – VIII ZR 39/71, WM 1972, 1064, 1065; BGH v. 13.1.1983 – III ZR 88/81, NJW 1983, 2018 f.; *Baumbach/Lauterbach/Albers/Hartmann*, ZPO, Anh § 286 Rn. 3; *Foerste*, in Musielak, ZPO, § 286 Rn. 35; *Greger*, in Zöllner, ZPO, Vor § 284 Rn. 17a; *Laumen*, in Prütting/Gehrlein, ZPO, § 286 Rn. 63; *Leipold*, Beweislastregeln und gesetzliche Vermutungen, 1966, S. 35, 45, 49 ff; *Reichold*, in Thomas/Putzo, ZPO, Vorbem § 284 Rn. 23; *Rosenberg*, Die Beweislast, 1965 § 8 II S. 90; *Rosenberg/Schwab/Gottwald*, Zivilprozessrecht, § 115 Rn. 9; *Saenger*, in Saenger, Hk-ZPO, § 286 Rn. 58. Siehe sehr ausführlich zur Verteilung der Darlegungs- und Beweislast *Emde*, VersR 2006, 1592, 1593 f.

585 BGH v. 19.11.1970 – VII ZR 47/69 –, BGHZ 55, 45, 52; BGH v. 26.2.1997 – VIII ZR 272/95 –, BGHZ 135, 14, 24; *Thume*, in Röhricht/Graf von Westphalen/Haas, HGB, § 89b Rn. 177. Vgl. zu möglichen Beweiserleichterungen BGH v. 6.8.1997 – VIII ZR 150/96 –, NJW 1998, 66, 68; BGH v. 10.7.2002 – VIII ZR 158/01 –, MDR 2002, 1379.

586 So BGH v. 3.4.1996 – VIII ZR 54/95 –, NJW 1996, 2100, 2101 zum Versicherungsvertreter.

587 OLG Saarbrücken v. 4.12.96 – 1 U 343796-59 –, BB 1997, 1603 f.

588 BGH v. 19.11.1970 – VII ZR 47/69 –, BGHZ 55, 45, 52 f.

In diesen Fällen ist die Beweisführung für den Handelsvertreter häufig schwierig. Der Ausgleichsanspruch nach § 89b HBG dient aber gerade dem Zweck, die Unternehmervorteile und Provisionsverluste auszugleichen, die sich daraus ergeben, dass der Unternehmer voraussichtlich für einige Zeit noch Folgegeschäfte mit solchen Kunden (Stamm- oder Mehrfachkunden) abschließen wird, zu denen der inzwischen ausgeschiedene Handelsvertreter eine Geschäftsbeziehung hergestellt hat, der Handelsvertreter aber an dieser Spätwirkung seiner früheren Vermittlungstätigkeit nicht mehr in Form von Provisionen partizipiert.[589] Der BGH hat in solchen Fällen Handelsvertretern wiederholt Beweiserleichterungen gewährt. Es besteht z.B. ein Anscheinsbeweis dafür, dass der bei Vertragsende bestehende Kundenkreis von dem jahrelang ununterbrochen tätigen Handelsvertreter neu geworben wird[590] und die (widerlegliche) Vermutung, dass die Geschäftsverbindung auch nach Handelsvertretervertragsende fortbesteht.[591] Als Beweismittel kann der Handelsvertreter Kundenlisten vorlegen oder andere für eine Schätzung geeignete Unterlagen.[592] So hat etwa der erkennende Senat im Falle eines Handelsvertreters, der eine Tankstelle betrieb, eine Schätzung nach § 287 Abs. 2 ZPO zugelassen.[593] Die Schätzung erfolgte im Hinblick auf die tatsächlichen Schwierigkeiten, in dem anonymen Massengeschäft einer Tankstelle den Stammkundenumsatzanteil konkret zu ermitteln. Der erkennende Senat hat die Schätzung des Stammkundenumsatzanteils dadurch erleichtert, dass er hierfür auch die Verwendung statistischen Materials gebilligt hat.[594]

Wenn die Voraussetzungen § 89b Abs. 1 Satz 1 Nr. 1 und 2 HGB a.F. gegeben sind, ist nach der Rechtsprechung des BGH davon auszugehen, dass die Gewährung eines Ausgleichs grundsätzlich der Billigkeit entspricht.[595] Die Darlegungs- und Beweislast für Billigkeitserwägungen trägt folglich derjenige, der

589 BGH v. 17.11.2010 – VIII ZR 322/09 –, NJW 2011, 1143, 1144.

590 BGH v. 3.6.1971 – VII ZR 23/70 –, BGHZ 56, 242, 245; BGH v. 15.12.1978 – I ZR 59/77 –, BGHZ 73, 99, 104.

591 BGH v. 25.101984 – I ZR 104/82 –, BGH NJW 1985, 859; BGH v. 11.10.1990 – I ZR 32/89 –, WM 1991, 196, 198.

592 *Busche*, in Oetker, HGB, § 89b Rn. 45; *U. Müller*, in Saenger/Aderhold/Lenkaitis/Speckmann, Handels- und Gesellschaftsrecht, 1. Teil § 1, F. Rn. 726.

593 BGH v. 10.07.2002 – VIII ZR 158/01 –, MDR 2002, 1379 f.

594 BGH v. 6.8.1997 – VIII ZR 150/96 –, NJW 1998, 66, 68; BGH v. 10.07.2002 – VIII ZR 158/01 –, MDR 2002, 1379 f.

595 Zum Ausgleich bei Schmiergeldzahlungen BGH v. 26.11.1976 – I ZR 154/74 – DB 1977, 720, 721.

eine Erhöhung oder Reduzierung des Ausgleichs unter dem Gesichtspunkt der Billigkeit anstrebt.[596]

F. Kritik im Schrifttum an § 89b Abs. 1 S. 1 Nr. 1–3 HGB a.F.

Im Schrifttum sieht sich die gesetzliche Regelung des Ausgleichsanspruchs umfangreicher Kritik ausgesetzt. Die Vorschrift wurde als „Musterbeispiel schlechter Gesetzesfassung"[597] bezeichnet. *K. Schmidt* spricht hinsichtlich der Anspruchsvoraussetzungen von einer „Anhäufung subsumtionsunfähiger Merkmale"[598].

Martinek[599] sieht die „inoperable Gesetzesfassung" als Folgefehler des Gesetzgebers an. Nachdem sich der Gesetzgeber für den engen Typusbegriff des Handelsvertreters entschieden habe, gehe der gesetzgeberische Wille dahin, durch die Hervorhebung der Angemessenheit und Billigkeit der Vielfalt und Bandbreite der Handelsvertretertätigkeiten Rechnung zu tragen. Insoweit liege es nahe, die Anwendbarkeit des § 89b HGB im Wege der teleologischen Reduktion auf die schutzwürdigen Fälle zu beschränken, die dem engen gesetzlichen Leitbild entsprechen. Einer solchen richterlichen Rechtsfortbildung möchte er den Vorzug geben gegenüber der aktuellen richterrechtlichen Entwicklung. Letztere beschreibt er als generöse Gewährung des Anspruchs dem Grunde nach, die aber gleichzeitig mit einer „kunstvollen Reduktion" des Anspruchs der Höhe nach kumuliert. Er kritisiert die Reduktion der Höhe des Ausgleichsanspruchs durch „ihr System der eingeschränkten Kundenberücksichtigung, der zurückhaltenden Berechnung von Provisionsverlusten und der Bildung immer neuer Abzugskosten". Besonderes Augenmerk legt *Martinek* auf die Rechtsprechung zur analogen Anwendbarkeit des § 89b HGB auf sämtliche vertikal integrierten Absatzmittlertypen, wie Kommissionsagenten, Vertragshändler und die meisten Franchisenehmer, die durch eine unüberschaubare Kasuistik gekennzeichnet sei.[600] *Kindler* spricht insoweit von einer „Absurdität des Nebeneinanders von Billigkeitsentscheid und präziser Rechenarbeit".[601] Der Fokus der Kritik an

596 In diesem Sinne *Emde*, in Staub, Großkommentar HGB, § 89b Rn. 177.

597 *Stolterfoht*, Handelsrecht, 1973, S. 77; *Hiekel*, Der Ausgleichsanspruch des Handelsvertreters und des Vertragshändlers, 1985, S. 1.

598 *K. Schmidt*, DB 1979, 2357. *Martinek*, in Festschrift für Lüke, S. 409, 431 bezeichnet die Anspruchsvoraussetzungen als „subsumtionstechnisch kaum mehr operational".

599 Dazu eingehend in Festschrift für Lüke, S. 409, 431.

600 *Oetker*, Handelsrecht, § 6 Rn. 3 stellt bei diesen atypischen Verträgen die Frage nach einer „methodengerechten Rechtsfortbildung".

601 *Kindler*, Der Ausgleichsanspruch des Handelsvertreters im deutsch-italienischen Warenverkehr, 1987, S. 119.

der gesetzlichen Ausgestaltung des Ausgleichsanspruchs in § 89b Abs. 1 Nr. 1–3 HGB a.F. liegt eindeutig auf dem Gesichtspunkt, dass er dem Grunde und der Höhe[602] nach von einer Billigkeitsprüfung abhängig gemacht wird.[603]

G. Berechnungsgrundlagen des Ausgleichanspruchs beim Versicherungsvertreter

I. Unterschiede zwischen Warenvertretern und Versicherungsvertretern

Die dogmatische Konzeption des Ausgleichsanspruchs eines Versicherungsvertreters unterscheidet sich von derjenigen eines Handelsvertreters.[604] Nach § 89b Abs. 5 HGB sind für die Bemessung des Ausgleichsanspruchs eines Versicherungsvertreters nicht die vom Vertreter hergestellten Geschäftsverbindungen des Unternehmers mit neugeworbenen Kunden entscheidend, sondern die neuen Versicherungsverträge, die der Vertreter in seiner Vertragszeit vermittelt hat[605]. Der Ausgleichsanspruch des Versicherungs- oder Bausparkassenvertreters umfasst also nicht die sog. Folgegeschäfte, die der Unternehmer nach dem Ausscheiden des Vertreters mit den von diesem geworbenen Stammkunden schließt. Bemessungsgrundlage für den Ausgleich sind ausschließlich Provisionsansprüche aus vom Versicherungsvertreter vermittelten Verträgen, die infolge der Beendigung des Vertretervertrages entfallen.[606]

---

602 Kritik äußert *Martinek* auch am Ausgleichshöchstbetrag gem. § 89b Abs. 2 HGB in Festschrift für Lüke, S. 409, 431. Im Einzelfall könne es höchst unbillig sein, den Anspruch der Höhe nach auf eine nach dem Durchschnitt der letzten fünf Jahre der Tätigkeit des Handelsvertreters berechnete Jahresprovision oder sonstige Jahresvergütung zu beschränken, wobei bei kürzerer Dauer des Vertragsverhältnisses der Durchschnitt während der Dauer der Tätigkeit maßgebend ist.

603 *Martinek,* in Festschrift für Lüke, S. 409, 431; *Schneider,* MDR 1970, 976; *Schuler,* NJW 1958, 1113; *Stolterfoht,* Handelsrecht, 1973, S. 77.

604 Nach Ansicht von *Emde,* in Festschrift für Karsten Schmidt, S. 331, 332 f. wird die Bedeutung des Ausgleichs des Versicherungsvertreters - nicht anders als die des Ausgleichs des Warenvertreters – durch dessen Unabdingbarkeit hervorgehoben (§ 89b Abs. 5 i. V. m. Abs. 4 S. 1 HGB). Der nationale Gesetzgeber sei jedoch - wie in Ungarn geschehen – europarechtlich nicht daran gehindert, den Ausgleich des Versicherungsvertreters gänzlich entfallen zu lassen. Denn die den Ausgleich zwingend ausgestaltende EG-Handelsvertreter-Richtlinie gelte nur für den Warenvertreter.

605 BGH v. 23.2.1961 – VII ZR 237/59, BGHZ 34, 310, 316.

606 BGH v. 1.6.2005 – VIII ZR 335/04 –, WM 2005, 1866, 1868; BGH v. 23.11.2011 – VIII ZR 203/10 –, NJW-RR 2012, 674, 675 f.

Dem Gesetzgeber waren die grundlegenden Unterschiede zwischen Warenvertretern und Versicherungsvertretern bewusst. Die Sonderregelung in § 89b Abs. 5 HGB war ein untauglicher Versuch, die allenfalls entfernt verwandten Berufszweige einem weitgehend einheitlichen Regelwerk zu unterwerfen. Die Notwendigkeit eines Sonderrechts für Versicherungsvertreter verhinderte auch die zeitnahe exakte Umsetzung der Richtlinie 86/653/EWG des Rates vom 18. Dezember 1986. Denn die Bundesregierung wollte § 89b Abs. 1 HGB bereits in den Jahren 1988/1989 dergestalt ändern, dass die Provisionsverluste als eigenständiges Tatbestandsmerkmal entfallen und nur noch im Rahmen einer Billigkeitsprüfung zu berücksichtigen sein sollten.[607] Die Anpassung wurde allein beim Ausgleichsanspruch des Versicherungsvertreters für nicht sachgerecht angesehen, sodass es nach § 89b Abs. 5 HGB im Entwurf für Versicherungsvertreter bei der alten Rechtslage bleiben sollte, nach der Provisionsverluste als ein eigenständiges Tatbestandsmerkmal anzusehen sind.[608] Letztlich scheiterte die exakte Transformation der EG-Richtlinie wohl nicht zuletzt an dem weiten nationalen Handelsvertreterbegriff, der u.a. sowohl Warenvertreter als auch Versicherungsvertreter umfasst.[609]

II. Sonderprobleme bei Versicherungsvertretern

Schwierigkeiten bereitet bei der Berechnung von Ausgleichszahlungen an Versicherungsvertreter zum einen die Abgrenzung von Abschluss- und Vermittlungsprovisionen zu nach der Rechtsprechung des BGH nicht ausgleichrelevanten Verwaltungsprovisionen.[610] Diese Abgrenzungsfrage kann auch bei mehrstufigen Rechtsverhältnissen auftreten etwa bei der Frage, ob sog. Superprovisionen, durch die der Aufbau einer Vertriebsorganisation durch z.B. Einstellung, Einarbeitung

607 BT-Drs. 11/3077, S. 4 ff.

608 Nach der Begründung des Gesetzentwurfs sollen beim Warenvertreter mit dem Ausgleichsanspruch in erster Linie die Vorteile vergütet werden, die der Unternehmer aus dem vom Handelsvertreter geschaffenen Kundenstamm auch künftig hat. Dagegen gehe es beim Versicherungsvertreter grundsätzlich darum, die Provisionsverluste aus den von ihm vermittelten … Versicherungsverträgen auszugleichen, die infolge der Beendigung des Vertragsverhältnisses eintreten, BT-Drs. 11/3077, S. 9 f.

609 Der Gesetzgeber begründete das Festhalten an § 89b Abs. 1 HGB a.F. damit, dass die alte Regelung mit den drei Tatbestandmerkmalen bereits der EG-Richtlinie entspreche. So BT-Drs. 11/4559, S. 9.

610 BGH v. 4.5.1959 – II ZR 81/57 –, BGHZ 30, 98, 101; BGH v. 6.7.1972 – VII ZR 75/71 –, BGHZ 59, 125, 128; BGH v. 23.11.2011 – VIII ZR 203/10 –, NJW-RR 2012, 674, 676.

und Betreuung von Untervertretern honoriert wird, bei einem Generalvertreter oder Bezirksdirektor ausgleichspflichtig sind.[611] Streitpotenzial bieten in diesen mehrstufigen Vertragsverhältnissen einerseits die Aufteilung von Folgeprovisionen in Vermittlungsprovisionen und nicht ausgleichrelevanten Verwaltungsprovisionen sowie andererseits die Bestimmung der ausgleichsfähigen Zusatz – und Ergänzungsverträge[612].

III. „Grundsätze" der Spitzenverbände der Versicherungsbranche

Die Spitzenverbände der Versicherungswirtschaft und des Versicherungsaußendienstes haben seit dem Jahr 1958 sog. „Grundsätze" in den Bereichen Sachversicherung, Lebensversicherung, Krankenversicherung und Bausparverträge vereinbart[613], um „die Höhe des nach Auffassung der beteiligten Kreise angemessenen Ausgleichs global zu errechnen".[614] Diese „Grundsätze" sind in der Folgezeit auf Empfehlung der Spitzenverbände allein in den Jahren 1958 bis 1999 bei der Abwicklung von ca. 52.000 Ausgleichsansprüchen von Versicherungsvertretern angewendet worden.[615]

Das OLG Hamburg beschreibt als Vorzug der „Grundsätze", dass sie das Verfahren zur Ermittlung der Höhe des Ausgleichs vereinfachen und beschleunigen. „Sie bieten den Maßstab, auf den § 89b Abs. 1 HGB durch den unbestimmten Rechtsbegriff „angemessen" verweist und reduzieren dadurch die durch den unbestimmt gehaltenen Gesetzeswortlaut drohende Rechtsunsicherheit auf ein tragbares Mindestmaß."[616]

611 BGH v. 6.7.1972 – VII ZR 75/71 –, BGHZ 59, 125, 129 f.; BGH v. 23.11.2011 – VIII ZR 203/10 –, NJW-RR 2012, 674, 676.

612 BGH v. 23.11.2011 – VIII ZR 203/10 –, NJW-RR 2012, 674, 676; *Thume*, in Küstner/Thume, Handbuch des gesamten Vertriebsrechts, Bd. 2, Kap. IX Rn. 58 ff., 208.

613 Abgedruckt in *Hopt*, Handelsvertreterrecht, Ausgl. 1 B.

614 Präambel sämtlicher Grundsätze in *Hopt*, Handelsvertreterrecht, Ausgl. 1 B; vgl. hierzu *Thume*, in Küstner/Thume, Handbuch des gesamten Vertriebsrechts, Bd. 2, Kap. IX Rn. 271, Kap. XX Rn. 1 ff.; *Emde*, Vertriebsrecht, § 89b Rn. 535 ff.

615 *Thume*, in Küstner/Thume, Handbuch des gesamten Vertriebsrechts, Bd. 2, Kap. XX Rn. 10; vgl. auch BGH v. 23.11.2011 – VIII ZR 203/10 –, NJW-RR 2012, 674, 676. *Hopt* spricht von ca. 40.000 Ausgleichsansprüchen zwischen 1959 und 1992 in Handelsvertreterrecht, § 89b Rn. 96.

616 OLG Hamburg v. 26.03.1992 – 8 U 97/90 –, VersR 1993, 476, 477; *Martin*, VersR 1970, 796, 797; *ders.*, Anmerkung zu Urteil des LG Hamburg vom 1.7.1971, VersR 1972, 743.

IV. Rechtsnatur der „Grundsätze“

Die Rechtsnatur der „Grundsätze“ der Spitzenverbände ist umstritten.

Nach einer in der Rechtsprechung des BGH und von einigen Stimmen im Schrifttum vertretenen Ansicht sind die „Grundsätze“ unverbindlich, wenn ihre Anwendung nicht von den Vertragsparteien wirksam vereinbart wird.[617] Nach einer anderen Auffassung können die „Grundsätze“ als Vertrag zugunsten Dritter qualifiziert werden, sofern die Parteien Mitglieder der vertragsschließenden Verbände gewesen sind.[618] Vertreter einer dritten Ansicht sehen die „Grundsätze“ als Handelsbrauch im Sinne des § 346 HGB an.[619] Ferner wird von einer weit verbreiteten Meinungsgruppe vertreten, die „Grundsätze“ zumindest im Rahmen einer Schätzung nach § 287 ZPO zu berücksichtigen.[620]

Der BGH hat in seiner Entscheidung v. 23.11.2011 die „Grundsätze“ angesichts ihrer Entstehungsgeschichte jedenfalls als Schätzgrundlage herangezogen.[621] Gegen die Anwendung der „Grundsätze“ als Schätzgrundlage spreche auch nicht die gemäß § 89b Abs. 5 HGB auch für den Versicherungsvertreter geltende Schutznorm des § 89b Abs. 4 HGB.[622] Denn der Vertreter sei nicht gezwungen, seinen Ausgleichsanspruch auf der Basis der „Grundsätze“ zu berechnen, nur weil diese

617 OLG Köln v. 5.6.1974 – 2 U 93/72 –, DB 1974, 1764; OLG Frankfurt am Main v. 22.10.1985 – 5 U 247/84 –, NJW-RR 1986, 458 f.; *Emde*, Vertriebsrecht, § 89b Rn. 539; *Graf von Westphalen*, DB 2000, 2255.

618 BAG v. 21.5.1985 – 3 AZR 283/83 –, DB 1986, 919, 920; kritisch hierzu *Thume*, in Küstner/Thume, Handbuch des gesamten Vertriebsrechts, Bd. 2, Kap. XX Rn. 18; *Hopt*, in Baumbach/Hopt, HGB, § 89b Rn. 96; *Emde*, Vertriebsrecht, § 89b Rn. 541.

619 OLG München v. 21.12.1973 – 23 U 2577/73 –, VersR 1974, 288; LG München I, Urteil v. 10.3.1975 – 11 HKO 231/74 –, VersR 1975, 736; *Martin*, VersR 1968, 117, 119 und VersR 1970, 796, 797; *Thume*, BB 2002, 1325, 1329; vgl. auch *Thume*, in Küstner/Thume, Handbuch des gesamten Vertriebsrechts, Bd. 2, Kap. XX Rn. 19 ff.; a.A. OLG Frankfurt am Main v. 21.11.1995 – 8 U 110/95 –, NJW-RR 1996, 548, 549.

620 LG Hannover v. 4.3.1976 – 21 O 162/75 –, BB 1976, 664 mit Anmerkung *Küstner*; OLG Frankfurt am Main v. 9.5.1986 – 10 U 48/85 –, VersR 1986, 814; *Hopt*, in Baumbach/Hopt, HGB, § 89b Rn. 96; *von Hoyningen-Huene*, in MünchKomm HGB, § 89b Rn. 268; *Sonnenschein/Weitemeyer*, in Heymann, HGB, § 89b Rn. 110; *Löwisch*, in Ebenroth/Boujong/Joost/Strohn, HGB, § 89b Rn. 2 Rn. 158; *Küstner*, VW 1998, 704, 705; teilweise wird sogar von einer „Vermutung der grundsätzlichen Richtigkeit und Billigkeit“ gesprochen - OLG Düsseldorf v. 4.7.1979 – 3 U 15/79 –, VersR 1979, 837, 838; so im Ergebnis auch BGH v. 23.11.2011 – VIII ZR 203/10 –, NJW-RR 2012, 674, 677.

621 BGH v. 23.11.2011 – VIII ZR 203/10 –, NJW-RR 2012, 674, 677.

622 A.A. OLG Frankfurt am Main v. 22.10.1985 – 5 U 247/84 –, NJW-RR 1986, 458.

als Schätzgrundlage dienen können. Es bleibe ihm vielmehr unbenommen, seinen Ausgleichsanspruch allein nach Maßgabe des § 89b Abs. 1 und Abs. 5 HGB sowie der hierzu ergangenen Rechtsprechung darzulegen und erforderlichenfalls zu beweisen.[623]

V. Kritik am Sonderrecht extra legem

Die „Grundsätze" sind ein rechtlich nicht verbindliches Regelwerk, es sei denn sie sind durch Vereinbarung zwischen den Vertragspartnern Versicherungsunternehmen und Vertreter Vertragsbestandteil geworden.[624] Ein Vertrag zugunsten Dritter scheidet insoweit aus, als schon zweifelhaft ist, ob sich für die betroffenen Parteien die von vertragsschließenden Verbänden vereinbarten Grundsätze günstig auswirken.[625] Für nicht einem Verband angehörende Parteien würde eine rechtliche Verbindlichkeit ohnehin ausscheiden.[626] Ein Qualifizierung der „Grundsätze" als Handelsbrauch scheitert an § 89b Abs. 4 HGB, nach dem der Ausgleichsanspruch nicht im voraus ganz oder teilweise ausgeschlossen werden kann.[627] Was ein angemessener Ausgleich im Sinne des § 89b HGB ist, kann nicht vorher und generell bestimmt werden.[628]

Auch die Verwendung der „Grundsätze" als Schätzungsgrundlage im Sinne des § 287 ZPO durch den BGH ist nicht unbedenklich. Der Versicherungsvertreter kann demnach einen von der Schätzung abweichenden höheren Ausgleichsanspruch allein nach Maßgabe des § 89b Abs. 1 und 5 HGB sowie der hierzu ergangenen Rechtsprechung darlegen und gegebenenfalls beweisen. Auf den ersten Blick wirkt diese Einordnung der „Grundsätze" als eine Interpretation zugunsten des Versicherungsvertreters. Jedoch regeln damit im Ergebnis Verbände in allen Fällen der Versicherungswirtschaft und des Versicherungsaußendienstes

623 BGH v. 23.11.2011 – VIII ZR 203/10 –, NJW-RR 2012, 674, 677.

624 Bei vertraglicher Vereinbarung unterliegen sie wie AGB der gerichtlichen Kontrolle, vgl. OLG Köln, v. 17.8.2001 – 19 U 206/00 –, VersR 2001, 1379; *Hopt,* Handelsvertreterrecht, § 89b Rn. 96.

625 In diesem Sinne auch *Hopt,* in Baumbach/Hopt, HGB, § 89b Rn. 96. Das OLG Köln v. 5.6.1974 – 2 U 93/72 –, DB 1974, 1764 zweifelt an der Begünstigung, da sich Versicherungsvertreter häufig in Rechtsstreitigkeiten gegen die „Grundsätze" wenden. *Graf von Westphalen,* DB 2000, 2255 sieht den Preis für die Anwendung in einer regelmäßig vorgeschalteten Provisionsverzichtsklausel.

626 BAG v. 21.5.1985 – 3 AZR 283/83 –, DB 1986, 919, 920.

627 Ein Handelsbrauch kann sich nicht am Gesetz vorbei entwickeln. So OLG Frankfurt am Main v. 21.11.1995 – 8 U 110/95 –, NJW-RR 1996, 548, 549.

628 BAG v. 21.5.1985 – 3 AZR 283/83 –, DB 1986, 919, 920.

den Ausgleichsanspruch und die „Grundsätze“ füllen letztlich die Lücke, die das zu vage formulierte Gesetz mit Billigkeitsregeln dem Grunde und der Höhe nach hinterlässt.[629] Für die „Grundsätze“ spricht die Sachnähe und das Erfahrungswissen der beteiligten Verbände.[630]

Nach *Martinek* kommen im Versicherungsbereich tatsächlich nur in sehr seltenen Ausnahmefällen Ausgleichsberechnungen außerhalb der „Grundsätze“ vor. Die „Grundsätze“ werden vielfach sogar angewandt, wenn der Vertreter keinem der beteiligten Verbände angehört.[631] Hierdurch sei eine wesentliche Entlastung der Rechtsprechung und der Praxis von versicherungstechnischen und -rechtlichen Problemen bei der Ermittlung ausgleichspflichtiger Folgegeschäfte eingetreten. Allerdings haben die Grundsätze nach Einschätzung von *Martinek* teilweise Kompromisscharakter und können den oft widerstreitenden Interessen der beteiligten Parteien bzw. Verbände nicht immer befriedigend gerecht werden.[632]

Damit haben die Grundsätze de facto den Charakter von „Ersatz-Gesetzen“.[633] Die mit der nicht operablen Billigkeitsregel allein gelassene Rechtsprechung behilft sich in ihrer Not mit den von der Versicherungsbranche ausgearbeiteten Kompromissgrundsätzen.[634] Auf diese Weise hat sich die Versicherungswirtschaft zwar zahlreiche gerichtliche Streitigkeiten erspart, weil sich Versicherungsunternehmen und die ausgeschiedenen Versicherungsvertreter für die Berechnung

629 Das OLG Frankfurt am Main v. 21.11.1995 – 8 U 110/95 –, NJW-RR 1996, 548, 549 kritisiert den starren Maßstab der „Grundsätze“, der der vom Gesetz geforderten individuellen Betrachtungsweise zuwiderläuft.

630 Exemplarisch OLG Hamburg v. 26.03.1992 – 8 U 97/90 –, VersR 1993, 476, 477. Die Grundsätze haben angesichts dessen Indizwirkung *Graf von Westphalen,* DB 2000, 2255; ähnlich *Hopt,* in Baumbach/Hopt, HGB, § 89b Rn. 96; *von Hoyningen-Huene,* in MünchKomm HGB, § 89b Rn. 268 Fn. 770 unter Hinweis auf Wettbewerbsrichtlinien der Versicherungswirtschaft als Indiz nach BGH v. 8.11.1990 – I ZR 48/89 –, BB 1991, 648.

631 *Martinek,* in Festschrift für Lüke, S. 409, 411. *Küstner,* BB 1976, 664, hält die Abwicklung von Ausgleichsfällen ohne Berücksichtigung der „Grundsätze“ für praktisch nicht mehr denkbar.

632 Der BGH betont den Kompromisscharakter der „Grundsätze“, siehe nur zuletzt BGH v. 8.5.2014 – VII ZR 282/12 –, DB 2014, 1425, 1426. Zu häufigen Rechtsstreitigkeiten trotz Vereinbarung der „Grundsätze“ vgl. OLG Köln v. 5.6.1974 – 2 U 93/72 –, DB 1974, 1764.

633 *Martinek,* in Festschrift Lüke, S. 409, 411. Kritisch dazu auch OLG Frankfurt am Main v. 21.11.1995 – 8 U 110/95 –, NJW-RR 1996, 548, 549.

634 Die Ausgewogenheit eines solchen Kompromisses hängt von der Stärke bzw. Schwäche der aushandelnden Gegenspieler ab. OLG Frankfurt am Main v. 21.11.1995 – 8 U 110/95 –, NJW-RR 1996, 548, 549.

des Ausgleichsanspruchs ohne weitere auf die „Grundsätze“ stützen.[635] Problematisch ist, dass sich der Gesetzgeber seiner Aufgabe entzieht, die Grundkonzeption und die grundlegenden Entscheidungen im Gesetz selbst zu treffen.

Darüber hinaus ist die Bezifferung des Versicherungsvertreter-Ausgleichs selbst nach den „Grundsätzen der Versicherungswirtschaft“ äußerst kompliziert.[636] In der Praxis erfolgt die Berechnung in der Regel computergestützt durch den Versicherer. Versicherungsvertreter verzichten oft auf die am Markt angebotene Hilfe ihrer Verbände bei der Überprüfung der Ausgleichberechnung.[637] Ein Versicherungsunternehmen ist ferner grundsätzlich nicht nach Treu und Glauben verpflichtet, einem ausgeschiedenen Versicherungsvertreter zur Vorbereitung eines Ausgleichsanspruchs Auskunft über die weitere Entwicklung der von dem Vertreter vermittelten Versicherungsverträge zu erteilen.[638] In Anbetracht dessen werden von Vertretern die vergleichsweise niedrigen Ausgleichssummen akzeptiert.[639]

H. Ergebnis

Voraussetzung für das Entstehen des Ausgleichsanspruchs ist die Beendigung des Handelsvertretervertrages. Der Beendigungsgrund ist insoweit unerheblich, er kann aber einen Ausschlusstatbestand nach § 89b Abs. 3 HGB auslösen. Der Ausgleichsanspruch entsteht grundsätzlich auch bei Tod des Handelsvertreters. Nach § 89b Abs. 1 Nr. 1 HGB ist Voraussetzung für den Ausgleichsanspruch, dass der Unternehmer auch nach der Vertragsbeendigung erhebliche Vorteile aus den vom Handelsvertreter geschaffenen Kundenbeziehungen hat. Der Unternehmer hat den Vorteil, ohne Provisionszahlung an den Handelsvertreter die von diesem geschaffenen oder intensivierten Geschäftsverbindungen nutzen zu können. Diese Vorteile des Unternehmers gehen regelmäßig mit Provisionsverlusten des Handelsvertreters in gleicher Höhe einher. § 89b Abs. 1 Nr. 2 HGB a.F. sah die Provisionsverluste des Handelsvertreters als eigenständiges Tatbestandsmerkmal vor. Auf einer

635 *Martinek*, in Festschrift für Lüke, S. 409, 411.

636 Nach *Emde* fordert die Ausgleichsberechnung auch des Versicherungsvertreters Schematisierung, um handhabbar zu sein, Vertriebsrecht, § 89b Rn. 601. Er hat einen eigenen Ansatz zur Ausgleichsberechnung entwickelt, vgl. in Vertriebsrecht, § 89b Rn. 383 ff. Gegen zu detaillierte Regelungen in den „Grundsätzen“ wird eingewendet, dass diese dem Billigkeitsmaßstab des Gesetzgebers zuwiderlaufen, vgl. OLG Frankfurt am Main v. 21.11.1995 – 8 U 110/95 –, NJW-RR 1996, 548, 549.

637 *Emde*, Festschrift für Karsten Schmidt, S. 331, 334.

638 BGH v. 3.4.1996 – VIII ZR 54/95 –, NJW 1996, 2100 (Leitsatz).

639 *Emde*, Festschrift für Karsten Schmidt, S. 331, 334.

dritten Stufe ist das nach § 89b Abs. 1 Nr. 1 und 2 HGB a.F. gefundene Ergebnis unter Billigkeitsgesichtspunkten zu überprüfen. Umstritten ist, welche Billigkeitsmerkmale der Prüfung zugrunde zu legen sind. Der BGH schließt auch vertragsfremde Aspekte wie wirtschaftliche Verhältnisse und soziale Gesichtspunkte nicht strikt aus. Er entscheidet auf der Grundlage einer zum Beendigungszeitpunkt zu erstellenden Prognose über die Bemessung des Ausgleichs. Die Berechnung des Ausgleichsbetrages erfolgt durch die Ermittlung des sog. Rohausgleichs. Das ist der Wert, der sich aus den Unternehmervorteilen, den Provisionsverlusten des Handelsvertreters und unter Billigkeitsgesichtspunkten ergibt. Billigkeitsabschläge werden vom BGH u.a. vorgenommen im Bereich der Sogwirkung der Marke und bei einer aus Mitteln des Unternehmers finanzierten Alters- und Hinterbliebenenversorgung. Dabei verwendet der BGH unter Geltung von § 89b Abs. 1 Nr. 1–3 HGB a.F. den Billigkeitsgrundsatz als Korrektiv, um einen unangemessen hohen Ausgleich des Handelsvertreters zu verhindern. Darüber hinaus ist vom Rohausgleich eine Abzinsung vorzunehmen.

Die exakte Berechnung der Verluste des Handelsvertreters bzw. Vorteile des Unternehmers auf der 1. und 2. Stufe und die Reduktion des gefundenen Ergebnisses über pauschale Billigkeitsabschläge wurde in der Literatur heftig kritisiert. In der Versicherungswirtschaft haben die Schwierigkeiten bei der Ausgleichsberechnung und die Unzufriedenheit mit der gesetzlichen Regelung in § 89b Abs. 5 HGB dazu geführt, dass die Spitzenverbände der Branche in Form von sog. Grundsätzen ein „Ersatzgesetz" geschaffen haben.

Teil 7 Voraussetzungen des Ausgleichanspruchs nach der EuGH-Entscheidung Semen gegen Tamoil

A. Europarechtlicher Hintergrund

Deutsche Gerichte haben jüngst den EuGH verstärkt zu Fragen angerufen, die das nationale Handelsvertreterrecht betreffen. Aufgabe des EuGH ist die richtlinienkonforme Auslegung des nationalen Handelsvertreterrechts nach der Umsetzung der EG-Richtlinie zur Koordinierung des Handelsvertreterrechts vom 18.12.1986.[640] Der EuGH ist gem. Art. 267 lit. b AEUV (ehem. Art. 234 lit. b EGV)[641] zur Entscheidung über die Auslegung der Handlungen der Organe der Gemeinschaft berufen. Zu den Handlungsformen der Organe gehören u.a. gem. Art. 288 Abs. 1 AEUV (ehem. Art. 249 Abs. 1 EGV)[642] die Richtlinien des Rates. Derartige Richtlinien bedürfen grundsätzlich der Transformation in nationales Recht, um Wirkung gegenüber dem Gemeinschaftsbürger zu entfalten.[643] Die Umsetzung der Handelsvertreter-EG-Richtlinie erfolgte durch das Gesetz vom 23.10.1989[644]. Damit ist eine europäische Harmonisierung des Rechts der Warenvertreter formal erreicht.

---

640 ABl. EG Nr. L 382 S. 17. Zur Umsetzung der Richtlinie in Deutschland *Farmand*, Der international zwingende Charakter des § 89b HGB, 2005, S. 65 ff; Zur Umsetzung der Richtlinie in den einzelnen Mitgliedstaaten *Westphal*, Die Handelsvertreterrichtlinie und deren Umsetzung in den Mitgliedstaaten der Europäischen Union, 1994, S. 84 ff.

641 Fassung aufgrund des am 1.12.2009 in Kraft getretenen Vertrages von Lissabon, ABl. EG Nr. C 115 v. 9.5.2008, S. 47.

642 ABl. EG Nr. C 115 v. 9.5.2008, S. 47.

643 *Biervert*, in Schwarze, EU-Kommentar, Art. 288 AEUV Rn. 23 ff.; *Hetmeier*, in Lenz/Borchardt, EU-Verträge Kommentar, Art. 288 AEUV Rn. 10 ff; *Kotzur*, in Geiger/Khan/Kotzur, EUV/AEUV, Art. 288 AEUV Rn. 10 ff; *Ruffert*, in Calliess/Ruffert, EUV/AEUV, Art. 288 AEUV Rn. 23 ff.; *Schroeder*, in Streinz, EUV/AEUV, Art. 288 AEUV Rn. 78.

644 BGBl. I 1989, S. 1910. Vgl. näheres dazu im 2. Teil unter C.

B. EuGH-Entscheidung in der Rechtssache Semen gegen Tamoil

I. Hintergrund der Vorabentscheidung

Das Landgericht Hamburg legte u.a. eine Vorlagefrage betreffend die Höhe des Ausgleichsanspruchs eines selbstständigen Handelsvertreters dem EuGH zur Vorabentscheidung vor. Das vorlegende nationale Gericht fragte darin, ob es mit Art. 17 Abs. 2 Buchst. a der EG-Handelsvertreter-Richtlinie[645] vereinbar ist, dass der Ausgleichsanspruch des Handelsvertreters durch seine Provisionsverluste infolge der Beendigung des Vertragsverhältnisses begrenzt wird, auch wenn die dem Unternehmer verbleibenden Vorteile höher zu bewerten sind.[646] Nach Art. 17 Abs. 2 Buchst. a der EG-Handelsvertreter-Richtlinie hat der Handelsvertreter Anspruch auf einen Ausgleich, wenn und soweit er für den Unternehmer neue Kunden geworben oder die Geschäftsverbindungen mit vorhandenen Kunden wesentlich erweitert hat und der Unternehmer aus den Geschäften mit diesen Kunden noch erhebliche Vorteile zieht und die Zahlung eines solchen Ausgleichs unter Berücksichtigung aller Umstände, insbesondere der dem Handelsvertreter aus Geschäften mit diesen Kunden entgehenden Provisionen, der Billigkeit entspricht.[647]

Der Wortlaut des Art. 17 Abs. 2 Buchst. a der EG-Handelsvertreter-Richtlinie weicht von § 89b Abs. 1 S. 1 HGB a.F. insoweit ab, als die deutsche Vorschrift in den Nummern 1 bis 3 drei Tatbestandsmerkmale enthält. Nach § 89b Abs. 1 S. 1 Nr. 2 HGB a.F. sind Provisionsverluste des Handelsvertreters als Folge der Beendigung des Handelsvertretervertrages als selbständige Voraussetzung ausgestaltet.[648] Nach der Rechtsprechung des BGH sind die Tatbestandsmerkmale

---

645 ABl. EG Nr. L 382 S. 17.

646 EuGH v. 26.3.2009 – C-348/07 –, Slg 2009, I-02341, Tz. 11 (Semen).

647 Der Ausgleich darf nach Art. 17 Abs. 2 Buchst. b der Richtlinie einen Betrag nicht überschreiten, der einem jährlichen Ausgleich entspricht, der aus dem Jahresdurchschnittsbetrag der Vergütungen, die der Handelsvertreter während der letzten fünf Jahre erhalten hat, errechnet wird; ist der Vertrag vor weniger als fünf Jahren geschlossen worden, wird der Ausgleich nach dem Durchschnittsbetrag des entsprechenden Zeitraums ermittelt.

648 Die ungenaue Umsetzung der EG-Richtlinie wurde in der Literatur bereits seit langem kritisiert. Vgl. *Canaris*, Handelsrecht, § 15 Rn. 110, 119; *Hopt*, in Baumbach/Hopt, HGB, 31. Aufl. 2003, § 89b Rn. 32; *W. Hakenberg*, in Ebenroth/Boujong/Joost/Strohn, HGB, § 89b Rn. 187; *Thume*, BB 2004, 2473, 2474; *ders.*, in Röhricht/Graf von Westphalen/Haas, HGB, § 89b Rn. 78.

in § 89b Abs. 1 S. 1 Nr. 1 und 2 HGB a.F. vor der Nr. 3 zu prüfen. Vor diesem Hintergrund können die Ergebnisse bei Anwendung des Art. 17 Abs. 2 Buchst. a der EG-Handelsvertreter-Richtlinie und § 89b Abs. 1 HGB a.F. differieren.[649]

II. Streitgegenstand und Leitsatz

Der Vorlagefrage lag vereinfacht der folgende Sachverhalt zugrunde. Ein Tankstellenpächter (Handelsvertreter) streitet mit dem Verpächter (Unternehmen) über die Höhe des Ausgleichs wegen der Beendigung des Vertragsverhältnisses, den dieses Unternehmen dem Handelsvertreter aufgrund der Kündigung seines Vertrags schuldet. Der Handelsvertreter war vom 1. November 2001 bis zum 31. Dezember 2005 Pächter einer Tankstelle des Unternehmens in Berlin. Dort verkaufte er im Namen und für Rechnung dieses Unternehmens vor allem Kraftstoffe und Schmierstoffe, aber auch Telefonkarten unterschiedlicher Netzbetreiber, die es ihm zur Verfügung stellte. Das Unternehmen hatte in Deutschland ein Tankstellennetz von etwa 250 Stationen betrieben. Die Provision des Handelsvertreters bemaß sich bei Kraftstoffen nach der verkauften Menge („Literprovision"), bei Ölen nach dem Umsatz. Tankten Besitzer von Tankkarten, denen das Unternehmen Nachlässe gewährte, stand dem Handelsvertreter nur eine geringere Provision zu. Das Landgericht Hamburg hatte über den dem Handelsvertreter zu zahlenden Ausgleich nach Beendigung seines Vertragsverhältnisses mit dem Unternehmen zu entscheiden. Das nationale Gericht führt aus, dass nach der deutschen Rechtsprechung die drei Tatbestandselemente des § 89b Abs. 1 HGB kumulativen Charakter haben und einander begrenzen.[650] Der Ausgleich könne daher nicht höher als der niedrigste Betrag sein, der sich unter einer der drei Nummern ergibt. Gestützt auf diese Rechtsprechung neigte das Landgericht dazu, Art. 17 Abs. 2 Buchst. a der EG-Handelsvertreter-Richtlinie dahin auszulegen, dass diese Bestimmung, nach der Provisionsverluste des Handelsvertreters nur ein Element im Rahmen der Billigkeitsprüfung darstellen, auch zulässt, die dem Handelsvertreter entgehenden Provisionen als Obergrenze des Ausgleichs zu betrachten.[651]

---

649 Der Gesetzgeber sah im Zuge der Umsetzung der Richtlinie keinen Änderungsbedarf des § 89b Abs. 1 HGB, da die Vorschrift bereits den Anforderungen der EG-Handelsvertreter-Richtlinie entspreche, vgl. BT-Drs. 11/4559, S. 9.

650 Zur gefestigten Rechtsprechung des BGH vgl. die Darstellung in Teil 6 der Arbeit.

651 EuGH v. 26.3.2009 – C-348/07 –, Slg 2009, I-02341 Tz. 10 (Semen).

Der EuGH entschied die Rechtsfrage abweichend vom Schlussantrag[652] so, dass Art. 17 Abs. 2 Buchst. a der EG-Handelsvertreter-Richtlinie dahin auszulegen sei, dass er nicht erlaube, dass der Ausgleichsanspruch des Handelsvertreters von vornherein durch seine Provisionsverluste infolge der Beendigung des Vertragsverhältnisses begrenzt wird, auch wenn die dem Unternehmer verbleibenden Vorteile höher zu bewerten sind[653].

III. Begründung des Leitsatzes

Zur Begründung führt der EuGH an, dass Art. 17 der EG-Handelsvertreter-Richtlinie mit dem Blick auf die Ziele dieser Richtlinie und das damit eingeführte System auszulegen sei. Die Richtlinie habe die Harmonisierung der Rechtsvorschriften der Mitgliedstaaten über die Rechtsbeziehungen zwischen den Parteien eines Handelsvertretervertrags zum Ziel.[654] So solle sie insbesondere die Interessen der Handelsvertreter gegenüber den Unternehmern schützen und lege zu diesem Zweck u.a. in den Art. 13 bis 20 Regeln über Abschluss und Beendigung des Handelsvertretervertrags fest. Nach ständiger Rechtsprechung sei das mit Art. 17 der Richtlinie geschaffene System, insbesondere was den Schutz des Handelsvertreters nach Vertragsbeendigung betrifft, zwingendes Recht, obwohl die Mitgliedstaaten zwischen zwei Lösungen namentlich Ausgleich oder Schadensersatz wählen können.[655] Daher haben die Mitgliedstaaten, was den Ausgleich wegen Beendigung des Vertragsverhältnisses betrifft, nur innerhalb des durch die Art. 17 und 18 der EG-Handelsvertreter- Richtlinie festgelegten Rahmens einen Gestaltungsspielraum bei der Wahl der Methoden zur Berechnung

---

652 Der Generalanwalt sah in seinem Schlussantrag keinen Verstoß der nationalen Rechtsvorschriften, die den Ausgleichsanspruch eines Handelsvertreters auf seine Provisionsverluste infolge der Beendigung des Vertragsverhältnisses mit dem Unternehmer begrenzen, gegen Art. 17 Abs. 2 Buchst. a der Richtlinie 86/653/EWG des Rates vom 18. Dezember 1986. Die Methode zur Berechnung der Provisionsverluste müsse jedoch die nach Beendigung des Vertragsverhältnisses tatsächlich eingetretenen Provisionsverluste widerspiegeln, um die Vorteile zu berücksichtigen, die der Unternehmer aus der Tätigkeit des Handelsvertreters zieht. EuGH, Schlussanträge vom 19.11.2008 – C-348/07 –, Celex-Nr. 62007CC0348 juris.

653 EuGH v. 26.3.2009 – C-348/07 –, Slg 2009, I-02341 Leitsatz 2 (Semen).

654 Zu den Gründen und Zielen der EG-Handelsvertreter-Richtlinie vgl. auch *Westphal*, Die Handelsvertreterrichtlinie und deren Umsetzung in den Mitgliedstaaten der Europäischen Union, 1994, S. 6 ff.

655 EuGH v. 9.11.2000, C-381/98, Celex-Nr. 61998CJ0381, Slg 2000, I-09305, Tz. 21 (Ingmar).

des Ausgleichs.[656] Dabei laufe das in Art. 17 Abs. 2 der EG-Handelsvertreter-Richtlinie geregelte Verfahren in drei Stufen ab. Auf der ersten gehe es zunächst um die Quantifizierung der Vorteile des Unternehmers aus den Geschäften mit den vom Handelsvertreter geworbenen Kunden.[657] Auf der zweiten Stufe werde dann geprüft, ob der Betrag, der sich auf der Grundlage der genannten Kriterien ergeben hat, unter Berücksichtigung aller Umstände des Einzelfalls, insbesondere der dem Handelsvertreter entgangenen Provisionen, der Billigkeit entspricht.[658] Schließlich werde auf der dritten Stufe der Ausgleichsbetrag an der in der Richtlinie festgelegten Höchstgrenze gemessen, die nur dann relevant sei, wenn der sich aus den vorstehenden beiden Berechnungsstufen ergebende Ausgleichsbetrag sie übersteigt.[659] Da die Provisionsverluste nur einen von mehreren Gesichtspunkten darstellen, die im Rahmen der Billigkeitsprüfung relevant sind, sei es Sache des nationalen Gerichts, auf der zweiten Stufe seiner Bewertung zu prüfen, ob der dem Handelsvertreter gewährte Ausgleich letztlich billig erscheint und ob und gegebenenfalls inwieweit er unter Berücksichtigung aller Umstände des Einzelfalls anzupassen ist.[660]

C. Aufbruchstimmung im Schrifttum

I. Auswirkungen auf die Ausgleichsberechnung

Die Rechtsprechung des EuGH[661] führte zu einer erneuten Anpassung des § 89b HGB an die Handelsvertreterrichtlinie. Durch die Gesetzesnovelle 2009[662] wurde die früher zur Berechnung des Ausgleichsanspruchs herangezogene 3-Stufen-Prüfung durch ein 2-Stufen-Modell abgelöst.[663] Während ursprünglich die Tatbestandsmerkmale „Unternehmensvorteile, Provisionsverluste und Billigkeit"

---

656 EuGH v. 9.11.2000, C-381/98, Celex-Nr. 61998CJ0381, Slg 2000, I-09305, Tz. 21 (Ingmar); bestätigt durch EuGH v. 26.3.2009 - C-348/07 –, Slg 2009, I-02341 Tz. 18 und Leitsatz 1 (Semen).

657 Art. 17 Abs. 2 Buchst. a erster Gedankenstrich der Richtlinie.

658 Art. 17 Abs. 2 Buchst. a zweiter Gedankenstrich.

659 Art. 17 Abs. 2 Buchst. b der Richtlinie.

660 EuGH v. 26.3.2009 - C-348/07 –, Slg 2009, I-02341 Tz. 20 (Semen).

661 EuGH v. 26.3.2009 - C-348/07 –, Slg 2009, I-02341 (Semen).

662 Gesetz zur Neuregelung der Rechtsverhältnisse bei Schuldverschreibungen aus Gesamtemissionen und zur verbesserten Durchsetzbarkeit von Ansprüchen von Anlegern aus Falschberatung, BGBl. I, S. 2512 ff. vom 31.7.2009.

663 *Pauly*, MDR 2013, 694, 697. Zu Auswirkungen auf die Praxis *Semler*, BB 2009, 2327, 2328.

geprüft wurden, erfolgt jetzt eine 2-Stufen-Prüfung „Unternehmervorteile und Billigkeit".[664] Im Rahmen der Billigkeitsprüfung kann das Tatbestandsmerkmal der Provisionsverluste nur neben einer Reihe weiterer Kriterien herangezogen werden.[665]

Thume hält unter der Berücksichtigung der EuGH- Grundsätze zur Auslegung Handelsvertreter-Richtlinie und der Neufassung des § 89b Abs. 1 S. 1 HGB eine grundlegend neue Art der Berechnungsmethode der Höhe des Ausgleichsanspruchs für geboten.[666] Nach seiner Ansicht schließen künftig fehlende Provisionsverluste den Ausgleich nicht mehr aus. Vielmehr könnten sie dazu führen, dass im Rahmen der Billigkeitserwägungen wegen hoher Unternehmervorteile der Ausgleich bis an die Höchstgrenze des § 89b Abs. 2 HGB angehoben werden kann.[667] Auch nach Auffassung von *Emde* ändert sich die Systematik des § 89b Abs. 1 S. 1 HGB erheblich.[668] Jahrzehnte der Kommentarhistorie seien mit einem Federstich des EuGH Geschichte. *Semler* sieht einen neuen Ansatz für die Ausgleichsberechnung in der Bewertung des Kundenstamms als immaterielles Wirtschaftsgut.[669]

1. Bedeutungsverlust der Provisionsverluste

Die bisher in der Rechtsprechung des BGH im Mittelpunkt der Betrachtung stehenden Provisionsverluste werden im Zuge der Novelle des § 89b Abs. 1 S. 1 HGB wesentlich herabgestuft und sind neben anderen Gesichtspunkten nur noch ein Merkmal der Billigkeitserwägungen.[670] *Emde* sieht die Provisionsverluste vom Tatbestandsmerkmal des § 89b Abs. 1 S. 1 Nr. 2 HGB a.F. zu einem

664 Gesetzestechnisch wurde § 89b Abs. 1 Satz 1 Nr. 2 aufgehoben. Die bisherige Nr. 3 des Abs. 1 Satz 1 wurde zur Nr. 2 und hinter dem Wort „Umstände" wurde die Formulierung „insbesondere der dem Handelsvertreter aus diesen Geschäften entgehenden Provisionen" eingefügt; *von Hoyningen-Huene,* in MünchKomm HGB, § 89b Rn. 1a.

665 *Pauly,* MDR 2013, 694, 697; *Thume,* in Röhricht/Graf von Westphalen/Haas, HGB, § 89b Rn. 84.

666 *Thume,* BB 2009, 2490, 2492.

667 *Thume,* BB 2009, 2490 f.

668 *Emde,* DStR 2009, 1478.

669 *Semler,* BB 2009, 2327, 2328.

670 *Busche,* in Oetker, HGB, § 89b Rn. 19; *Emde,* Vertriebsrecht, § 89b Rn. 170; *U. Müller,* in Saenger/Aderhold/Lenkaitis/Speckmann, Handels- und Gesellschaftsrecht, 1. Teil § 1, F. Rn. 730; *Semler,* in Martinek/Semler/Habermeier/Flohr, Handbuch des Vertriebsrechts, § 20 Rn. 45; *Wauschkuhn,* in Flohr/Wauschkuhn, Vertriebsrecht, § 89b HGB Rn. 138; *Wauschkuhn/Fröhlich,* BB 2010, 524, 527.

Beispielfalls in § 89b Abs. 1 S. 1 Nr. 2 HGB n.F. „degradiert“. Im Rahmen der Billigkeitsprüfung kommt dem Merkmal der Provisionsverluste aber weiterhin besondere Bedeutung zu.[671] So seien die Provisionsverluste z.B. ausgleichserhöhend zu berücksichtigen, wenn sie in ihrer Höhe die Unternehmervorteile erheblich übersteigen.[672]

2. *Aufwertung der Unternehmervorteile*

Die Unternehmervorteile sind nach § 89b Abs. 1 S. 1 Nr. 1 HGB n.F. das erste zentrale Tatbestandsmerkmal und erhalten damit eine besonderes Bedeutung. Bislang wurden die Unternehmervorteile in der Rechtsprechung des BGH eher nachrangig behandelt und das Augenmerk zuerst auf die Provisionsverluste gerichtet.[673] Die Unternehmervorteile sind nach Einschätzung von *Thume* künftig auf Basis einer Prognose zu ermitteln.[674] Dies galt bislang in gleicher Weise nach der ständigen Rechtsprechung des BGH für die Provisionsverluste des Handelsvertreters. Maßgeblich ist dabei die objektiv sichtbare Situation zum Zeitpunkt der Vertragsbeendigung[675]. Zum Prognosezeitpunkt der Vertragsbeendigung kann die tatsächliche Entwicklung der Verhältnisse nach Vertragsende nur insoweit berücksichtigt werden, als sie im Zeitpunkt der Vertragsbeendigung bereits abzusehen war[676].

3. *Stärkung der Billigkeitsprüfung*

Der EuGH hat in der Entscheidung vom 26.3.2009 in der Rechtssache Semen gegen Tamoil festgestellt, dass die EG-Handelsvertreter-Richtlinie eine Auslegung des Art. 17 Abs. 2 nicht zulässt, nach der jede Erhöhung des Ausgleichs aus

---

671 *Ströbl*, BB 2013, 1027, 1030.

672 *Emde*, DStR 2009, 1478; *Semler*, BB 2009, 2327; *Wauschkuhn/Fröhlich*, BB 2010, 524, 527; *Thume*, BB 2009, 2490, 2494.

673 Vgl. dazu Teil 6 der Arbeit.

674 *Thume*, BB 2009, 2490, 2492. *Semler*, BB 2009, 2327, 2328 differenziert bei der Ermittlung des Unternehmervorteils i.S.d. § 89b Abs. 1 S. 1 Nr. 1 HGB zwischen einer „abstrakten Betrachtungsweise“, bei der auf den Wert des Kundenstamms als solchen abgestellt wird und einer „konkreten Betrachtungsweise“, im Rahmen derer Vorteile prognostiziert werden, welche der Unternehmer aus den Geschäften ziehen wird, die er mit dem vom Handelsvertreter geworbenen Kunden abschließen wird.

675 Vgl. beispielhaft BGH v. 6.8.1997 – VIII ZR 92/96 –, NJW 1998, 71, 74. Siehe auch Teil 6 der Arbeit unter C.

676 BGH v. 8.11.1990 – I ZR 269/88 –, NJW-RR 1991, 481, 482; BGH v. 6.8.1997 – VIII ZR 92/96 –, NJW 1998, 71 (Leitsatz).

Billigkeitsgründen von vornherein ausgeschlossen wäre. Billigkeitsgründe sind nach dieser EuGH-Entscheidung neben den Unternehmervorteilen das zweite maßgebliche Bemessungskriterium für den Ausgleich. Im Rahmen der Billigkeitsprüfung sind weiterhin alle Umstände des Einzelfalls zu berücksichtigen und nicht nur jene, die sich aus dem Vertrag selbst ergeben.[677] In der Rechtsprechung des BGH zu § 89b Abs. 1 HGB a.F. führte die Billigkeitsprüfung nicht selten zu Bewertungsabschlägen, nie aber zu einer Erhöhung des Ausgleichs.[678] Unter Geltung des § 89b Abs. 1 S. 1 Nr. 2 HGB n.F. können im Rahmen der Prognose Billigkeitserwägungen auch ausgleichserhöhend wirken.[679] Im Ergebnis ist das Billigkeitsmerkmal als eines von zwei verbleibenden Tatbestandmerkmalen in seiner Bedeutung gewachsen. *Emde* geht davon aus, dass sich künftig in der Praxis feste Prozentsätze für Billigkeitsaufschläge und –abschläge etablieren werden.[680]

II. Darlegungs- und Beweislast

Der Handelsvertreter trägt als Anspruchsteller prozessual die Darlegungs- und Beweislast für alle anspruchsbegründenden Tatsachen.[681] Er hat demnach die Art und Höhe der zu erwartenden Unternehmervorteile und auch für die ggf. für ihn günstigen Billigkeitsumstände vorzutragen und im Bestreitensfalle auch nachzuweisen.[682] Schwierigkeiten dürfte dem Handelsvertreter künftig der Nachweis der Unternehmervorteile bereiten, da er keinen Einblick in die Kalkulation des Unternehmers hat und die den Kundenstamm wertmäßig erhöhenden Umstände nicht kennt.[683] Diese Umstände liegen in der Sphäre des Unternehmers. Während der Unternehmer Einblick in die unternehmerischen Erträge hat und insoweit auch vortragen kann, fehlt dem Handelsvertreter in der Regel die Kenntnis. In Anbetracht dessen genügt es, wenn der Handelsvertreter gewisse Anhaltspunkte vorträgt, aus denen sich erhebliche Unternehmervorteile ergeben. Abzustellen

---

677 *Thume*, BB 2009, 2490, 2493.

678 Vgl. dazu Teil 6 der Arbeit unter E IV.

679 *Thume* liefert zahlreiche Beispiele zu möglichen Erhöhungsgründen, BB 2009, 2490, 2493.

680 *Emde*, DStR 2009, 1478, 1483.

681 Es gilt nationales Prozessrecht, da Art. 17–19 der EG-Richtlinie die Beweisverteilung nicht regeln. *Emde*, DStR 2009, 1478, 1485.

682 Vgl. dazu Teil 6 unter E IV 3.

683 *Semler*, BB 2009, 2327, 2328; *Thume*, BB 2009, 2490, 2494.

ist dabei auf alle Kenntnisse, die der Handelsvertreter in der Vergangenheit erworben hat. Der BGH hat auch im Einzelfall statistisches Material zugelassen.[684]

Einige Stimmen im Schrifttum[685] raten in diesem Zusammenhang zu einer Stufenklage dergestalt, dass mit der ersten Stufe zunächst Auskunft über die zu erwartenden Unternehmervorteile verlangt, der Ausgleich in der zweiten Stufe zunächst unbeziffert eingeklagt und erst nach Erfüllung der Auskunftsansprüche beziffert wird.[686] Ein Anspruch auf Auskunft kann sich aus Treu und Glauben ergeben, wenn der Berechtigte in entschuldbarer Weise über das Bestehen oder den Umfang seines Rechts im Ungewissen ist, er sich die zur Vorbereitung und Durchführung seines Zahlungsanspruchs notwendigen Auskünfte nicht auf zumutbare Weise selbst beschaffen kann und der Verpflichtete sie unschwer zu geben vermag.[687] Die Hürden dafür sind in Prozessen zu § 89b Abs. 1 HGB nach der Rechtsprechung des BGH hoch.[688]

III. Einbeziehung von Bestandpflege- und Verwaltungsprovisionen

Der BGH bezieht im Rahmen der Ausgleichberechnung gem. § 89b Abs. 1 HGB a.F. sog. Verwaltungsprovisionen nicht mit ein, die u.a. für Tätigkeiten wie die Bestandspflege und die Kundenbetreuung bezahlt werden.[689] Einige Stimmen in der Literatur hielten die Differenzierung zwischen den Abschluss- und Vermittlungsprovisionen und Verwaltungsprovisionen Rahmen der Ausgleichberechnung gem.

---

684 BGH v. 6.7.1972 – VII ZR 75/71 –, BGHZ 59, 125, 130; BGH v. 12.9.2007 – VIII ZR 194/06 –, BB 2007, 2475, 2476; *Westphal*, DB 2010, 1333, 1336.

685 *Hopt*, Handelsvertreterrecht, § 84 Rn. 2; *Thume*, BB 2009, 2490, 2495; *Semler*, BB 2009, 2327; siehe dazu auch *Martinek*, in Festschrift für Lüke, S. 407 f.

686 Insgesamt zum Ausgleichsanspruch des Handelsvertreters aus prozessualer Sicht, *Schreiber*, NJW 1998, 3737 ff.

687 BGH v. 13.6.1985 – I ZR 35/83 –, BGHZ 95, 285, 293 f.

688 Nicht zugelassen etwa BGH v. 3.4.1996 – VIII ZR 54/95 –, NJW 1996, 2100, 2102. Der Kläger (Versicherungsvertreter) sei zur Darlegung der Voraussetzungen seines Ausgleichsanspruchs auf die geforderte Auskunft nicht angewiesen. Das OLG Oldenburg v. 25.2.2014 – 13 U 86/13 –, Rn. 36 f. juris erkennt einen Auskunftsanspruch nach § 242 BGB in Fällen des Ausgleichsanspruchs nach § 89b HGB an, wenn der Handelsvertreter in entschuldbarer Weise über die Entstehung und den Umfang des Anspruchs im Unklaren ist. So z.B. wenn eine Abrechnung über Geschäfte des Handelsvertreters fehlt.

689 Abschlag in Höhe von 10 % für Verwaltungstätigkeiten im Schätzungswege etwa in BGH v. 10.7.2002 – VIII ZR 58/00 –, NJW-RR 2002, 1548, 1551; BGH v. 21.4.2010 – VIII ZR 108/09 –, NJW-RR 2010, 1550, 1552.

§ 89b Abs. 1 HGB a.F. für verfehlt.[690] *Emde* hält die Ausgrenzung verwaltender Provisionsanteile nach der Rechtsprechung des EuGH u.a. im Fall Semen gegen Tamoil für nicht mehr vertretbar.[691] Die Unterscheidung zwischen den Abschluss- und Vermittlungsprovisionen und Verwaltungs- bzw. Bestandspflegeprovisionen sei in Art. 17 EG-Handelsvertreter-Richtlinie nicht vorgesehen ist und wegen der handelsvertreterfreundlichen Interpretation der EG-Richtlinie abzulehnen.[692] Die EG-Handelsvertreter-Richtlinie hat in Art. 17 Abs. 2 a Buchst. 2 den Wortlaut, aus dem Handelsvertreter „aus Geschäften mit .... Kunden entgehenden Provisionen". Daraus sei zu schließen, dass alle entgehenden Provisionen erfasst werden, soweit diese mit den Geschäften der geworbenen Kunden in Kausalzusammenhang stehen, also auch die diesbezüglichen Verwaltungsprovisionen.[693] Gegen eine Ausgrenzung der Verwaltungsprovisionen spricht auch, dass sie Tätigkeiten vergüten, die der Pflege und damit dem Erhalt des Kundenstamms dienen, so dass sie für den Ausgleichsanspruch bedeutsame Unternehmervorteile schaffen können.[694] Damit wäre eine Unterscheidung in Verwaltungs- und Akquisitionsprovisionen zumindest im Warenvertreterbereich bei der Bemessung des Ausgleichs nicht mehr zulässig. Ein Abzug solcher Provisionen bei der Ausgleichsberechnung muss nach dieser Auffassung künftig unterbleiben. Für diese Auslegung des § 89b Abs. 1 HGB a.F. und n.F. spricht auch, dass in die Berechnung der Höchstgrenzen der Abs. 2 nach ständiger Rechtsprechung alle Vergütungen, also auch die Verwaltungs- und Bestandspflegeprovisionen, einbezogen werden.[695]

D. Kontinuität der Rechtsprechung

Ströbl bemerkt in einer Bestandsaufnahme 4 Jahre nach Veröffentlichung der Entscheidung des EuGH in der Rechtssache Semen gegen Tamoil treffend, dass „in der Praxis [gemeint in der Rechtsprechung des BGH] letztendlich fast alles beim Alten geblieben" ist. Zu dieser Erkenntnis kommt er, obwohl es zunächst so schien, als hätten die Rechtsprechung des EuGH und die Neufassung des § 89b

690 *Thume,* VersR 2012, 665, 669; *Emde*, EWiR 2009, 239; *ders.*, WRP 2010, 844, 846.
691 *Emde,* ZVertriebsR 2012, 137, 138; ebenso *Kindler/Menges,* DB 2010, 1109, 1115.
692 *Emde*, EWiR 2009, 239; *ders.*, WRP 2010, 844, 846.
693 *Emde*, EWiR 2009, 239; *ders.*, WRP 2010, 844, 846.
694 *Kindler/Menges,* DB 2010, 1109, 1115; *Thume,* IHR 2011, 7, 9 ff.; *ders.,* BB 2009, 2490, 2494.
695 Exemplarisch BGH v. 19.11.1970 – VII ZR 47/69 –, BGHZ 55, 45, 51. So zu Recht *Thume,* VersR 2012, 665, 670.

HGB zu einem Paradigmenwechsel geführt und die herkömmlichen Berechnungsmethoden ausgedient.[696] In der Tat wendet die neuere BGH-Rechtsprechung die herkömmlichen Berechnungsmethoden fortwährend an, es sei denn der auf Ausgleich klagende Handelsvertreter legt dar und beweist gegebenenfalls, dass die Unternehmervorteile größer sind als seine Provisionsverluste.

So führt der BGH in seiner Entscheidung v. 11.11.2009 aus, die in Umsetzung der Entscheidung des EuGH vom 26. März 2009[697] erfolgte Neufassung des § 89b Abs. 1 Satz 1 HGB bleibe damit für den Streitfall ohne Auswirkungen.[698] Denn der Ausgleich werde nach wie vor durch die Höhe der dem Unternehmer verbleibenden Vorteile begrenzt (§ 89b Abs. 1 Satz 1 Nr. 1 HGB n.F.). Nur das bislang in Nr. 2 gesondert aufgeführte Tatbestandsmerkmal (Provisionsverluste des Handelsvertreters infolge Vertragsbeendigung) sei gestrichen worden und finde sich nun lediglich als ein bei der Billigkeitsabwägung zu berücksichtigender Gesichtspunkt wieder (§ 89b Abs. 1 Satz 1 Nr. 2 HGB n.F.). Der BGH greift in seiner Rechtsprechung zu § 89b Abs. 1 Satz 1 Nr. 2 HGB n.F. weiter auf die zu § 89b Abs. 1 HGB a.F. entwickelten Grundsätze zurück. So hielt der BGH in seinem Urteil v. 6.10.2010[699] eine Schätzung nach § 287 Abs. 2 ZPO für zulässig, wonach die dem Unternehmer nach Beendigung des Vertragsverhältnisses verbleibenden Vorteile aus der Geschäftsverbindung mit neuen Kunden, die der Handelsvertreter geworben hat (§ 89b Abs. 1 Satz 1 Nr. 1 HGB), der Höhe nach identisch sind mit den Provisionsverlusten, die der Handelsvertreter infolge der Beendigung des Vertragsverhältnisses erleidet.[700] Keine Partei habe geltend gemacht, dass die dem Unternehmer verbleibenden Vorteile höher zu bewerten wären als die Provisionsverluste des Handelsvertreters. Aus diesem Grund habe die Entscheidung des Gerichtshofs der Europäischen Union vom 26. März 2009 und die hierauf erfolgte Neufassung des § 89b Abs. 1 Satz 1 HGB für den Streitfall keine Auswirkungen.[701]

---

696 *Ströbl*, BB 2013, 1027.

697 EuGH v. 26.3.2009 – C-348/07 –, Slg 2009, I-02341 (Semen).

698 BGH v. 11.11.2009 – VIII ZR 249/08 –, IHR 2010, 154, 156 ff.

699 BGH v. 6.10.2010 – VIII ZR 210/07 –, NJW-RR 2011, 389.

700 Siehe auch BGH v. 29.3.1990 – I ZR 2/89 –, WM 1990, 1496, 1498.

701 BGH v. 6.10.2010 – VIII ZR 210/07 –, NJW-RR 2011, 389; in diesem Sinne schon BGH v. 15.7.2009 – VIII ZR 171/08 –, NJW-RR 2010, 43, 44.

E. Reichweite der Entscheidung

I. Keine neue Ausgleichsberechnungsmethode

Die Entscheidung des EuGH in der Rechtssache Semen gegen Tamoil sowie die Neufassung des § 89b Abs. 1 Satz 1 HGB zog zunächst keine nennenswerten Konsequenzen für die Rechtsprechung des BGH nach sich. Der BGH greift für die Berechnung des Ausgleichsanspruchs auf die altbewährten Methoden zurück.[702] Damit sind die Auswirkungen der Entscheidung des EuGH v. 26. März 2009 auf den ersten Blick gering. Auffällig ist dabei, dass auch die in der langjährigen Rechtsprechungspraxis des BGH gängigen Billigkeitsabschläge unverändert fortbestehen.[703]

II. Handelsvertreterfreundlichste Auslegung

Der EuGH stellt in der Entscheidung v. 26. März 2009 den Schutz des Handelsvertreters in den Mittelpunkt seiner richtlinienkonformen Auslegung zu § 89b HGB.[704] Für *Emde* ist diese Aussage die bedeutendste Folge des EuGH-Urteils.[705] Es sei immer die Auslegung zu bevorzugen, welche nach der Richtlinie die einerseits mögliche, also vertretbare und andererseits handelsvertreterfreundlichste ist. Der EuGH fungiert also als Hüter der Rechte des Handelsvertreters und nimmt seinen in den Erwägungen der Richtlinie niedergelegten Schutzauftrag sehr ernst.

III. Nationale Bedeutung der EG- Handelsvertreter-Richtlinie für Warenvertreter und andere Handelsvertreter

Die Reichweite der richtlinienkonformen Auslegung des § 89b HGB ist umstritten.

---

702 Übereinstimmende Einschätzung in der Literatur *Christoph*, NJW 2010, 647, 648; *Wauschkuhn/Fröhlich*, BB 2010, 524, 527; *Thume*, VersR 2012, 665, 668; *Ströbl*, BB 2013, 1027; *Emde*, BB 2012, 3087, f.; bereits frühzeitig realistisch *Kuhn*, jurisPR-HaGesR 8/2009 Anm. 1.

703 Zu Tankstellenpächtern BGH v. 11.11.2009 – VIII ZR 249/08 –, IHR 2010, 154 ff.; zu Vertragshändlern BGH v. 6.10.2010 – VIII ZR 210/07 –, NJW-RR 2011, 389, 392.

704 *Emde*, DStR 2009, 1478, 1480.

705 *Emde* sieht eine Bedeutung für die Praxis der nächsten Jahrzehnte, DStR 2009, 1478, 1480.

1. *Richtlinienkonforme Auslegung des § 89b HGB nur für Warenvertreter*

Eine richtlinienkonforme Auslegung von § 89b Abs. 1 HGB a.F. ist für Warenvertreter geboten, soweit Ausgleichsansprüche vor dem Inkrafttreten der Neufassung des § 89b HGB am 5.8.2009 zur Entstehung gelangt sind.[706] Nach einer Ansicht in der Rechtsprechung und Literatur gilt dies jedoch nicht für Versicherungs- und Bausparkassenvertreter, die von der EG-Handelsvertreter-Richtlinie nicht erfasst werden (vgl. Art. 1 Abs. 2 EG-Handelsvertreter-Richtlinie).[707] Eine richtlinienkonforme Auslegung für die Versicherungsvertreter könne auch nicht aus dem Gebot der einheitlichen Auslegung des nationalen Handelsvertreterrechts abgeleitet werden, da der deutsche Gesetzgeber bezüglich des Ausgleichsanspruchs den Versicherungs- und Bausparkassenvertretern bewusst anderen Regeln unterworfen habe als den Warenvertreter.[708] Ein Wille des nationalen Gesetzgebers zur Gleichbehandlung des Ausgleichsanspruchs von Versicherungsvertretern und Warenvertretern existiere im zeitlichen Anwendungsbereich von § 89b HGB a.F. nicht.[709] Diese Ansicht verweist zur Begründung auf den Entwurf eines Gesetzes zur Durchführung der EG-Richtlinie zur Koordinierung des Rechts der Handelsvertreter vom 7.11.1988.[710] Nach der Regierungsbegründung sollte mit der vorgeschlagenen Regelung des § 89b Abs. 5 HGB der für Versicherungsvertreter geltende, durch Besonderheiten im Vergleich zum Warenvertreter geprägte Rechtszustand kodifiziert werden.[711] Die Besonderheit des Ausgleichsanspruchs des Versicherungsvertreters gegenüber dem Warenvertreter liegt darin, dass es beim Versicherungsvertreter um den Ausgleich von Verlusten aus den von dem Versicherungsvertreter vermittelten, in der Regel längerfristigen Versicherungsverträgen geht (sog. Versicherungsbestand), die infolge der Beendigung des Vertragsverhältnisses eintreten, während dem Warenvertreter

---

706 Offen gelassen in BGH v. 23.11.2011 – VIII ZR 203/10 –, NJW-RR 2012, 674, 675 mit Anmerkung von *Emde*, EWiR 2012, 207; *Balke/de Groot*, NJOZ 2010, 1551, 1554; zustimmend *Busche*, in Oetker, HGB, § 89b Rn. 2; *Weske*, in Flohr/Wauschkuhn, Vertriebsrecht, § 89b HGB Rn. 333 ff.

707 BGH v. 21.02.2013 – VII ZA 14/12 –, juris; *Busche*, in Oetker, HGB, § 89b Rn. 2.

708 BGH v. 23.11.2011 – VIII ZR 203/10 –, NJW-RR 2012, 674, 675 f.; *Busche*, in Oetker, HGB, § 89b Rn. 2.

709 BGH v. 21.02.2013 – VII ZA 14/12 –, juris.

710 BT-Drs. 11/3077, S. 6, 9 f.

711 BT-Drs. 11/3077, S. 6, 9 f. Der Gesetzgeber folgte der Auffassung des Rechtsausschusses, der eine Änderung des § 89b Abs. 1 HGB für obsolet hielt, da die Vorschrift bereits den Anforderungen der EG-Handelsvertreter-Richtlinie entspreche, vgl. BT-Drs. 11/4559, S. 9.

Vorteile zu vergüten sind, die der Unternehmer aus dem vom Handelsvertreter geschaffenen Kundenstamm nach der Vertragsbeendigung hat[712]. Auch der BGH gelangt in seinem Beschluss vom 21.2.2013 zu dem Ergebnis, dass der Gesetzgeber eine Gleichbehandlung von Handelsvertretern und Versicherungsvertretern in Bezug auf den Ausgleichsanspruch nicht vornehmen wollte.[713]

2. *Richtlinienkonforme Auslegung des § 89b HGB für alle Handelsvertreterarten*

Die Ungleichbehandlung von Handelsvertretern und Versicherungsvertretern in Bezug auf den Ausgleichsanspruch ist auf Kritik gestoßen, weil sie zu einer unübersichtlichen Zweiteilung des Rechts führt.[714] Eine solche Zweiteilung sei aber nicht obligatorisch, da der BGH sogar im nicht kodifizierten Vertragshändlerrecht ausdrücklich eine richtlinienkonformen Auslegung des § 89b Abs. 1 HGB vornimmt.[715] Im nicht kodifizierten Vertragshändlerrecht bestehe noch weniger ein Grund zur richtlinienkonformen Auslegung des § 89b Abs. 1 HGB als in Abs. 5, der ausdrücklich auf den grundsätzlich richtlinienkonform auszulegenden Abs. 1 verweist.[716] Dem Wortlaut nach müsse der Verweis des § 89b Abs. 5 HGB auf Abs. 1 als ein solcher auf die richtlinienkonform ausgelegte Fassung des Abs. 1 verstanden werden, wie sie für alle anderen Handelsvertreter und

---

712 BT-Drs. 11/3077, S. 9 f. Zur Rechtsnatur des Ausgleichsanspruchs von Waren- und Versicherungsvertretern, vgl. OLG Frankfurt a.M. v. 26.1.1978 – 15 U 250/76 –, BB 1978, 728, 729; *Gessler*, Der Ausgleichsanspruch der Handels- und Versicherungsvertreter, 1953, S. 53 ff.; *Thume*, in Küstner/Thume, Handbuch des gesamten Vertriebsrechts, Bd. 2, Kap. I Rn. 23. In der Praxis werden in den Versicherungsvertreterverträgen meist sog. Provisionsverzichtsklauseln vereinbart. Danach sollen alle Provisionsansprüche entgegen §§ 92 Abs. 3, 4, 87 Abs. 1 S. 1 Fall 1, 87a HGB mit der Vertragsbeendigung entfallen. Von den Provisionsverzichtsklauseln umfasst ist der Teil eines verdienten Anspruchs, der bis zur Vertragsbeendigung noch nicht fällig geworden ist. Folglich betrifft ein etwaiger Anspruch des Versicherungsvertreters auf Ausgleich bereits verdiente Provisionsansprüche, auf deren Existenz sich die Provisionsverzichtsklausel vernichtend auswirkt. *Thume*, in Küstner/Thume, Handbuch des gesamten Vertriebsrechts, Bd. 2, Kap. I Rn. 33. Vgl. zum Grundgedanken des Ausgleichsanspruchs des Versicherungsvertreters *Fuchs-Baumann*, DB 2001, 2131, 2132.

713 BGH v. 21.02.2013 – VII ZA 14/12 –, juris.

714 *Emde*, EWiR 2013, 485, 486.

715 BGH v. 16.2.2011 – VIII ZR 226/07 –, BB 2011, 973 (Leitsatz) explizit zu § 89b Abs. 3 Nr. 2 HGB; zustimmend *Emde*, ZvertriebsR, 2012, 116; *ders.*, EWiR 2000, 237, 238.

716 *Emde*, EWiR 2013, 485, 486.

sogar für Vertragshändler in analoger Anwendung des § 89b Abs. 1 HG gilt.[717] Ins Feld geführt wird die Entscheidung des OLG Rostock vom 4.3.2009[718], die sich im Versicherungsrecht für eine richtlinienkonforme Auslegung des § 89b Abs. 3 HGB entschied. Das OLG Rostock räumt zwar ein, dass die EG-Handelsvertreter-Richtlinie nach ihrem eindeutigen Wortlaut keine Regelung für den Versicherungsvertreter enthält. Da der nationale Gesetzgeber den Versicherungsvertreter in § 92 Abs. 2 HGB - vorbehaltlich der Regelungen in den Absätzen 3 und 4 - rechtlich dem Handelsvertreter gleichgestellt habe, werde diesen die Umsetzung der Richtlinie ins nationale Recht unmittelbar treffen.

Daneben wird auf die Entscheidung des BGH vom 25.10.2012[719] betreffend die richtlinienkonforme Auslegung des § 90a HGB verwiesen.[720] Danach ergebe sich die Notwendigkeit einer richtlinienkonformen Auslegung nicht aus dem Europarecht selbst, da Versicherungsvertreter von der Handelsvertreterrichtlinie nicht erfasst werden (vgl. Art. 1 Abs. 2 EG-Handelsvertreter-Richtlinie). Eine richtlinienkonforme Auslegung von § 90a Abs. 1 Satz 2 HGB sei jedoch wegen des Gebots der einheitlichen Auslegung des nationalen Rechts erforderlich. § 90a HGB diene der Umsetzung von Art. 20 der EG-Handelsvertreter-Richtlinie.[721] Der deutsche Gesetzgeber stellt gemäß § 92 Abs. 2 HGB die Versicherungsvertreter den Handelsvertretern gleich. Eine gespaltene Auslegung des § 90a HGB je nachdem, ob er direkt oder kraft des Verweises des § 92 Abs. 2 HGB Anwendung findet, komme nicht in Betracht.[722] Denn es gäbe keine Anhaltspunkte dafür, dass der Gesetzgeber Handelsvertreter und Versicherungsvertreter hinsichtlich der nachvertraglichen Wettbewerbsabreden unterschiedlich behandeln wollte.[723]

Schließlich wird Bezug genommen auf einen weiteren Aspekt in der Entscheidung des BGH vom 16.2.2011.[724] Danach gilt die richtlinienkonformen Auslegung des § 89b Abs. 3 Nr. 2 HGB nicht nur für Handelsvertreterverhältnisse,

717 *Emde*, EWiR 2013, 485, 486.

718 OLG Rostock v. 04.03.2009 – 1 U 57/08 –, NJW-RR 2009, 1631 mit Anmerkung von *Emde*, EWiR 2009, 611.

719 BGH v. 25.10.2012 – VII ZR 56/11 –, BGHZ 195, 207 ff.

720 *Emde*, EWiR 2013, 485, 486.

721 BT-Drs. 11/3077, S. 6, 10.

722 BGH v. 25.10.2012 – VII ZR 56/11 –, BGHZ 195, 207, 221 mit Anmerkung von *Emde*, EWiR 2013, 13.

723 Vgl. BT-Drs. 1/3856, S. 39.

724 BGH v. 16.2.2011 – VIII ZR 226/07 –, BB 2011, 973.

sondern auch im Vertragshändlerrecht.[725] Zwar regle die EG-Handelsvertreter-Richtlinie nur das Recht der Handelsvertreter, nicht das der Vertragshändler. Nach deutschem Recht sei aber das Handelsvertreterrecht auf das Rechtsverhältnis der Vertragshändler entsprechend anzuwenden. Dies gelte auch insoweit, als die Auslegung handelsvertreterrechtlicher Bestimmungen - wie des § 89b Abs. 3 Nr. 2 HGB - durch die Handelsvertreterrichtlinie beeinflusst wird.[726]

3. *Stellungnahme und Ergebnis*

Dem Schutz der EG-Handelsvertreter-Richtlinie unterliegen nicht nur Warenvertreter, sondern auch nicht von der Richtlinie erfasste Vertreter.[727] Denn der deutsche Gesetzgeber hat sich aufgrund der mangelnden Differenzierung des HGB zwischen Warenvertretern und anderen Handelsvertretern bei der Novellierung des § 89b HGB infolge des EuGH-Urteils vom 26.3.2009 für eine Gleichstellung aller Handelsvertreter entschieden.[728] Darüber hinaus ist wegen des Gebots der einheitlichen Auslegung nationalen Rechts eine richtlinienkonforme Auslegung des § 89b HGB für alle Vertreter erforderlich.[729] Im Ergebnis reicht die Bedeutung der Neufassung des § 89b Abs. 1 HGB nach zutreffender Einschätzung von *Thume* weit über den Bereich der EG-Handelsvertreter-Richtlinie hinaus.[730] Denn die EG-Handelsvertreter-Richtlinie gilt gem. Art. 1 Abs. 2 nur für Warenvertreter, zu denen unter anderem auch Tankstellenpächter und die Vermittler von dauerhaften Gas-, Wasserversorgungs- und Abfallbeseitigungsverträgen gehören. Die deutsche Norm hingegen erfasst den Ausgleichsanspruch aller Handelsvertreter, also auch z.B. den der Versicherungs- und Bausparkassenvertreter.[731] Die Ausweitung der richtlinienkonformen Auslegung von § 89b HGB auf alle Handelsvertreter einschließlich Versicherungsvertreter und für die

---

725 BGH v. 16.2.2011 – VIII ZR 226/07 –, BB 2011, 973, 974 mit Anmerkung von *Köhnen*, BB 2011, 976, 977, der den Zuwachs an Rechtssicherheit begrüßt. Vgl. auch *Thume*, IHR 2011, 210.

726 BGH v. 16.2.2011 – VIII ZR 226/07 –, BB 2011, 973, 974.

727 *Emde*, Vertriebsrecht, Vor § 84 Rn. 23 spricht insoweit von einer analogen Anwendung und Ausstrahlungswirkung der Richtlinienvorschriften. Zur richtlinienkonformen Anwendung der §§ 84 ff. HGB im gesamten Vertriebsrecht, *Thume*, BB 2011, 1800 ff.

728 *Emde*, Vertriebsrecht, Vor § 84 Rn. 23.

729 *Thume*, in Küstner/Thume, Handbuch des gesamten Vertriebsrechts, Bd. 2, Kap. I Rn. 4; *ders.*, in Röhricht/Graf von Westphalen/Haas, HGB, § 89b Rn. 8.

730 *Thume*, BB 2009, 2490 f.

731 *Thume*, BB 2009, 2490 f.

Rechtsverhältnisse, auf die das Handelsvertreterrecht nach der Rechtsprechung des BGH entsprechend angewendet wird, gilt auch für die Ausschlusstatbestände gem. § 89b Abs. 3 HGB.[732]

IV. Darlegungs- und Beweislast

Die allgemeinen Grundsätze zur Darlegungs- und Beweislast haben sich durch die Entscheidung des EuGH v. 26. März 2009 nicht verändert. Der Handelsvertreter hat als Anspruchsteller prozessual alle anspruchsbegründenden Tatsachen wie die zu erwartenden Unternehmervorteile sowie für ihn günstige Billigkeitsumstände vorzutragen und ggf. nachzuweisen.[733] Teile der Literatur raten mit Blick auf die Nachweisschwierigkeiten des Handelsvertreters hinsichtlich der zu erwartenden Unternehmervorteile zu einer Stufenklage.[734] Dabei wird auf der ersten Stufe zunächst Auskunft über die zu erwartenden Unternehmervorteile verlangt, der Ausgleich in der zweiten Stufe zunächst unbeziffert eingeklagt und erst nach Erfüllung des Auskunftsanspruchs beziffert. Diese stufenweise prozessuale Vorgehensweise ist jedoch nicht notwendig und verspricht auch nach ständiger Rechtsprechung des BGH in Fällen des Ausgleichsanspruchs eines Handelsvertreters keinen Erfolg. Der BGH lässt regelmäßig in solchen Fällen Beweiserleichterungen zu. Die Darlegungslast wurde etwa durch den BGH einem Versicherungsvertreter dadurch erleichtert, dass er auf Durchschnitts- und Erfahrungswerte sowie auf das gerade im Versicherungsgeschäft meist vorhandene statistische Material zurückgreifen konnte[735]. Unter diesen Umständen war der Versicherungsvertreter als Kläger nach der Einschätzung des BGH zur Darlegung der Voraussetzungen seines Ausgleichsanspruchs auf die geforderte Auskunft nicht angewiesen.[736] Auch wenn dem Handelsvertreter statistisches Material über die Kalkulation und die Entwicklung des Kundenstamms des Unternehmers fehlen, so können doch

---

732 So auch OLG Rostock v. 04.03.2009 – 1 U 57/08 –, NJW-RR 2009, 1631. Es sei nicht ersichtlich, dass der Gesetzgeber Handels- und Versicherungsvertreter hinsichtlich des Erlöschens des Ausgleichsanspruchs nach § 89b HGB unterschiedlich behandeln wollte oder anlässlich der Umsetzung des Europarechts behandeln wird.

733 Vgl. dazu Teil 6 der Arbeit unter E IV 3.

734 *Hopt*, Handelsvertreterrecht, § 84 Rn. 2; *Thume*, BB 2009, 2490, 2495; *ders.*, IHR 2011, 7, 14; Semler, BB 2009, 2327; siehe dazu auch *Martinek*, in Festschrift für Lüke, S. 407 f.

735 Hinweis auf BGH v. 23.2.1961 – VII ZR 237/59 –, BGHZ 34, 310, 319; BGH v. 6.7.1972 – VII ZR 75/71 –, BGHZ 59, 125, 130.

736 BGH v. 3.4.1996 – VIII ZR 54/95 –, NJW 1996, 2100, 2102.

vom BGH gegebenenfalls Rückschlüsse aus den Provisionsabrechnungen des Handelsvertreters gezogen werden.

V. Stärkung des europäischen Rechts

Das Verfahren in der Rechtssache Semen gegen Tamoil ist aus mehreren Gesichtspunkten von grundsätzlicher Bedeutung. Zum einen legt mit dem LG Hamburg ein nationales Gericht dem EuGH Fragen vor und erkennt die Auslegungshoheit des EuGH an. In dem Bericht der Europäischen Kommission v. 23.7.1996 beklagt diese noch, dass „gegenwärtig die Rechtsprechung betreffend die Richtlinie sehr gering ist". Die Kommission fügte aber hinzu, dass nach den (bis 1996) vorliegenden Auskünften Art. 17 der EG-Handelsvertreter-Richtlinie der Klärung bedarf.[737]

Die bedeutendste Konsequenz aus der Entscheidung des EuGH v. 26. März 2009 liegt in der beachtlichen Autorität des EuGH. Diese zeigt sich vor allem in der Umsetzung der Entscheidung in nationales Recht in rekordverdächtiger Zeit. Bereits am 31.7.2009 erließ der deutsche Gesetzgeber die Neufassung des § 89b HGB. Auch der BGH erwähnt die EuGH-Entscheidung in jedem Streitverfahren zu Ausgleichsansprüchen, wenngleich er sie bislang regelmäßig nicht für entscheidungserheblich hält. Für den Fall, dass der Handelsvertreter geltend gemacht, dass die dem Unternehmer verbleibenden Vorteile höher zu bewerten wären als seine Provisionsverluste, bleibt abzuwarten, inwieweit der BGH seinem vom EuGH betonten Schutzauftrag für den Handelsvertreter nachkommt.

F. Ergebnis

Abweichend von Art. 17 Abs. 2a der Richtlinie 86/653/EWG sah § 89b Abs. 1 Nr. 2 HGB in der Fassung bis zur Gesetzesänderung vom 31.7.2009 als eigenständiges Tatbestandsmerkmal vor, dass der Handelsvertreter infolge der Beendigung des Vertragsverhältnisses Provisionsverluste erleidet. Diesem Merkmal kam in der Rechtsprechung des BGH zu § 89b Abs. 1 HGB a.F. besondere Bedeutung zu. Die in § 89b Abs. 1 Nr. 3 HGB a.F. vorgesehene Billigkeitsprüfung hatte nach dieser Rechtsprechung nur eingeschränkte Bedeutung als Korrektiv, das sich regelmäßig in pauschalen Bewertungsabschlägen im Rahmen einer tatrichterlichen Schätzung manifestierte. Die unzureichende Umsetzung des Art. 17 Abs. 2a der Richtlinie 86/653/EWG wurde lange Zeit im Schrifttum kritisiert.

Die EuGH-Entscheidung in der Rechtssache Semen gegen Tamoil führte zur Anpassung des Wortlauts in § 89b Abs. 1 HGB an den Art. 17 Abs. 2 Buchst. a

737 Kommissionsbericht vom 23.7.1996 [KOM (96) 364] S. 12.

der EG-Richtlinie 86/653/EWG. Der EuGH stellte in der Vorabentscheidung fest, dass eine Begrenzung des Ausgleichsanspruchs des Handelsvertreters auf Provisionsverluste mit Art. 17 Abs. 2 Buchst. a der EG-Handelsvertreter-Richtlinie unvereinbar ist. Durch die Gesetzesänderung vom 31.7.2009 wurde die 3-Stufenprüfung nach § 89b Abs. 1 HGB a.F. durch eine 2-Stufenprüfung nach § 89b Abs. 1 HGB n.F. ersetzt. Damit kommt nach § 89b Abs. 1 HGB n.F. der Billigkeitsprüfung noch mehr Gewicht zu, da Provisionsverluste nur noch ein Beispiel im Rahmen der Billigkeitserwägungen sind. Ein wesentliches Argument des EuGH in der Begründung der Entscheidung in der Rechtssache Semen gegen Tamoil war die seiner Auffassung nach der EG-Handelsvertreter-Richtlinie immanente handelsvertreterfreundliche Auslegung. Entgegen den Erwartungen und Reaktionen im Schrifttum wendet der BGH die vom EuGH entwickelten Grundsätze an, ohne im Kern von seiner langjährigen Rechtsprechung abzurücken. Die umfassende Auslegungshoheit des EuGH über die EG-Handelsvertreter-Richtlinie wurde durch die Entscheidung in der Rechtssache Semen gegen Tamoil bestätigt.

Bedeutung hat die EuGH-Entscheidung in der Rechtssache Semen gegen Tamoil vor allem wegen der sehr zeitnahen Angleichung des Wortlauts in § 89b Abs. 1 HGB an den Art. 17 Abs. 2 Buchst. a der EG-Richtlinie. Der Schutz der EG-Handelsvertreter-Richtlinie reicht über ihren unmittelbaren Anwendungsbereich auf Warenvertreter (Art. 1 Abs. 2 EG-Handelsvertreter-Richtlinie) hinaus. Aufgrund der mangelnden Differenzierung des HGB zwischen Warenvertretern und anderen Handelsvertretern hat sich der deutsche Gesetzgeber bei der Novellierung des § 89b HGB infolge des EuGH-Urteils vom 26.3.2009 für eine Gleichstellung aller Handelsvertreter entschieden. Zudem ist wegen des Gebots der einheitlichen Auslegung nationalen Rechts eine richtlinienkonforme Auslegung des § 89b HGB für alle Handelsvertreter geboten.

Teil 8 Kündigung des Unternehmers als Ausschlussgrund

§ 89b Abs. 3 HGB regelt, unter welchen Voraussetzungen ein Ausgleichsanspruch des Handelsvertreters gegen den Unternehmer bei Beendigung des Vertragsverhältnisses nicht besteht. Die Ausschlusstatbestände des § 89b Abs. 3 HGB stellen nach Sinn und Zweck konkretisierte Billigkeitsregeln dar.[738] Systematisch entsteht der Ausgleichsanspruch nicht, wenn einer der Ausschlussgründe des § 89b Abs. 3 HGB vorliegt. In diesem Fall sind die Anspruchsvoraussetzungen des § 89b Abs. 1 S. 1 Nr. 1 u. 2 HGB ohne Bedeutung.[739]

A. Systematische Einordnung und Hintergrund des § 89b Abs. 3 Nr. 2 HGB

Nach § 89b Abs. 3 Nr. 2 HGB besteht der Ausgleichsanspruch nicht, wenn der Unternehmer das Vertragsverhältnis gekündigt hat und für die Kündigung ein wichtiger Grund wegen schuldhaften Verhaltens des Handelsvertreters vorlag. Der Ausschlussgrund in § 89b Abs. 3 Nr. 2 HGB ist aus § 89b Abs. 3 Satz 2 HGB a.F. übertragen worden und war im HGB von 1953[740] bereits inhaltlich unverändert geregelt.[741] Die EG-Richtlinie 86/653/EWG weicht von dem Wortlaut in § 89b Abs. 3 Nr. 2 HGB ab. Nach Art. 18 lit. a der Richtlinie besteht der Anspruch auf Ausgleich oder Schadensersatz gem. Art. 17 nicht, wenn der Unternehmer den Vertrag *wegen* eines schuldhaften Verhaltens des Handelsvertreters *beendet* hat, das aufgrund der einzelstaatlichen Rechtsvorschriften eine fristlose Beendigung des Vertrages rechtfertigt.

Die Erwägungsgründe der Richtlinie geben keinen Aufschluss über den Hintergrund der Abweichung des Wortlauts von dem deutschen Vorbild für den

738 BGH v. 28.2.2007 - VIII ZR 30/06 -, BGHZ 171, 192, 199.

739 *Löwisch*, in Ebenroth/Boujong/Joost/Strohn, HGB, § 89b Rn. 43; *von Hoyningen-Huene*, in MünchKomm HGB, § 89b Rn. 157.

740 Art. 1 des Gesetzes zur Änderung des Handelsgesetzbuches (Recht der Handelsvertreter) vom 6.8.1953, BGBl. I, S. 771; siehe dazu Begründung Regierungsentwurf, BT-Drs. 1/3856, S. 9, 33 ff.

741 § 89b Abs. 3 Nr. 2 HGB ist verfassungskonform, so OLG Hamm v. 6.6.1991 - 18 U 114/90 -, NJW-RR 1992, 364 f.; OLG München v. 11.8.1993 - 7 U 2011/93 -, BB 1993, 1835, 1836.

Ausschlusstatbestand. Die Vorschläge der Kommission[742] sahen übereinstimmend in Art. 31 Buchst. a) vor, dass der Ausgleichsanspruch nicht besteht, wenn der Unternehmer den Vertrag nach Art. 27 Abs. 1 a [außerordentliche Kündigung] gekündigt hat oder „hätte kündigen können". Die Stellungnahmen des Europäischen Parlaments[743] und des Wirtschafts- und Sozialausschusses[744] hatten die Abweichung der Richtlinie vom deutschen Recht in § 89b Abs. 3 Nr. 2 HGB ebenfalls nicht zum Gegenstand.[745] Der nationale Gesetzgeber hat das Gesetz vom 23.10.1989[746] im Zuge der Umsetzung der Richtlinie 86/653/EWG erlassen, den § 89b Abs. 3 Nr. 2 HGB aber unverändert gelassen. Der abweichende Wortlaut des Ausschlussgrundes in § 89b Abs. 3 Nr. 2 HGB zu der EG-Richtlinie 86/653/EWG zog die Vorlage des BGH v. 29.4.2009[747] an den EuGH nach sich. Aufgrund der Vorlageentscheidung des EuGH änderte der BGH seine Rechtsprechung zu § 89b Abs. 3 Nr. 2 HGB.

B. Rechtsprechung des BGH

Nach langjähriger Rechtsprechung des BGH setzte § 89b Abs. 3 Nr. 2 HGB nur voraus, dass der Unternehmer das Vertragsverhältnis gekündigt hat und für die Kündigung ein wichtiger Grund wegen schuldhaften Verhaltens des Handelsvertreters vorlag.[748] Von dem Ausschlussgrund ist sowohl die ordentliche Kündigung als auch die außerordentliche erfasst.[749] Der Unternehmer musste den Ausspruch nicht im Zeitpunkt der Kündigung auf einen bestimmten Kündigungsgrund stützen.[750] Selbst wenn der Unternehmer von einer außerordentlichen Kündigung absah, war er nach der Ansicht des BGH nicht gehindert, sich auf das Vorliegen eines vom Handelsvertreter verschuldeten wichtigen Grundes

742 ABl. EG Nr. C 13 vom 18.1.1977, S. 2 und ABl. EG Nr. C 56 vom 2.3.1979, S. 5.
743 ABl. EG Nr. C 239 vom 9.10.1978, S. 17.
744 ABl. EG Nr. C 59 vom 8.3.1978, S. 31.
745 So zutreffend der BGH v. 29.4.2009 – VIII ZR 226/07, BB 2010, 335, 337.
746 BGBl. I 1989, S. 1910.
747 BGH v. 29.4.2009 – VIII ZR 226/07 –, BB 2010, 335 ff.
748 So zu § 89b Abs. 3 S. 2 HGB a.F. BGH v. 21.5.1975 – I ZR 141/74 –, VersR 1975, 807, 808.
749 BGH v. 29.3.1990 – I ZR 2/89 –, NJW 1990, 2889, 2890; *von Hoyningen-Huene,* in MünchKomm HGB, § 89b Rn. 178; *U. Müller*, in Saenger/Aderhold/Lenkaitis/Speckmann, Handels- und Gesellschaftsrecht, 1. Teil § 1, F. Rn. 768.
750 BGH v. 6.7.1967 – VII ZR 35/65 –, BGHZ 48, 222, 224.

zu berufen.[751] Eine fristlose Kündigung des Unternehmers war demnach nicht erforderlich, um den Ausschluss des Ausgleichsanspruchs zu erreichen.

Der Begriff des wichtigen Grundes zur außerordentlichen Kündigung im Sinne des § 89b Abs. 3 Nr. 2 HGB stimmt inhaltlich mit dem Terminus des wichtigen Grundes im Sinne des § 89a Abs. 1 S. 1 HGB überein.[752] Der Grund für die Kündigung musste nach früherer Rechtsprechung des BGH weder genannt werden, noch musste der Unternehmer ihn kennen.[753] Erfährt der Unternehmer vor Vertragsende von dem nachträglich entstandenen wichtigen Kündigungsgrund, so hatte er nach der Auffassung des BGH noch Gelegenheit, diesen Grund zum Anlass einer neuen fristlosen Kündigung zu nehmen.[754]

Voraussetzung für den Ausschlussgrund des § 89b Abs. 3 Nr. 2 HGB ist ferner, dass ein wichtiger Grund wegen schuldhaften Verhaltens des Handelsvertreters gegeben ist. Der BGH versteht den Begriff schuldhaft entsprechend seiner sonst üblichen Bedeutung, wie er in § 276 BGB allgemein für vertragliche Schuldverhältnisse festgelegt ist.[755] Danach hat der Handelsvertreter Vorsatz und Fahrlässigkeit zu vertreten. Ein vorsätzliches oder fahrlässiges Verhalten ist demnach schuldhaft im Sinne des § 89b Abs. 3 Nr. 2 HGB. Der Unternehmer ist für das schuldhafte Verhalten des Handelsvertreters darlegungs- und beweispflichtig.[756]

C. Abweichende Meinungen in Rechtsprechung und im Schrifttum

Die Rechtsprechung des BGH zu § 89b Abs. 3 Nr. 2 HGB wurde seit langem in weiten Teilen der Literatur kritisiert.[757] Insbesondere die ungenaue Umsetzung des Art. 18 lit. a der EG-Richtlinie wurde bemängelt. Nach dieser Vorschrift bestehe nämlich der Ausgleich nur dann nicht, wenn der Unternehmer

---

751 Vgl. BGH v. 6.7.1967 – VII ZR 35/65 –, BGHZ 48, 222, 224; BGH v. 21.5.1975 – I ZR 141/74 –, VersR 1975, 807, 808.

752 Bestätigung durch BGH v. 11.7.1975, I ZR 142/74, WM 1975, 1111, 1112; BGH v. 16.2.2000 – VIII ZR 134/99 –, NJW 2000, 1866, 1867.

753 BGH NJW 1958, 1966, 1967; *von Hoyningen-Huene,* in MünchKomm HGB, § 89b Rn. 178.

754 BGH v. 6.7.1967 – VII ZR 35/65 –, BGHZ 48, 222, 225.

755 BGH v. 4.6.1986 – I ZR 161/84 –, VersR 1986, 1072, 1073.

756 OLG München v. 11.4.1997 – 23 U 5702/96 –, NJW-RR 1998, 174 f.; *Wauschkuhn,* in Flohr/Wauschkuhn, Vertriebsrecht, § 89b HGB Rn. 250; *Genzow,* in Ensthaler, GK-HGB, § 89b Rn. 55.

757 *Hopt,* in Baumbach/Hopt, HGB, § 89b Rn. 66; *Thume,* in Küstner/Thume, Handbuch des gesamten Vertriebsrechts, Bd. 2, Kap. XI Rn. 141.

den Vertrag wegen des schuldhaften Verhaltens des Handelsvertreters beendigt. Damit stelle die Richtlinie also einen direkten Kausalzusammenhang zwischen der Kündigung und dem Kündigungsgrund her.[758] Diesem Ursachenzusammenhang müsse eine richtlinienkonforme Auslegung des § 89b Abs. 3 Nr. 2 HGB Rechnung tragen.[759] Die Kündigung müsse eben wegen dieses Grundes und nicht aus anderen Gründen ausgesprochen werden.[760] Das von der Rechtsprechung des BGH zugelassene Nachschieben von Gründen, könne zwar eine bis dahin unbegründete fristlose Kündigung § 89a Abs. 1 HGB rechtfertigen. Das Nachschieben solcher Gründe könne aber nicht den Ausgleich gem. § 89b Abs. 3 Nr. 2 HGB ausschließen.[761]

Mehrere Oberlandesgerichte schlossen sich der im Schrifttum seit längerem vertretenen Rechtsauffassung an, dass der Ausgleichsanspruch eines Handelsvertreters nur dann nach § 89b Abs. 3 Nr. 2 HGB ausgeschlossen ist, wenn die Kündigung durch den Unternehmer auf einen wichtigen Grund gestützt wird.[762] Die in der Rechtsprechung des BGH bis dahin vertretene Rechtsansicht,[763] wonach die Kündigung nicht wegen dieses Grundes zu erfolgen brauche, sei mit Art. 18 lit. a EG-Richtlinie 86/653/EWG nicht vereinbar. Anders als nach dem Wortlaut von § 89b Abs. 3 HGB sei also Voraussetzung für den Ausschluss des Ausgleichsanspruchs nicht nur, dass ein Sachverhalt vorlag, welcher eine außerordentliche Kündigung rechtfertigte, sondern dass die Kündigung gerade wegen dieses Sachverhalts ausgesprochen wurde. In richtlinienkonformer Auslegung des § 89b HGB sei deshalb Ursächlichkeit des wichtigen Grundes für die Kündigung zu verlangen.[764]

---

758 *Von Hoyningen-Huene,* in MünchKomm HGB, § 89b Rn. 178.

759 *Hopt,* in Baumbach/Hopt, HGB, § 89b Rn. 66; *Canaris,* Handelsrecht, § 15 Rn. 119; *Löwisch,* in Ebenroth/Boujong/Joost/Strohn, HGB, § 89b Rn. 63.

760 *Thume,* in Küstner/Thume, Handbuch des gesamten Vertriebsrechts, Bd. 2, Kap. XI Rn. 144; *Guski,* GPR 2009, 286, 287.

761 *Thume,* in Küstner/Thume, Handbuch des gesamten Vertriebsrechts, Bd. 2, Kap. XI Rn. 145. Ebenso *Hopt,* in Baumbach/Hopt, HGB, § 89b Rn. 66; *von Hoyningen-Huene,* in MünchKomm HGB, § 89b Rn. 178.

762 OLG Koblenz v. 22.3.2007 – 6 U 1313/06 –, NJW-RR 2007, 1044 ff.; OLG Frankfurt v. 31.7.2007 – 5 U 255/03 –, (Leitsatz) juris; siehe BGH v. 29.4.2009 – VIII ZR 226/07 –, BB 2010, 335 ff.

763 Vgl. nur BGH v. 6.7.1967 – VII ZR 35/65 –, BGHZ 48, 222, 224 f.; BGH v. 16.2.2000 – VIII ZR 134/99 –, NJW 2000, 1866, 1868.

764 OLG Koblenz v. 22.3.2007 – 6 U 1313/06 –, NJW-RR 2007, 1044, 1045.

D. Vorlage des BGH v. 29.4.2009 an den EuGH

Die Kritik an seiner Rechtsprechung führte zu der Vorlage des BGH v. 29.4.2009 an den EuGH.[765] In dem der Vorlage des BGH zugrunde liegenden Sachverhalt macht eine Vertragshändlerin u.a. einen Ausgleichsanspruch in entsprechender Anwendung des § 89b HGB gegen eine Automobilherstellerin (Unternehmerin) geltend.[766] Die Vertragshändlerin war seit 1993 als solche bei der Unternehmerin tätig. Mit Schreiben vom 6. März 1997 sprach die Unternehmerin die ordentliche Kündigung des Händlervertrages zum 31. März 1999 aus. Die geschäftsführenden Gesellschafter der Vertragshändlerin waren gleichzeitig Gesellschafter einer Autovermietung GbR, welche Lizenznehmerin einer Autovermietung GmbH & Co. KG war. Letztere war durch ein Großabnehmerabkommen mit der Unternehmerin verbunden. Die „Rahmenvereinbarung für Großkunden" mit der Unternehmerin sah Sondernachlässe bei der Belieferung mit fabrikneuen Volvo-Fahrzeugen vor. Voraussetzung für die Großkundensondernachlässe war eine Mindesthaltedauer und eine Mindestfahrleistung. Im Zeitraum von April 1998 bis Juli 1999 wurde bei 28 Fahrzeugen, die die Autovermietung GbR von der Vertragshändlerin gekauft hatte, die Mindesthaltedauer von sechs Monaten durch einen vorzeitigen Weiterverkauf nicht eingehalten. Im Hinblick darauf war die Unternehmerin der Auffassung, dass ein Ausgleichsanspruch der Vertragshändlerin gemäß § 89b Abs. 3 Nr. 2 HGB ausgeschlossen sei. Die Vertragshändlerin habe sich ihr nicht zustehende Zuschüsse in Höhe von 27.300,67 € verschafft, indem sie im bewussten Zusammenwirken mit der Autovermietung GbR die vertraglich vereinbarte Haltefrist nicht eingehalten und damit planmäßig gegen die Zuschussbedingungen der beklagten Unternehmerin verstoßen habe. Dieses fortgesetzte, vertragswidrige Vorgehen zum Nachteil der Unternehmerin stelle ein schuldhaftes Verhalten der Vertragshändlerin dar, das die Unternehmerin zur außerordentlichen Kündigung des Händlervertrages berechtigt und auf Grund dessen sie den Vertrag auch fristlos gekündigt hätte, wenn es ihr vor Beendigung des Händlervertrages bekannt geworden wäre.[767]

---

765 BGH v. 29.4.2009 – VIII ZR 226/07 –, BB 2010, 335 ff. Vorlage zwecks Vorabentscheidung zur Auslegung des Gemeinschaftsrechts gemäß Art. 267 AEUV (ehem. Art. 234 EGV).

766 In ständiger Rechtsprechung wendet der BGH das Handelsvertreterrecht auf Vertragshändler analog an, vgl. z.B. BGH v. 29.4.1993 – I ZR 150/91 –, NJW-RR 1993, 996 (Leitsatz); BGH v. 6.10.1999 – VIII ZR 125/98 –, BGHZ 142, 358, 367.

767 Sachverhalt stark verkürzt aus BGH v. 29.4.2009 – VIII ZR 226/07 –, BB 2010, 335 ff.

In der Vorlage des BGH legt dieser dem EuGH u.a. die Frage vor, ob eine richtlinienkonforme Auslegung des § 89b Abs. 3 Nr. 2 HGB ergibt, dass der Ausgleichsanspruch nur dann ausgeschlossen ist, wenn zwischen dem schuldhaften Verhalten des Handelsvertreters und der Kündigung des Unternehmers ein unmittelbarerer Ursachenzusammenhang besteht.[768]

E. Vorlageentscheidung des EuGH

Der EuGH hat mit Urteil vom 28.10.2010[769] auf die Vorlagefrage geantwortet, dass es Art. 18 Buchst. a der Richtlinie 86/653/EWG nicht zulässt, dass ein selbständiger Handelsvertreter seinen Ausgleichsanspruch verliert, wenn der Unternehmer ein schuldhaftes Verhalten des Handelsvertreters feststellt, das nach dem Zugang der ordentlichen Kündigung des Vertrages und vor Vertragsende stattgefunden hat und das eine fristlose Kündigung des Vertrags gerechtfertigt hätte.

Der EuGH antwortet auf die Frage des BGH, obwohl das Handelsvertreterrecht auf Vertragshändler nur analog angewendet wird.[770] Hinsichtlich seiner Zuständigkeit verweist der EuGH auf Art. 267 AEUV, der regelt, dass es in der Zusammenarbeit zwischen dem Gerichtshof und den nationalen Gerichten allein Sache des nationalen Gerichts ist, im Hinblick auf die Besonderheiten der jeweiligen Rechtssache sowohl die Erforderlichkeit einer Vorabentscheidung zum Erlass seines Urteils als auch die Erheblichkeit der dem Gerichtshof von ihm vorgelegten Fragen zu beurteilen.[771] Der Gerichtshof kann demnach das Ersuchen eines nationalen Gerichts nur zurückweisen, wenn offensichtlich ist, dass die erbetene Auslegung des Unionsrechts in keinem Zusammenhang mit der Realität oder dem Gegenstand des Ausgangsrechtsstreits steht oder dass die Frage allgemeiner oder hypothetischer Natur ist.[772]

---

768 BGH v. 29.4.2009 – VIII ZR 226/07 –, BB 2010, 335. So bereits OLG Rostock v. 4.3.2009 – 1 U 57/08 –, NJW-RR 2009, 1631 (Leitsatz).

769 EuGH v. 28.10.2010 – C 203/09 –, Slg 2010, I-10721 Leitsatz 3 (Volvo Car Germany).

770 *Salomon/Wegstein* äußerten vorab Zweifel, ob der EuGH die Frage überhaupt beantwortet, Anmerkung BB 2010, 339 f.

771 Zur Erforderlichkeit der Vorlage *Borchardt,* in Lenz/Borchardt, EU-Verträge Kommentar, Art. 267 AEUV Rn. 24; *Kotzur,* in Geiger/Khan/Kotzur, EUV/AEUV, Art. 267 AEUV Rn. 15; *Schroeder,* in Streinz, EUV/AEUV, Art. 267 AEUV Rn. 35 f. *Schwarze,* in Schwarze, EU-Kommentar, Art. 267 AEUV Rn. 37; *Wegener,* in Calliess/Ruffert, EUV/AEUV, Art. 267 AEUV Rn. 21 ff.

772 EuGH v. 28.10.2010 – C 203/09 –, Slg 2010, I-10721 Tz. 23 (Volvo Car Germany). In diesem Sinne schon der Generalanwalt EuGH, Schlussanträge vom 3.6.2010,

Zur Begründung in der Sache hat der EuGH u.a. ausgeführt, dass nach dem Wortlaut des Art. 18 Buchst. a der Richtlinie der Ausgleichsanspruch nicht besteht, wenn der Unternehmer den Vertrag „wegen" eines schuldhaften Verhaltens des Handelsvertreters beendet hat, das aufgrund der einzelstaatlichen Rechtsvorschriften eine fristlose Beendigung des Vertrags rechtfertigt. Die Verwendung der Präposition „wegen" stütze die insbesondere von der Kommission vertretene These, wonach dem Handelsvertreter der in Art. 17 der Richtlinie vorgesehene Ausgleich nach dem Willen des Gesetzgebers nur versagt werden können soll, wenn zwischen dem schuldhaften Verhalten des Handelsvertreters und der Entscheidung des Unternehmers, den Vertrag zu beenden, ein unmittelbarer Ursachenzusammenhang besteht. An anderer Stelle der Begründung führt der EuGH aus, dass Art. 18 Buchst. a der EG-Handelsvertreter-Richtlinie als Ausnahme von dem Anspruch des Handelsvertreters auf einen Ausgleich eng auszulegen sei.[773] Die Bestimmung könne daher nicht in einer Weise ausgelegt werden, die darauf hinausliefe, dass ein Grund für den Ausschluss des Ausgleichsanspruchs hinzukommt, der in dieser Bestimmung nicht ausdrücklich vorgesehen sei.

Erfährt der Unternehmer erst nach Vertragsende von dem schuldhaften Verhalten des Handelsvertreters, sei es daher nicht möglich, die in Art. 18 Buchst. a der Richtlinie vorgesehene Regelung anzuwenden.[774] Folglich kann dem Handelsvertreter der Ausgleichsanspruch nicht nach dieser Bestimmung versagt werden, wenn der Unternehmer, nachdem er den Vertrag gegenüber dem Handelsvertreter ordentlich gekündigt hat, ein schuldhaftes Verhalten des Handelsvertreters feststellt, das eine fristlose Kündigung des Vertrags gerechtfertigt hätte. Allerdings habe der Handelsvertreter nach Art. 17 Abs. 2 Buchst. a zweiter Gedankenstrich der Richtlinie Anspruch auf einen Ausgleich, wenn und soweit die Zahlung eines solchen Ausgleichs unter Berücksichtigung aller Umstände der Billigkeit entspricht.[775] Es sei somit nicht auszuschließen, dass das Verhalten des Handelsvertreters im Rahmen der Prüfung der Billigkeit des Ausgleichs berücksichtigt werden kann.

C-203/09, Celex-Nr. 62009CC0203, Slg 2010, I-10721 Tz. 30. Ebenso *Kotzur,* in Geiger/Khan/Kotzur, EUV/AEUV, Art. 267 AEUV Rn. 15.

773 In diesem Sinne auch die nationale Rechtsprechung zu § 89 Abs. 3 HGB, vgl. BGH v. 10.12.1997 – VIII ZR 329/96 –, NJW 1998, 1070 f.

774 So aber die Rechtsprechung des BGH, vgl. die Entscheidung v. 12.6.1963 – VII ZR 272/61 –, BGHZ 40, 13 ff. sowie BGH v. 6.7.1967 – VII ZR 35/65 –, BGHZ 48, 222 ff.

775 Auch der BGH prüft die Billigkeit gem. § 89b Abs. 1 Nr. 2 HGB n.F. bzw. § 89b Abs. 1 Nr. 3 HGB a.F., wenn der Ausschluss dem § 89b Abs. 3 HGB verneint wird, vgl. BGH v. 29.4.1993 – I ZR 150/91 –, NJW-RR 1993, 996.

F. Folgen der Volvo Car Entscheidung des EuGH für die Rechtsprechung des BGH

Der BGH folgte der richtlinienkonformen Auslegung des EuGH in seiner Entscheidung v. 16.02.2011.[776] Der Ausgleichsanspruch nach § 89b Abs. 3 Nr. 2 HGB sei nur dann ausgeschlossen ist, wenn zwischen dem schuldhaften Verhalten des Handelsvertreters und der Kündigung des Unternehmers ein unmittelbarer Ursachenzusammenhang besteht. Der BGH hält daher an seiner gegenteiligen Rechtsprechung nicht fest, nach der entsprechend dem Wortlaut des § 89b Abs. 3 Nr. 2 HGB ein solcher Kausalzusammenhang für die Anwendung der Vorschrift nicht erforderlich sein soll.[777] Die richtlinienkonforme Auslegung des § 89b Abs. 3 Nr. 2 HGB gilt nach der Entscheidung des BGH nicht nur für Handelsvertreterverhältnisse, sondern auch für den zu entscheidenden Fall eines Händlervertrages. Zwar regele die Richtlinie nur das Recht der Handelsvertreter, nicht das der Vertragshändler. Nach deutschem Recht sei aber das Handelsvertreterrecht auf das Rechtsverhältnis der Vertragshändler entsprechend anzuwenden.[778]

G. Reaktionen im Schrifttum auf das Vorlageverfahren

Aus Sicht von *Köhnen* ist die Entscheidung von erheblicher praktischer Relevanz für beide Parteien des Vertriebsvertrags.[779] Sie sei Ausdruck des Schutzzwecks der EG-Handelsvertreter-Richtlinie.[780] Der Unternehmer werde zukünftig wesentlich sorgfältiger zu prüfen haben, ob wichtige Kündigungsgrunde vorliegen und im Zweifel eher gehalten sein, eine Kündigung aus diesen Gründen tatsächlich auszusprechen, will er sich auf den Ausschlussgrund des § 89b Abs. 3 Nr. 2 HGB erfolgreich berufen.[781] Da den Unternehmer die Darlegungs- und Beweislast für den erforderlichen Kausalzusammenhang treffe, ergebe sich im Bereich des Anwendungsbereiches dieser Vorschrift aus der Entscheidung ein faktisches Begründungserfordernis bezüglich der Kündigungserklärung, um Beweisschwierigkeiten zu vermeiden. Aus Sicht des Handelsvertreters oder Vertragshändlers

776 BGH v. 16.02.2011 – VIII ZR 226/07 –, NJW-RR 2011, 614 ff.

777 So noch BGH v. 12.6.1963 – VII ZR 272/61 –, BGHZ 40, 13, 15 f.; BGH v. 6.7.1967 – VII ZR 35/65 –, BGHZ 48, 222, 224.

778 BGH v. 16.2.2011 – VIII ZR 226/07 –, NJW-RR 2011, 614, 616.

779 Anmerkung *Köhnen,* BB 2011, 973, 977.

780 Grundlegend EuGH v. 26.3.2009 – C-348/07 –, Slg 2009, I-02341 Tz. 17; vgl. auch *Emde*, DStR 2009, 1478, 1480 sowie Teil 7 der Arbeit unter E II.

781 Ähnlich *Semler,* in Martinek/Semler/Habermeier/Flohr, Handbuch des Vertriebsrechts, § 20 Rn. 89.

schaffe die Entscheidung mehr Rechtssicherheit. Es könne in Zukunft auch in den Fällen mit Aussicht auf Erfolg ein Ausgleichsanspruch durchgesetzt werden, in denen dies angesichts der jetzt aufgegebenen Rechtsprechung des BGH wegen „nachgeschobener" wichtiger Kündigungsgründe aussichtslos war.[782]

Schmaltz rät einem Unternehmer, der den Vertrag mit einem Handelsvertreter ordentlich gekündigt hat und im Anschluss von einer Pflichtverletzung des Handelsvertreters erfährt, an eine fristlose Kündigung zu denken.[783] Zur Wahrung eines möglichen Ausschlusses des Ausgleichsanspruchs solle er im Falle einer Pflichtverletzung, die zu einer fristlosen Kündigung berechtigt, das Vertragsverhältnis zusätzlich außerordentlich kündigen.[784] *Thume* zieht aus der Vorlageentscheidung des EuGH den Schluss, dass § 89b Abs. 3 Nr. 2 HGB zumindest im Bereich des Warenvertreterrechts entsprechend Art. 18 lit. a der Richtlinie eng auszulegen ist. Er empfiehlt in der Praxis, in der Kündigung den Grund anzugeben, also das schuldhafte Verhalten des Handelsvertreters. Ein Nachschieben von wichtigen Kündigungsgründen, die zum Zeitpunkt der Kündigung nicht bekannt sind oder womöglich erst nach Ausspruch der Kündigung oder gar erst nach Vertragsbeendigung entstanden sind, lasse den Ausgleichsanspruch eines Warenvertreters nicht mehr entfallen. Vielmehr können solche Gründe nur noch im Rahmen der Billigkeitserwägungen des § 89 Abs. 1 Nr. 2 HGB n.F. Bedeutung erlangen und damit die Höhe des Ausgleichsanspruches beeinflussen.[785] Ob dies auch im Bereich der übrigen Vertreter, etwa der Versicherungsvertreter gilt, müsse die künftige Rechtsprechung entscheiden.[786] Der BGH beschreite absolutes Neuland, wenn er § 89b Abs. 3 Nr. 2 HGB nicht nur auf Handelsvertreter, sondern auch auf das Recht eines Vertragshändlers ausdehnt.[787]

782 Anmerkung *Köhnen,* BB 2011, 973, 977.

783 So *Schmaltz,* Anmerkung jurisPR-HaGesR 6/2011 Anm. 4.

784 Auch *Salomon/Wegstein,* Anmerkung BB 2010, 339 f. empfehlen den Ausspruch einer außerordentlichen Kündigung bei Bekanntwerden vertragswidrigen Verhaltens vor Vertragsbeendigung.

785 *Thume,* IHR 2011, 7, 16; Anmerkung *Schmaltz,* jurisPR-HaGesR 6/2011 Anm. 4. *Emde* sieht darin ein Nachschieben von wichtigen Gründen unter Billigkeitserwägungen, um eine Kürzung des Ausgleichsanspruchs zu erreichen, Vertriebsrecht, § 89b Rn. 300.

786 *Thume,* IHR 2011, 7, 16.

787 Kritisch *Thume,* BB 2011, 1800, 1802.

H. Ergebnis

Nach den Vorgaben in Art. 17 Abs. 2 Buchst. a der EG-Richtlinie steht in § 89b Abs. 1 HGB n.F. die Billigkeitsprüfung im Mittelpunkt der Berechnung des Ausgleichsanspruchs. Die Ausschlusstatbestände in § 89b Abs. 3 HGB bzw. Art. 18 der EG-Richtlinie sind gleichsam konkretisierte Billigkeitsregelungen. Der Ausschluss des Ausgleichsanspruchs tritt nach § 89b Abs. 3 Nr. 2 HGB nur ein, wenn der Unternehmer das Vertragsverhältnis aufgrund eines wichtigen Grundes wegen eines schuldhaftes Verhalten der Handelsvertreters gekündigt hat. Nach langjähriger Rechtsprechung des BGH genügt es für den Ausschluss des Ausgleichsanspruchs, wenn der Unternehmer ordentlich oder außerordentlich gekündigt hat und ein wichtiger Grund vorlag. Der Kündigungsgrund musste nicht genannt werden und er musste im Zeitpunkt der Kündigung noch nicht einmal bekannt sein. Diese Rechtsprechung wurde in weiten Teilen der Literatur seit langem kritisiert. Ursache für das weite Verständnis des Ausschlussgrundes war der von Art. 18 lit. a der EG-Richtlinie abweichende Wortlaut in § 89b Abs. 3 Nr. 2 HGB. Die nicht exakte Umsetzung der EG-Richtlinie durch den nationalen Gesetzgeber führte zur Vorlage des BGH an den EuGH. Der EuGH antwortete auf die Vorlagefrage des BGH mit Vorabentscheidung vom 28.10.2010, dass eine Kausalität zwischen dem wichtigen Grund und der Kündigung erforderlich ist. Aus dem Wort „wegen" in Art. 18 lit. a der EG-Richtlinie leitet der EuGH ab, dass der Ausgleichsanspruch nur ausgeschlossen ist, wenn zwischen dem wichtigen Grund und der Kündigung ein unmittelbarer Ursachenzusammenhang besteht. Damit ist das Nachschieben von Kündigungsgründen, die zum Zeitpunkt der Kündigung nicht bekannt waren, bzw. erst nach dem Ausspruch der Kündigung entstanden sind, ausgeschlossen. Solche Gründe können jedoch im Rahmen der Billigkeitserwägungen des § 89b Abs. 1 Nr. 2 HGB n.F. berücksichtigt werden. Aus der Sicht des EuGH stand der richtlinienkonformen Auslegung nicht entgegen, dass dem entschiedenen Rechtsverhältnis kein Handelsvertreter-, sondern ein Vertragshändlervertrag zugrunde lag.

Teil 9 Eigenkündigung als Ausschlussgrund

Gem. § 89b Abs. 3 Nr. 1 HGB entsteht der Ausgleichsanspruch des Handelsvertreters grundsätzlich nicht, wenn der Handelsvertreter das Vertragsverhältnis gekündigt hat. Von diesem Grundsatz macht das Gesetz bei der Eigenkündigung des Handelsvertreters in zwei Fällen Ausnahmen. Erstens steht die Kündigung des Handelsvertreters der Entstehung des Anspruchs nicht entgegen, wenn ein Verhalten des Unternehmers einen begründeten Anlass zur Kündigung gegeben hat, was der Handelsvertreter im Streitfall zu beweisen hat. Zweitens entsteht der Anspruch trotz der Eigenkündigung des Handelsvertreters, wenn dem Handelsvertreter eine Fortsetzung seiner Tätigkeit wegen seines Alters oder wegen Krankheit nicht zugemutet werden kann.

A. Sinn und Zweck des § 89b Abs. 3 Nr. 1 HGB

Der Verlust des Ausgleichsanspruchs des Handelsvertreters bei Eigenkündigung lässt sich mit dem Ziel des Gesetzgebers begründen, den Handelsvertreter von einer Kündigung abzuhalten, um Nachteile für den Unternehmer auszuschließen.[788] In der Gesetzesbegründung wird ausgeführt, dass sich der Handelsvertreter die Nachteile, die ihm aus der Eigenkündigung entstehen, selbst zuzuschreiben hat, wenn der Unternehmer hierzu keinen begründeten Anlass gegeben hat.[789] Darüber hinaus sollte – ausweislich der Gesetzesbegründung – die Akzeptanz der Handelsvertretertätigkeit aufrechterhalten werden.[790] Der Handelsvertreter soll nicht die Möglichkeit haben, dem Unternehmer den geworbenen Kundenstamm gegen Zahlung des Ausgleichsanspruchs aufzudrängen.[791] Wegen des Wegfalls des Kundenstamms des kündigenden Handelsvertreters ohne Ausgleich wirkt die Bestimmung des § 89b Abs. 3 Nr. 1 HGB nach der Ansicht des LG Koblenz[792]

788 *Saenger*, Der Ausgleichsanspruchs des Handelsvertreters bei Eigenkündigung, 1997, S. 23 f.

789 BT-Drs. 1/3856, S. 37.

790 BT-Drs. 7/3918, S. 7 ff.

791 *Semler*, in Martinek/Semler/Habermeier/Flohr, Handbuch des Vertriebsrechts, § 20 Rn. 80.

792 LG Koblenz v. 10.9.1991 – 4 HO 22/91 –, BB 1991, 2032.

wie eine Strafvorschrift. Auch für *Saenger* hat die Regelung in erster Linie Abschreckungsfunktion.[793]

B. Grundsatz: Kündigung als Voraussetzung für den Ausschluss

Für den Verlust des Ausgleichsanspruchs ist es ohne Belang, ob der Handelsvertreter ordentlich oder außerordentlich kündigt.[794] Die in der Ablehnung einer Vertragsofferte liegende Weigerung eines Handelsvertreters, das Handelsvertreterverhältnis fortzusetzen, kann rechtlich einer Eigenkündigung im Sinne dieser Vorschrift gleichstehen.[795] Voraussetzung dafür ist, dass sich ohne die Ablehnung der Verlängerung der Vertrag automatisch und ohne Vertragserklärung fortsetzt.[796] Sofern der Vertrag ohne vom Handelsvertreter ausgesprochene Kündigung oder gleichstehende Verhaltensweise beendet wird, greift der Ausschluss nach § 89b Abs. 3 Nr. 1 HGB selbst dann nicht, wenn das Vertragsende vom Handelsvertreter veranlasst oder verursacht worden ist.[797] Denn die Bestimmung ist als Ausnahmevorschrift eng auszulegen und darf nicht erweiternd angewendet werden.[798] Demnach kann nach der Rechtsprechung des BGH im Falle einer einverständlichen Beendigung des Vertrages der Ausgleichsanspruch nicht versagt werden, sofern die Voraussetzungen des § 89b Abs. 1 HGB vorliegen.[799] Für eine entsprechende Anwendung der Bestimmung des § 89b Abs. 3 Nr. 1 HGB bestehe, wenn keine Kündigung vorliegt, kein Raum. Die Gründe, die zur Beendigung des Vertragsverhältnisses geführt haben, könnten vielmehr im Rahmen der Billigkeitserwägungen des § 89b Abs. 1 S. 1 Nr. 3 HGB a.F. bzw. § 89b Abs. 1 S. 1 Nr. 2 HGB n.F. berücksichtigt werden.[800] Das gilt nach der Ansicht des

---

793 *Saenger*, Der Ausgleichsanspruchs des Handelsvertreters bei Eigenkündigung, 1997, S. 24.

794 BGH v. 7.6.1984 – I ZR 50/82 –, BGHZ 91, 321, 323 f.; *von Hoyningen-Huene*, in MünchKomm HGB, § 89b Rn. 159.

795 BGH v. 13.12.1995 – VIII ZR 61/95 –, NJW 1996, 848, 849; *Hopt*, Handelsvertreterrecht, § 89b Rn. 54.

796 *Löwisch*, in Ebenroth/Boujong/Joost/Strohn, HGB, § 89b Rn. 45.

797 *Löwisch*, in Ebenroth/Boujong/Joost/Strohn, HGB, § 89b Rn. 47.

798 BGH v. 13.3.1969 – VII ZR 48/67 –, BGHZ 52, 12, 14.

799 BGH v. 13.3.1969 – VII ZR 48/67 –, BGHZ 52, 12, 15.

800 BGH v. 13.3.1969 – VII ZR 48/67 –, BGHZ 52, 12, 14 f. unter Hinweis auf BGH v. 6.2.1964 – VII ZR 100/62 –, BGHZ 41, 129, 132; BGH v. 30.6.1966 – VII ZR 124/65 –, BGHZ 45, 385, 387.

BGH auch, wenn der Anstoß zur einverständlichen Beendigung des Vertrages vom Handelsvertreter ausgegangen ist.

C. Ausnahme 1: Begründeter Anlass wegen Verhaltens des Unternehmers

I. Abgrenzung zum wichtigen Grund nach § 89a HGB

Das Gesetz bedient sich des unbestimmten Rechtsbegriffs des „einen begründeten Anlass für die Eigenkündigung gebenden Verhaltens des Unternehmers", der der Konkretisierung bedarf.[801] An den Begriff des begründeten Anlasses werden geringere Anforderungen gestellt als an den Begriff des wichtigen Kündigungsgrundes i.S.v. § 89a HGB.[802] Der BGH begründet die weniger strengen Anforderungen an den begründeten Anlass mit Billigkeitsgesichtspunkten. Es sei erforderlich, aber auch ausreichend, dass durch das Verhalten des Unternehmers für den Handelsvertreter eine für ihn nach Treu und Glauben nicht mehr hinnehmbare Situation geschaffen wird.[803] Für eine solche Situation könne auch ein unverschuldetes oder sogar rechtmäßiges Verhalten des Unternehmers genügen.[804]

Es stellt sich die Frage, ob der Ausgleichsanspruch des Handelsvertreters besteht, wenn der Handelsvertreter den Vertrag aus einem begründeten Anlass fristlos kündigt, die Voraussetzungen für eine fristlose Kündigung aber nicht bestehen.[805] Auch in diesem Fall ist § 89b Abs. 3 Nr. 1 HGB als Ausnahmevorschrift eng auszulegen.[806] Nach der Rechtsprechung des BGH[807] verliert der Handelsvertreter seinen Ausgleichsanspruch nicht, wenn er den Vertrag fristlos gekündigt hat, ihm aber nach den gesamten Umständen eine Fortsetzung des Vertragsverhältnisses bis zu einer ordentlichen Kündigung zumutbar war. Der BGH begründet seine Rechtsprechung damit, dass andernfalls ein nicht vorgesehener weiterer Grund für den Verlust des Ausgleichsanspruchs eingeführt würde. Eine andere Rechtslage kann sich nur ergeben, wenn der Unternehmer in

801 *Saenger,* DB 2000, 129,130.

802 BGH v. 13.12.1995 – VIII ZR 61/95 –, NJW 1996, 848, 849; *Hopt,* in Baumbach/Hopt, HGB, § 89b Rn. 57.

803 BGH v. 13.12.1995 – VIII ZR 61/95 –, NJW 1996, 848, 849; Hinweis auf BGH v. 6.11.1986 – I ZR 51/85 –, NJW 1987, 778, 779.

804 BGH v. 29.5.1967 – VII ZR 297/64 –, NJW 1967, 2153.

805 *Thume,* in Küstner/Thume, Handbuch des gesamten Vertriebsrechts, Bd. 2, Kap. XI Rn. 35.

806 BGH v. 13.3.1969 – VII ZR 48/67 –, BGHZ 52, 12, 14.

807 BGH v. 7.6.1984 – I ZR 50/82 –, BB 1984, 1574 (Leitsatz).

der fristlosen Kündigung des Handelsvertreters ein schuldhaftes Verhalten sieht und deshalb seinerseits nach § 89b Abs. 3 Nr. 2 HGB kündigt.[808] Ein schuldhaftes Verhalten des Handelsvertreters liegt etwa vor, wenn der Handelsvertreter die Interessen des Unternehmers rücksichtslos außer acht lässt, indem er plötzlich und überraschend seine Tätigkeit einstellt.[809] Haben beide Parteien die Kündigung des Vertrages durch den Handelsvertreter veranlasst, bleibt der Ausgleichsanspruch nach § 89b HGB im Interesse des Handelsvertreters erhalten.[810] Vom Schutzzweck her findet § 89b Abs. 3 Nr. 1 HGB keine Anwendung, wenn jedenfalls auch der Unternehmer einen hinreichend begründeten Anlass für die Kündigung gegeben hat.[811]

II. Anforderungen an das Verhalten des Unternehmers

Zu untersuchen ist, welche Anforderungen an ein Verhalten des Unternehmers zu stellen sind, damit es als begründeter Anlass für die Eigenkündigung des Handelsvertreters in Betracht kommt. Nach der Rechtsprechung des BGH ist der Begriff des Verhaltens des Unternehmers weit auszulegen.[812] Ausreichend ist nicht nur ein Tun oder Unterlassen, sondern auch eine aus dem betrieblichen Verhalten des Unternehmers entwickelte wirtschaftliche Lage.[813] Unerheblich ist dabei, ob der Unternehmer das Resultat seiner Maßnahmen verschuldet hat. Ausreichend ist nach Rechtsprechung jeder Umstand, der aus der Sphäre des Unternehmers kommt und eine Fortsetzung des Vertrages für den Handelsvertreter nach Treu und Glauben nicht als zumutbar erscheinen lässt, ohne dass eine Gefährdung der wirtschaftlichen Existenz des Handelsvertreters eintreten müsste.[814]

---

808 *Thume,* in Küstner/Thume, Handbuch des gesamten Vertriebsrechts, Bd. 2, Kap. XI Rn. 39.

809 BGH v. 07.6.1984 – I ZR 50/82 –, BGHZ 91, 321, 322.

810 *Saenger,* Der Ausgleichsanspruchs des Handelsvertreters bei Eigenkündigung, 1997, S. 36 f.; *ders,* DB 2000, 129, 134; zustimmend *Löwisch,* in Ebenroth/Boujong/Joost/Strohn, HGB, § 89b Rn. 48.

811 *Saenger,* Der Ausgleichsanspruchs des Handelsvertreters bei Eigenkündigung, 1997, S. 36 f.; *ders,* DB 2000, 129, 134.

812 BGH v. 13.3.1969 – VII ZR 174/66 –, BGHZ 52, 5, 8; ebenso *Hopt,* in Baumbach/Hopt, HGB, § 89b Rn. 57.

813 BGH v. 28.11.1975 – I ZR 138/74 –, DB 1976, 384 f.

814 BGH v. 13.3.1969 – VII ZR 174/66 –, BGHZ 52, 5, 9; BGH v. 6.11.1986 – I ZR 51/85 –, NJW 1987, 778; BGH v. 13.12.1995 – VIII ZR 61/95 –, NJW 1996, 848, 849; *Hopt,* in Baumbach/Hopt, HGB, § 89b Rn. 57.

Auf eine Unterscheidung zwischen einem rechtmäßigen und einem schuldhaften Verhalten kommt es also bei der Frage des begründeten Anlasses nicht an.[815] Jedes Verhalten, d.h. jedes Tun und Unterlassen, sei es auch rechtmäßig, kommt als begründeter Anlass in Betracht.[816] Ein vertragswidriges Verhalten ist nicht erforderlich, aber jedenfalls ausreichend.[817] Die Differenzierung zwischen einem rechtmäßigen und einem schuldhaften Verhalten findet aber Berücksichtigung bei der Beurteilung der Zumutbarkeit.[818] Denn es muss Voraussetzung für eine Ausnahme vom Ausschluss des Ausgleichsanspruchs bei einer Eigenkündigung des Handelsvertreters infolge eines vertragsgemäßen Verhaltens des Unternehmers sein, dass dem Handelsvertreter nach den Umständen des Falles ein Festhalten an dem Vertrag geradezu unzumutbar erscheint.[819]

Diese Beurteilung beruht letztlich auf der Prämisse des BGH, der den Ausgleichsanspruch des Handelsvertreters als in seiner Entstehung und in seinem Bestand weitgehend durch Gesichtspunkte der Billigkeit beeinflusst sieht.[820] Billigkeitserwägungen sind demnach maßgeblich für die Auslegung des § 89b Abs. 3 Nr. 1 HGB. Daher sei der Begriff des Verhaltens eines Unternehmers weit auszulegen, wenn man zu billigen Ergebnissen kommen will.[821] Der BGH bezieht demnach z.B. die wirtschaftliche Lage des Unternehmers, das Alter des Handelsvertreters zur Zeit der Kündigung, die Unmöglichkeit einen Nachfolger zu finden und die fehlende Aussicht eine bessere Rendite zu erzielen mit in die Billigkeitserwägungen ein.[822]

Um eine umfassende Würdigung zu erreichen, ist in diesem Zusammenhang auch eigenes Verhalten des Handelsvertreters zu berücksichtigen.[823] Einzubeziehen in die Beurteilung ist u.a., welche Bedeutung der Handelsvertreter dem

---

815 BGH v. 13.3.1969 – VII ZR 174/66 –, BGHZ 52, 5, 8; *Saenger*, DB 2000, 129, 131.

816 Zusammenfassend *Thume*, in Küstner/Thume, Handbuch des gesamten Vertriebsrechts, Bd. 2, Kap. XI Rn. 26.

817 *Saenger*, Der Ausgleichsanspruchs des Handelsvertreters bei Eigenkündigung, 1997, S. 27.

818 *Saenger*, DB 2000, 129, 131.

819 *Saenger*, DB 2000, 129, 131. Ähnlich *Brüggemann*, in Staub, HGB, 4. Aufl. 1995, § 89b Rn. 95.

820 BGH v. 7.3.1957 – II ZR 261/55 –, BGHZ 24, 30, 34; BGH v. 5.2.1959 – II ZR 107/57 –, BGHZ 29, 275, 279; BGH v. 28.11.1975 – I ZR 138/74 –, BB 1976, 332 f.; vgl. BGH v. 13.3.1969 – VII ZR 174/66 –, BGHZ 52, 5, 7.

821 Vgl. BGH v. 13.3.1969 – VII ZR 174/66 –, BGHZ 52, 5, 8.

822 BGH v. 28.11.1975 – I ZR 138/74 –, BB 1976, 332 f.; vgl. BGH v. 13.3.1969 – VII ZR 174/66 –, BGHZ 52, 5, 8.

823 Zur Doppelvertretereigenschaft BGH v. 22.9.1960 – VII ZR 245/59 –, DB 1960, 1305.

Verhalten des Unternehmers beigemessen hat und ob er seine Kündigung auf dieses Verhalten gestützt hat.[824] Bei mehrere einzelnen Anlässen, die - jeder für sich gesehen - nicht ausreichen, um einen begründeten Anlass zu begründen, kann in einer Gesamtschau die Frage des begründeten Anlasses zu bejahen sein.[825] Kündigt der Handelsvertreter ohne jeglichen Anlass, entfällt der Anspruch.[826] Bei der Beurteilung des begründeten Anlasses handelt es sich um eine Frage tatsächlicher Natur. Eine Überprüfung in der Revisionsinstanz kommt daher nur beschränkt in Betracht.[827] Die Revisionsinstanz prüft lediglich, ob das Berufungsgericht von richtigen rechtlichen Gesichtspunkten ausgegangen ist und keine wesentlichen Tatumstände außer Acht gelassen hat.[828]

III. Bisherige BGH Rechtsprechung zur Auslegung des § 89b Abs. 3 Nr. 1 HGB

1. Objektives Vorliegen eines begründeten Anlasses im Zeitpunkt der Kündigung

Der BGH stellt in den in ständiger Rechtsprechung zu dem Ausschlussgrund § 89b Abs. 3 Nr. 1 HGB entwickelten Grundsätzen vorrangig auf den Sinn und Zweck der Norm ab. Danach entsteht der Ausgleichsanspruch trotz Eigenkündigung des Handelsvertreters, wenn im Zeitpunkt der Kündigung des Handelsvertreters objektiv ein Verhalten des Unternehmers vorlag, aus dem der Vertreter einen begründeten Anlass für seine Kündigung herleiten konnte.[829] Es sei entscheidend nicht, ob das Verhalten des Unternehmers schon im Zeitpunkt der Kündigung Motiv für die Kündigung des Handelsvertreters war. Vielmehr genüge es, dass der Handelsvertreter sich auf den begründeten Anlass zur Kündigung nachträglich beruft.[830] Der Handelsvertreter kann sich danach selbst nach

824 *Thume,* in Küstner/Thume, Handbuch des gesamten Vertriebsrechts, Bd. 2, Kap. XI Rn. 27.

825 *Thume,* in Küstner/Thume, Handbuch des gesamten Vertriebsrechts, Bd. 2, Kap. XI Rn. 31.

826 Zu einer durch nichts veranlassten Kündigung im Rahmen des § 89b Abs. 3 Nr. 1 HGB BGH v. 7.3.1957 – II ZR 261/55 –, BGHZ 24, 30, 34; BGH v. 5.2.1959 – II ZR 107/57 –, BGHZ 29, 275, 279.

827 *K. Schmidt*, Handelsrecht, § 27 V 2 Rn. 94; *Thume,* in Küstner/Thume, Handbuch des gesamten Vertriebsrechts, Bd. 2, Kap. XI Rn. 26.

828 BGH v. 6.2.1964 – VII ZR 100/62 –, BGHZ 41, 129, 134; BGH v. 19.11.1970 – VII ZR 47/69 –, BGHZ 55, 45, 55; *Emde*, Vertriebsrecht, § 89b Rn. 270.

829 BGH v. 12.6.1963 – VII ZR 272/61 –, BGHZ 40, 13,14.

830 BGH v. 23.5.1984 – I ZR 42/82 –, DB 1984, 2298.

Ablauf der Ausschlussfrist des § 89b Abs. 4 Satz 2 HGB auf dieses Verhalten des Unternehmers berufen.[831] Der Handelsvertreter kann demnach im Fall eines begründeten Anlasses für seine Kündigung den Ausgleichsanspruch geltend machen, unabhängig davon, ob dem Handelsvertreter das betreffende Verhalten des Unternehmers bei der Kündigung überhaupt bekannt war.[832]

2. *Nach ständiger Rechtsprechung des BGH keine Ursächlichkeit erforderlich*

Der BGH sieht in seiner Entscheidung vom 12.6.1963 den Wortlaut des § 89b Abs. 3 Nr. 1 HGB als nicht eindeutig an. Es spricht nach seiner Auffassung mehr für die Auslegung, dass nach § 89b Abs. 3 Nr. 1 HGB das Verhalten des Unternehmers für die Kündigung des Handelsvertreters ursächlich gewesen sein muss.[833] Der BGH führt weiter aus, dass eine Ursächlichkeit demzufolge nicht gegeben wäre, wenn der Handelsvertreter bei der Kündigung das betreffende Verhalten des Unternehmers noch gar nicht kannte.[834]

Unter Hinweis auf den Sinn und Zweck der Vorschrift entscheidet sich der BGH letztlich für eine andere Auslegung des § 89b Abs. 3 Nr. 1 HGB (bzw. inhaltsgleich § 89b Abs. 3 S. 1 HGB a.F.).[835] Er argumentiert, dass § 89b HGB den Handelsvertreter begünstigen und schützen will. Der Handelsvertreter soll günstiger behandelt werden als der Unternehmer.[836] Wenn trotz der schärferen Voraussetzungen im Ausschlussgrund nach § 89b Abs. 3 Nr. 2 HGB (bzw. inhaltsgleich § 89b Abs. 3 S. 2 HGB a.F.) nicht erforderlich ist, dass der wichtige Grund für die Kündigung des Unternehmers ursächlich gewesen sein muss, so sei nicht einzusehen, warum für die Kündigung des Handelsvertreters insoweit eine ungünstigere Regelung gelten sollte.[837] Aus diesem Grund der Begünstigung des Handelsvertreters gegenüber dem Unternehmer spricht sich der BGH gegen das Erfordernis der Ursächlichkeit des Verhaltens des Unternehmers für die Kündigung des Handelsvertreters aus. Nichts spreche dafür, dass der Gesetzgeber

831 BGH v. 12.6.1963 – VII ZR 272/61 –, BGHZ 40, 13,14; BGH v. 23.5.1984 – I ZR 42/82 –, DB 1984, 2298.
832 BGH v. 12.6.1963 – VII ZR 272/61 –, BGHZ 40, 13,14.
833 BGH v. 12.6.1963 – VII ZR 272/61 –, BGHZ 40, 13,14.
834 BGH v. 12.6.1963 – VII ZR 272/61 –, BGHZ 40, 13,14.
835 BGH v. 12.6.1963 – VII ZR 272/61 –, BGHZ 40, 13, 15.
836 Die Besserstellung des Handelsvertreters gegenüber dem Unternehmer führt der BGH auf soziale Gründe zurück vgl. BGH v. 12.6.1963 – VII ZR 272/61 –, BGHZ 40, 13, 15.
837 BGH v. 12.6.1963 – VII ZR 272/61 –, BGHZ 40, 13, 16.

etwa bewusst und gewollt die hier interessierende Frage [nach dem Erfordernis der Ursächlichkeit] in den beiden Sätzen [Nummer 1 und 2 n.F.] der Vorschrift verschieden hätte regeln wollen.

3. *Meinungsstand im Schrifttum*

Im Schrifttum hat die Rechtsprechung des BGH zum fehlenden Kausalitätserfordernis in § 89b Abs. 3 Nr. 1 HGB wegen des Wortlauts der Norm, der eher für die Forderung eines Ursachenzusammenhangs spreche, zum Teil Kritik erfahren.[838] Abgehandelt wird die Problematik regelmäßig unter dem Stichwort der Zulässigkeit des Nachschiebens von Kündigungsgründen bzw. von begründeten Anlässen.[839] Dem BGH im Ergebnis folgend genügt es nach ganz überwiegender Ansicht, einen im Zeitpunkt der Kündigung bereits bestehenden, aber erst später bekannt gewordenen „begründeten Anlass“ mit der Folge nachzuschieben, dass der Ausgleichsanspruch bei Eigenkündigung bestehen bleibt.[840]

Argumentativ überzeugt nach verbreiteter Meinung der vom BGH bemühte Vergleich zur Kündigung des Unternehmers nach § 89b Abs. 3 Nr. 2 HGB.[841] Denn dem Unternehmer sei nach der Rechtsprechung des BGH zu § 89b Abs. 3 Nr. 2 HGB möglich, Kündigungsgründe nachzuschieben, die zum Zeitpunkt der Kündigung bestanden und dies unabhängig von der Kenntnis des Unternehmers über deren Bestehen. Dann müsse im Umkehrschluss auch bei der Kündigung aus begründetem Anlass, an deren Vorliegen geringere Voraussetzungen geknüpft sind, ein Nachschieben von Gründen ebenso möglich sein.[842]

Zweifel an der Rechtsprechung des BGH wegen des für einen Ursachenzusammenhang sprechenden Wortlauts werden im Schrifttum häufig unter Hinweis

---

838 Kritisch mit Blick auf den Wortlaut *Emde*, Vertriebsrecht, § 89b Rn. 272; ebenso hinsichtlich des Worts „hierzu“ *Thume*, in Küstner/Thume, Handbuch des gesamten Vertriebsrechts, Bd. 2, Kap. XI Rn. 43; so auch *Saenger*, Der Ausgleichsanspruchs des Handelsvertreters bei Eigenkündigung, 1997, S. 28 f.; weniger kritisch *Sonnenschein/Weitemeyer*, in Heymann, HGB, § 89b Rn. 84; *Hopt*, in Baumbach/Hopt, HGB, § 89b Rn. 56; *von Hoyningen-Huene*, in MünchKomm HGB, § 89b Rn. 167; *Löwisch*, in Ebenroth/Boujong/Joost/Strohn, HGB, § 89b Rn. 55.

839 Beispielhaft *Thume*, in Küstner/Thume, Handbuch des gesamten Vertriebsrechts, Bd. 2, Kap. XI Rn. 41 ff; *Sonnenschein/Weitemeyer*, in Heymann, HGB, § 89b Rn. 84.

840 *Hopt* sieht die Grenze erst bei der Verwirkung, so in Baumbach/Hopt, HGB, § 89b Rn. 56.

841 *Emde*, Vertriebsrecht, § 89b Rn. 272.

842 Zum drohenden wirtschaftlichen Ungleichgewicht zwischen Handelsvertreter und Unternehmer *Saenger*, DB 2000, 129, 131.

auf den Sinn und Zweck des § 89b Abs. 3 Nr. 1 HGB sowie des Art. 18 lit. b der EG-Handelsvertreter-Richtlinie ausgeräumt. Nach Art. 18 lit. b der Richtlinie besteht der Anspruch auf Ausgleich nicht, wenn der Handelsvertreter das Vertragsverhältnis beendet hat, es sei denn diese Beendigung ist aus Umständen, die dem Unternehmer zuzurechnen sind, gerechtfertigt. Die Richtlinie fordere keine Kausalität zwischen Kündigungsanlass und Kündigung, sondern nur das objektive Vorliegen jenes Anlasses.[843] Die Wortwahl des § 89b Abs. 3 Nr. 1 HGB wird nach Einschätzung von *Saenger*[844] durch die Formulierung in der Art. 18 lit. b der Richtlinie relativiert. Der vom EuGH geforderten handelsvertreterfreundlichsten Auslegung der Richtlinie entspreche es, alle Umstände aus dem Gefahrenbereich des Unternehmers genügen zu lassen.[845]

4. *Folgen aus der „Volvo Car" - Entscheidung des EuGH*

Der BGH behandelte die Kündigung des Unternehmers nach § 89b Abs. 3 Nr. 2 HGB und die Eigenkündigung des Handelsvertreters mit Blick auf den nicht erforderlichen Ursachenzusammenhang gleich.[846] Die Argumentation des BGH, die auf den Vergleich zu § 89b Abs. 3 Nr. 2 HGB abstellt, ist seit der „Volvo Car" - Entscheidung des EuGH[847] so nicht mehr haltbar. Die Volvo Car-Entscheidung des EuGH beeinflusste maßgeblich die Auslegung des § 89b HGB. Sie erging auf ein Vorabentscheidungsersuchen des BGH zur Auslegung des § 89b Abs. 3 Nr. 2 HGB, also betrifft den Fall der Unternehmerkündigung. Nach der „Volvo Car" Entscheidung des EuGH ist § 89b Abs. 3 Nr. 2 HGB derart richtlinienkonform auszulegen, dass im Falle einer Kündigung durch den Unternehmer der Ausgleichsanspruch des Handelsvertreters nur dann nicht wegfällt, wenn der Unternehmer den Vertrag wegen eines schuldhaften Verhaltens des Handelsvertreters beendet. Erforderlich ist, dass das schuldhafte Verhalten eine außerordentliche Kündigung rechtfertigt und für die Kündigung ursächlich ist. Es reicht nicht aus, wenn der Kündigungsgrund bei Ausspruch der Kündigung nur objektiv bestand.[848] Zu untersuchen ist, welche Bedeutung die richtlinienkonforme

---

843 *Emde*, Vertriebsrecht, § 89b Rn. 272.

844 *Saenger*, Der Ausgleichsanspruchs des Handelsvertreters bei Eigenkündigung, 1997, S. 29.

845 *Emde*, Vertriebsrecht, § 89b Rn. 272.

846 *Emde*, Vertriebsrecht, § 89b Rn. 272.

847 EuGH v. 28.10.2010 – C 203/09 –, Slg 2010, I-10721 (Volvo Car Germany).

848 Vgl. dazu die Ausführungen in Teil 8 der Arbeit.

Auslegung des § 89b Abs. 3 Nr. 2 HGB auf die Auslegung der Voraussetzungen des § 89b Abs. 3 Nr. 1 HGB hat.

5. *Unvereinbarkeit des Wortlauts in § 89b Abs. 3 Nr. 1 HGB mit der Formulierung in der Art. 18 lit. b der Richtlinie*

Dem Gesetzgeber war die Abweichung des Wortlauts in § 89b Abs. 3 Nr. 1 HGB gegenüber Art. 18 lit. b der Richtlinie bewusst. Deshalb war zunächst im Gesetzentwurf der Bundesregierung v. 7.11.1988 im Zuge der Umsetzung der EG-Handelsvertreter-Richtlinie die entsprechende Anpassung des Wortlauts § 89b Abs. 3 Nr. 1 HGB vorgesehen.[849] Erst im weiteren Gesetzgebungsverfahren wurde in der Beschlussempfehlung und dem Bericht des Rechtsausschusses von der Gesetzesänderung Abstand genommen.[850] Die EG-Richtlinie bedinge keine inhaltliche Änderung zu § 89b Abs. 3 S. 1 und 2 HGB a.F. [§ 89b Abs. 3 Nr. 1 und 2 HGB n.F.].[851]

Wegen der unzureichenden Umsetzung der EG-Handelsvertreter-Richtlinie war der BGH praktisch gezwungen im Wege der Auslegung über den Wortlaut des § 89b Abs. 3 Nr. 1 HGB hinauszugehen, um interessengerechte Ergebnisse zu erzielen. Die Gleichschaltung des § 89b Abs. 3 Nr. 1 HGB mit § 89b Abs. 3 Nr. 2 HGB hinsichtlich des Kausalitätserfordernis überzeugt vor diesem Hintergrund. Mit Blick auf das Ziel des § 89b Abs. 3 Nr. 1 HGB sowie des Art. 18 lit. b der EG-Richtlinie, den Handelsvertreter zu schützen, konnte der BGH nicht in § 89b Abs. 3 Nr. 1 HGB einen Ursachenzusammenhang fordern, während er mit Blick auf den von den Voraussetzungen her strengeren § 89b Abs. 3 Nr. 2 HGB auf eine kausale Verknüpfung von wichtigem Grund und Kündigung des Unternehmers verzichtet. Dieser Kunstgriff der Rechtsprechung des BGH darf aber nicht darüber hinwegtäuschen, dass der Wortlaut des § 89b Abs. 3 Nr. 1 HGB mit Art. 18 lit. b der EG-Handelsvertreter-Richtlinie unvereinbar ist.

Während Art. 18 lit. b der Richtlinie als Rechtfertigung alle Umstände ausreichen lässt, die dem Unternehmer zuzurechnen sind, spricht § 89b Abs. 3 Nr. 1 HGB davon, dass das das Verhalten des Unternehmers „hierzu" [zu der Kündigung] Anlass gegeben hat. Damit sind die Voraussetzungen in der Richtlinie deutlich weiter gefasst als in der Formulierung des § 89b Abs. 3 Nr. 1 HGB. Die

---

849 Begründung zum Entwurf eines Gesetzes zur Durchführung der EG-Richtlinie zur Koordinierung des Rechts der Handelsvertreter vom 7.11.1988, BT-Drs. 11/3077, S. 9.

850 BT-Drs. 11/4559, S. 9 f.

851 BT-Drs. 11/4559, S. 9.

missglückte Wortwahl der deutschen Regelung hat der BGH bereits in seiner Entscheidung v. 12.6.1963 offen gelegt.[852] Der nationale Gesetzgeber hat die Chance, die sich ihm durch die Vorgabe in Art. 18 lit. b der EG-Handelsvertreter-Richtlinie bot, nicht zu einer Nachbesserung genutzt. Die Kluft zwischen dem § 89b Abs. 3 Nr. 1 HGB und Art. 18 lit. b der Richtlinie haben Kritiker in der Literatur offen gelegt. Dem BGH ist es nach der „Volvo Car" - Entscheidung des EuGH nicht mehr möglich, den in dem Wortlaut des § 89b Abs. 3 Nr. 1 HGB verankerten Ursachenzusammenhang mit Verweis auf § 89b Abs. 3 Nr. 2 HGB zu negieren.[853] Der deutsche Gesetzgeber ist aufgerufen, den Wortlaut des Art. 18 lit. b der EG-Handelsvertreter-Richtlinie in § 89b Abs. 3 Nr. 1 HGB inhaltsgleich zu übernehmen.

D. Ausnahme 2: Unzumutbarkeit der Fortsetzung der Tätigkeit des Handelsvertreters wegen Alters oder Krankheit

Der Gesetzentwurf vom 6.8.1975[854] sah erstmals vor, dass für den Handelsvertreter der Ausgleichsanspruch bei Eigenkündigung nicht entfällt, wenn das Alter oder Krankheit diesem die Fortsetzung der Tätigkeit unzumutbar macht. Ziel des Gesetzgebers war es, unbillige Härten zu beseitigen, die dem Handelsvertreter bei einer Kündigung des Handelsvertretervertrages drohten.[855]

I. Hintergrund der gesetzlichen Regelung

Nach der Gesetzesbegründung im Regierungsentwurf hat es sich als unbefriedigend erwiesen, dass der Ausgleichsanspruch bei Eigenkündigung des Handelsvertreters entfällt, wenn nicht ein Verhaltens des Unternehmers begründeten Anlass zu der Kündigung gegeben hat.[856] Die Vorschrift des § 89b Abs. 3 S. 1 HGB a.F. [§ 89b Abs. 3 Nr. 1, 1. Alt HGB.] führe zumindest dann zu sozialen Ungerechtigkeiten, wenn der Handelsvertreter nach langjähriger Tätigkeit das Vertragsverhältnis wegen fortgeschrittenen Alters oder schwerer Krankheit

852 BGH v. 12.6.1963 – VII ZR 272/61 –, BGHZ 40, 13, 14.

853 *Emde* möchte wohl auch ergebnisorientiert in der Umkehr der früheren Rechtsprechung des BGH das Kausalitätserfordernis aus § 89b Abs. 3 Nr. 2 HGB nicht auf § 89b Abs. 3 Nr. 1 HGB übertragen, Vertriebsrecht, § 89b Rn. 272.

854 Entwurf eines Gesetzes über die Kaufmannseigenschaft von Land- und Forstwirten, BT-Drs. 7/3918, S. 1 ff.

855 BT-Drs. 7/3918, S. 1.

856 BT-Drs. 7/3918, S. 7.

beenden möchte und der Unternehmer sich nicht mit einer den Ausgleichsanspruch wahrenden einvernehmlichen Vertragsauflösung einverstanden erklärt. Das bis dahin geltende Recht zwang den Handelsvertreter, der seinen Ausgleichsanspruch erhalten will, in solchen Fällen dazu, seine Tätigkeit bis zur absoluten Unmöglichkeit des Weiterarbeitens fortzusetzen.[857] Sofern der Unternehmer in solchen Fällen unter Berufung auf die gesetzliche Regelung die Zahlung eines Ausgleichsanspruch verweigerte oder seine Zustimmung zur einvernehmlichen Vertragsauflösung von einer betragsmäßigen Minderung des Ausgleichs abhängig machte, kam es zu unbilligen Härten zu Lasten des Handelsvertreters.[858]

II. Rechtssicherheit durch Normierung

Der Gesetzgeber folgte nicht der Forderung der Handelsvertreter, die Vorschrift des § 89b Abs. 3 S. 1 HGB a.F. [§ 89b Abs. 3 Nr. 1, 1. Alt. HGB] ganz zu streichen.[859] In diesem Fall wäre es dem Handelsvertreter möglich gewesen, ausgleichswahrend die Branche oder den Beruf zu wechseln. Gegen eine Ausweitung des Kündigungsrechts des Handelsvertreters sprach nach der Auffassung des Gesetzgebers das für die Akzeptanz der wirtschaftlichen Stellung des Handelsvertreters erforderliche ausgewogene Verhältnis der Rechte und Pflichten zwischen dem Handelsvertreter und dem Unternehmer.[860] Der Handelsvertreter habe ferner darzulegen und zu beweisen, dass eine Fortsetzung der ihn nach dem Vertragsverhältnis obliegenden Tätigkeit aus in seiner Person liegenden Gründen nicht zumutbar ist. Deshalb schließt die Gesetzesbegründung den Fall der Aufnahme einer anderweitigen Tätigkeit durch den Handelsvertreter, um sich wirtschaftlich zu verbessern, ausdrücklich aus den in seiner Person liegenden Gründen aus.[861] Die Normierung der Fallgruppen in § 89b Abs. 3 Nr. 1 HGB der Unzumutbarkeit der Fortsetzung der Tätigkeit wegen Alters oder Krankheit des Handelsvertreters führte zu einem Zuwachs an Rechtssicherheit.[862]

857 Der Gesetzgeber sah es angesichts dessen für nicht mehr vertretbar an, mit der Regelung in § 89b Abs. 3 Nr. 1 HGB zu warten, bis die seit 1970 in Brüssel in Arbeit befindliche Richtlinie erlassen wird, vgl. BT-Drs. 7/3918, S. 7 f.

858 BT-Drs. 7/3918, S. 8.

859 BT-Drs. 7/3918, S. 8. Eine umfassende Überprüfung der Ausgewogenheit des § 89b HGB insgesamt erschien dem Gesetzgeber in Anbetracht der Bestrebungen, auf EWG-Ebene zu einer Harmonisierung des Handelsvertreterrechts zu kommen, nicht angebracht.

860 BT-Drs. 7/3918, S. 8.

861 BT-Drs. 7/3918, S. 9.

862 Vgl. nur *Schröder*, Recht der Handelsvertreter, § 89b Rn. 28b.

III. Fallgruppen in der Rechtsprechung

Das Erreichen des allgemeinen gesetzlichen Renten- und Pensionsalters[863] ermöglicht dem Handelsvertreter gem. § 89b Abs. 3 Nr. 1 HGB regelmäßig den Ausspruch einer ausgleichserhaltenden Kündigung.[864] Eine abweichende vertragliche Regelung ist grundsätzlich zulässig.[865] Nach der Rechtsprechung handelt es sich dabei nicht um eine starre Grenze, sondern es kann vielmehr im Einzelfall aufgrund der konkreten Umstände auch die Beendigung der Vertragstätigkeit vor diesem Zeitpunkt gerechtfertigt sein.[866] Der Handelsvertreter ist nicht gezwungen, seinen Beruf gänzlich aufzugeben.[867]

Wird die Kündigung auf Krankheit gestützt, muss die Störung des Gesundheitszustandes schwerwiegend und von nicht absehbarer Dauer sein und dadurch zu einer auch mit Ersatzkräften nicht behebbaren nachhaltigen Verhinderung in der Absatztätigkeit für den Unternehmer führen.[868]. Nicht erforderlich ist nach der Rechtsprechung des BGH die tatsächliche Aufgabe der Tätigkeit bzw. deren erhebliche Reduzierung. Denn dies sei nach dem Gesetzeswortlaut nicht Voraussetzung für das Bestehenbleiben des Ausgleichsanspruchs dem Grunde nach.[869] Das Gesetz stelle auf den objektiven Begriff der Unzumutbarkeit ab.[870] Unzumutbarkeit der Fortsetzung des Vertrages liegt vor, wenn der Handelsvertreter bei objektiver

---

863 Bislang mit Erreichung des 65. Lebensjahres *von Hoyningen-Huene,* in MünchKomm HGB, § 89b Rn. 175. *Thume,* in Küstner/Thume, Handbuch des gesamten Vertriebsrechts, Bd. 2, Kap. XI Rn. 114 differenzieren nach Geschlecht und kommen zu einer Altersgrenze von 60 Jahren bei weiblichen Handelsvertretern.

864 *Von Hoyningen-Huene,* in MünchKomm HGB, § 89b Rn. 175.

865 *Löwisch* in Ebenroth/Joost/Löwisch, HGB, § 89b Rn. 57.

866 OLG Köln v. 5.5.2006 – 19 U 202/05 –, juris. Vgl. auch *Löwisch* in Ebenroth/Joost/Löwisch, HGB, § 89b Rn. 57.

867 OLG Köln v. 5.5.2006 – 19 U 202/05 –, juris.

868 BGH v. 29.4.1993 – I ZR 150/91 –, NJW-RR 1993, 996, 997. Diskutiert wird insbesondere das Verhältnis des Begriffs Krankheit i.S.d § 89b Abs. 3 Nr. 1 Fall 2 HGB zur Schwerbehinderteneigenschaft des Handelsvertreters i.S.d. § 4 Abs. 5 S. 2 SchwbG vgl. dazu eingehend *Thume,* in Küstner/Thume, Handbuch des gesamten Vertriebsrechts, Bd. 2, Kap. XI Rn. 122. Im Ergebnis kann bei Vorliegen einer Schwerbehinderteneigenschaft lediglich von einem Indiz ausgegangen werden. *Hopt,* in Baumbach/Hopt, HGB, § 89b Rn. 62.

869 BGH v. 29.4.1993 – I ZR 150/91 –, NJW-RR 1993, 996, 998.

870 Beruft sich der Handelsvertreter auf Alters- oder Krankheitsgründe, ist erforderlich, dass diese zur Unzumutbarkeit der weiteren Tätigkeit als Handelsvertreter führen, nicht aber zur generellen Erwerbsunfähigkeit, *Thume,* in Küstner/Thume, Handbuch des gesamten Vertriebsrechts, Bd. 2, Kap. XI Rn. 124; *Schröder,* DB 1976, 1269, 1271.

Würdigung seine vertraglichen Pflichten geistig und /oder körperlich nicht mehr in angemessener Zeit oder mit angemessenem Einsatz erfüllen kann, ohne Raubbau an den ihm verbliebenen Kräften zu betreiben.[871] Dem Handelsvertreter wird demnach ermöglicht zu kündigen, ohne seinen Ausgleichsanspruch deswegen zu verlieren, wenn ihm eine Fortsetzung des Vertragsverhältnisses krankheitsbedingt unzumutbar erscheint.[872] Entschließt sich der Handelsvertreter dennoch, seine berufliche Tätigkeit nicht einzustellen, so kann dem nach dieser Rechtsprechung im Rahmen der Billigkeitsprüfung gemäß § 89b Abs. 1 Nr. 3 HGB a.F. [§ 89b Abs. 1 Nr. 2 HGB n.F.] hinreichend Rechnung getragen werden.[873]

Art. 18 lit. b der EG-Richtlinie v. 18.12.1986 sieht neben den Fallgruppen wegen Alters oder Krankheit das Tatbestandsmerkmal des „Gebrechens" vor. Der nationale Gesetzgeber hat im Gesetz vom 23.10.1989[874] bei der Umsetzung der EG-Handelsvertreter-Richtlinie das Merkmal nicht in den Wortlaut des § 89b Abs. 3 Nr. 1 HGB aufgenommen. Das Merkmal des Gebrechens ist jedoch über eine richtlinienkonforme Auslegung als ausgleicherhaltender Kündigungsgrund erfasst.[875]

Umstritten ist, ob eine GmbH, die als Handelsvertreterin tätig ist, berechtigt ist, den Vertretervertrag ausgleichserhaltend zu kündigen, wenn der Gesellschafter-Geschäftsführer erkrankt oder stirbt. Einige Stimmen in der Literatur stellen für die Frage der Zumutbarkeit der Fortsetzung des Handelsvertreterverhältnisses durch eine Handelsvertreter-GmbH allein darauf ab, ob die wirtschaftliche Interessenlage nach den internen Verhältnissen in der GmbH mit der bei einer natürlichen Person als Handelsvertreter vergleichbar ist.[876] Die interne Organisation der Handelsvertreter-GmbH kann aber nach der Rechtsprechung des OLG München allenfalls dann eine Bedeutung haben, wenn der mit einer GmbH geschlossene Handelsvertretervertrag ausdrücklich oder zumindest stillschweigend in Bezug auf die Leistungsverpflichtungen des Handelsvertreters auf

---

871 *Schröder*, DB 1976, 1269, 1271; *Löwisch* in Ebenroth/Joost/Löwisch, HGB, § 89b Rn. 54.

872 BGH v. 29.4.1993 – I ZR 150/91 –, NJW-RR 1993, 996, 998 unter Hinweis auf *Schröder*, Recht der Handelsvertreter, 5. Auflage, Nachtrag 1976, Anm. 4; Maier, DB 1978, 940, 941 unter 5.

873 BGH v. 29.4.1993 – I ZR 150/91 –, NJW-RR 1993, 996, 998.

874 Gesetz zur Durchführung der EG-Richtlinie zur Koordinierung des Rechts der Handelsvertreter vom 23.10.989, BGBl. I, S. 1910.

875 Zutreffend *Thume*, in Küstner/Thume, Handbuch des gesamten Vertriebsrechts, Bd. 2, Kap. XI Rn. 119.

876 So Westphal, BB 1999, 2517, 2518; Thume, BB 1999, 2309, 2314.

die Person eines bestimmten geschäftsführenden Gesellschafters abstellt. Sofern der Unternehmer keinen Einfluss darauf nehmen kann, welche natürlichen Personen innerhalb der Handelsvertreter-GmbH tätig werden, so muss er sich auch nicht entgegen halten lassen, dass persönliche Gründe des Gesellschafter-Geschäftsführers eine Eigenkündigung ohne Ausschluss des Handelsvertreterausgleichsanspruchs rechtfertigen.[877] Etwas anderes gilt nach einer früheren Entscheidung des OLG München, wenn der Handelsvertretervertrag so ausgestaltet ist, dass das Vertragsverhältnis mit der Person des Geschäftsführers „steht und fällt".[878]

E. Ergebnis

Nach § 89b Abs. 3 Nr. 1 HGB führt grundsätzlich die Eigenkündigung des Handelsvertreters zum Ausschluss des Ausgleichsanspruchs. Der nationale Gesetzgeber sieht eine Ausnahme von dem Grundsatz vor, wenn ein Verhalten des Unternehmers einen begründeten Anlass zu der Kündigung des Handelsvertreters gegeben hat. Umstritten ist, ob eine kausale Verknüpfung zwischen dem begründeten Anlass und der Kündigung zu fordern ist. Ursprünglich forderte die Rechtsprechung des BGH keine Kausalität im Rahmen des § 89b Abs. 3 Nr. 1 HGB. Sie argumentierte mit der parallelen Auslegung in den Anwendungsfällen des § 89b Abs. 3 Nr. 1 HGB und Nr. 2. Wenn im Rahmen der Nr. 2 keine Kausalität gefordert sei, dann könne sie auch nicht im Rahmen der Nr. 1 verlangt werden. Diese Argumentation ist seit der Volvo-Car Entscheidung des EuGH so nicht mehr haltbar. Im Rahmen der Volvo-Car Entscheidung hat der EuGH für § 89b Abs. 3 Nr. 2 HGB ausdrücklich einen Ursachenzusammenhang gefordert. Die richtlinienkonforme Auslegung des § 89b Abs. 3 Nr. 2 HGB führt dazu, dass im Hinblick auf den in Art. 18 lit. b der EG-Richtlinie verwendeten Begriff „wegen" Kausalität zu fordern ist.

Der eindeutige Wortlaut spricht in § 89b Abs. 3 Nr. 1 HGB immer noch stark für eine Kausalität. Die Vorschrift stellt darauf ab, ob der Unternehmer „hierzu", also zu der Eigenkündigung, begründeten Anlass gegeben hat. Diese Formulierung lässt den Rückschluss auf das Erfordernis eines Ursachenzusammenhangs zu.[879] Der Wortlaut wurde auch nicht, wie ursprünglich vorgesehen, im Zuge der Umsetzung der EG-Handelsvertreter-Richtlinie verändert. Wollte die

877 OLG München v. 19.1.2006 – 23 U 3885/05 –, Rn. 23 juris.

878 OLG München v. 4.12.2002 – 7 U 3474/02 –, NJW-RR 2003, 541 (Leitsatz).

879 *Saenger*, Der Ausgleichsanspruch des Handelsvertreters bei Eigenkündigung, 1997, S. 29.

Rechtsprechung ihrer bisherigen Argumentation von der parallelen Auslegung beider Nummern folgen, müsste sie nun im Rahmen der Nr. 1 ebenfalls Kausalität fordern. Dies würde aber dem Art. 18 lit. b der EG-Richtlinie zuwiderlaufen. Der Wortlaut des Art. 18 lit. b verlangt nur eine Beendigung des Vertrages aus den dem Unternehmer zuzurechnenden Umständen.[880] Nicht erforderlich ist ein kausaler Zusammenhang zwischen der Kündigung und deren Anlass.[881] Da der eindeutige Wortlaut des § 89b Abs. 3 Nr. 1 HGB keinen Raum für eine richtlinienkonforme Auslegung lässt, ist der nationale Gesetzgeber gehalten den eindeutigen Wortlaut der Nr. 1 zu ändern und an die Richtlinie anzupassen.

Die Aufnahme der Fallgruppen der Unzumutbarkeit der Fortsetzung der Tätigkeit wegen Alters oder Krankheit in den Gesetzestext des § 89b Abs. 3 Nr. 1 HGB ermöglicht dem Handelsvertreters in diesen Fällen eine ausgleichserhaltende Kündigung und hat zu mehr Rechtssicherheit geführt. Der Gesetzgeber hat zwar an der Billigkeitsregelung in § 89b Abs. 3 Nr. 1 HGB festgehalten, diese jedoch nunmehr so konkret ausgestaltet, dass der verbleibende Auslegungsspielraum von der Rechtsprechung ausgefüllt werden kann. Die Rechtsprechung des BGH stellt zu Recht etwa bei einer GmbH als juristischer Person für die Frage des Alters bzw. eines Krankheit nur ausnahmsweise auf den Gesellschafter-Geschäftsführer abgestellt, wenn der Handelsvertretervertrag auf eine bestimmte natürliche Person ausgerichtet ist, die die Leistungspflichten zu erfüllen hat. In der Regel ist für einen Ausgleichsanspruch bei einer Eigenkündigung einer als Handelsvertreter tätigen juristischen Person aus Alters- oder Krankheitsgründen kein Raum.

---

880 *Thume*, in Küstner/Thume, Handbuch des gesamten Vertriebsrechts, Bd. 2, Kap. XI Rn. 45.

881 *Emde*, Vertriebsrecht, § 89b Rn. 267, 272; *Thume*, in Küstner/Thume, Handbuch des gesamten Vertriebsrechts, Bd. 2, Kap. XI Rn. 45.

Teil 10 Verfassungsmäßigkeit des Ausschlusses des Ausgleichanspruchs in § 89b Abs. 3 Nr. 1 HGB bei Eigenkündigung

A. Streitstand

Die Regelung des § 89b Abs. 3 Nr. 1 HGB begegnet verfassungsrechtlichen Bedenken.

I. Meinungsbild im Schrifttum

Das Schrifttum ist in zwei Lager gespalten. Nach Ansicht einer Gruppe ist der Ausschluss des Ausgleichsanspruchs bei Eigenkündigung des Handelsvertreters verfassungswidrig. *Meyer* spricht sich für eine Verfassungswidrigkeit des § 89b Abs. 3 HGB wegen Verstoßes gegen Art. 12 GG aus.[882] Er stuft den Verlust des Ausgleichsanspruchs als unzulässiges Disziplinierungsmittel ein, das den Handelsvertreter der Herrschaft des Unternehmers ausliefert und die Berufsfreiheit des Handelsvertreters unmittelbar berührt.[883] *Haas* sieht insoweit einen Sanktionscharakter[884] des § 89b Abs. 3 Nr. 1 HGB. Hierdurch werde ohne sachlichen Grund unverhältnismäßig auf die berufliche Disposition des Handelsvertreters eingewirkt. *Moritz*[885] sieht im Ausschluss des Ausgleichsanspruchs bei Eigenkündigung einen unzulässigen Eingriff in die Berufsausübung. Die verfassungsrechtlich geschützte Beendigung des Vertragsverhältnisses werde faktisch erschwert, sodass eine unfreiwillige Bindung des Handelsvertreters eintrete. Benachteiligt gegenüber Mehrfirmenvertreter sei insbesondere der Einfirmenvertreter. Der Einfirmenvertreter befinde sich in einer Zwangslage, indem er entweder den Vertrag um den Preis des Verlusts des Ausgleichsanspruchs kündigt oder aber die Kündigung unterlässt, weil er sonst vor dem wirtschaftlichen

882 *Meyer*, Handelsvertreterrecht, 1978, S. 253.

883 *Meyer*, Handelsvertreterrecht, 1978, S. 253, 257. Art. 12 GG sei nicht nur als Abwehrrecht gegen die öffentliche Gewalt zu begreifen, sondern auch als verfassungsrechtliche Beschränkung der Privatrechtsbeziehungen.

884 *Haas*, BB 1992, 941. Vgl. auch *Saenger*, Der Ausgleichsanspruch des Handelsvertreters bei Eigenkündigung, 1997, S. 23 f., der in der Regelung eine Abschreckungs- und eine Straffunktion sieht, die den Handelsvertreter von einer Kündigung abhalten soll.

885 *Moritz*, DB 1987, 875, 876 ff.

Ruin stünde[886]. Ähnlich *Schröder*, der die Regelung als übermäßige Beschränkung der Dispositionsmöglichkeiten des Handelsvertreters sieht, die das Recht auf freie Wahl des Arbeitsplatzes beeinträchtigt.[887] Die Norm wirke somit als „faktische Kündigungsbeschränkung“[888].

Die andere Meinungsgruppe hält den Ausschluss des Ausgleichsanspruchs bei Eigenkündigung des Handelsvertreters für verfassungsgemäß.[889] *Martinek* legt dar, dass den Gesichtspunkten der Berufsfreiheit und des Eigentumsschutzes des Handelsvertreters bereits durch die in § 89b Abs. 1 Nr. 3 HGB vorgesehene Billigkeitskorrektur Rechnung getragen werden kann.[890] *Brych* hat sich gegen die Zubilligung eines Ausgleichsanspruchs bei jedweder Eigenkündigung ausgesprochen, da es sich bei dem Ausgleichsanspruch nach der Gesetzeslage auch um eine soziale Schutzvorschrift handele.[891] Dem Handelsvertreter werde die Kündigung zwar wirtschaftlich erschwert, dies schließe ihn aber in nicht zu beanstandender Weise bei einer Eigenkündigung nur von den Vorteilen aus, die ihm z.B. bei Erreichen der Altersgrenze gewährt würden. *Laber*[892] führt an, dass bei einer freien Kündigungsmöglichkeit des Handelsvertreters mit der Folge des Entstehens eines Ausgleichsanspruchs der Unternehmer keinen Einfluss mehr auf den Zeitpunkt der materiellen Belastung durch den Ausgleichsanspruch habe. Vielmehr könne der Handelsvertreter den Anfall des Ausgleichsanspruchs selbst auslösen. Da durch den Ausgleichsanspruch alle Vermittlungen durch den Handelsvertreter abgedeckt wären, könnte dem betreffenden Unternehmer großer Schaden zugefügt werden. Die Befürworter der Regelung verweisen zudem

---

886 *Moritz,* DB 1987, 875, 878. *Canaris* erscheint der Ausschlussgrund § 89b Abs. 3 Nr. 1 HGB im Hinblick auf den Entgeltcharakter des Anspruch als inkonsistent und beeinträchtigt überdies in bedenklicher Weise die Berufsfreiheit des Handelsvertreters“, so in Handelsrecht, § 15 Rn. 116.

887 *Schröder*, DB 1976, 1269, 1273.

888 *Moritz*, DB 1987, 875, 881.

889 *Retzer*, BB 1993, 668 (ausführlich zu Abs. 3 Nr. 1) m.w.N.; für eine generelle Verfassungsmäßigkeit des in § 89b HGB angelegten Interessenausgleichs sprechen sich in der Literatur aus: *Busche,* in Oetker, HGB, § 89b Rn. 1; *von Hoyningen-Huene,* in MünchKomm HGB, § 89b Rn. 7; so auch BVerfG v. 22.8.1995 – 1 BvR 1624/92 –, NJW 1996, 381 f.

890 *Martinek,* Aktuelle Fragen des Vertriebsrechts, S. 162.

891 *Brych,* BB 1992, 8; auch *Schröder*, zweifelt an, dass der Handelsvertreter schutzwürdig ist, wenn er kündigt, ohne in den Ruhestand zu gehen oder dauernd berufsunfähig zu sein, vgl. DB 1976, 1269, 1273.

892 *Laber,* DB 1994, 1275, 1276 f.

auf den Leitgedanken der Regelung[893]. Die Regelung sei gerechtfertigt, denn der Handelsvertreter habe bei einer Kündigung ohne Anlass die Möglichkeit, die Folgen seines Handelns selbst abzuwägen und dabei die Folge des Anspruchsverlustes in seine Entscheidungsfindung einzubeziehen.[894]

Einigkeit herrscht in beiden Lagern über die enorme wirtschaftliche Bedeutung des Ausgleichsanspruchs für beide Seiten.[895]

II. Kammerbeschluss des BVerfG v. 22.8.1995

Das BVerfG hat sich bereits mit der Frage des Ausschlusses des Ausgleichsanspruchs bei Eigenkündigung des Handelsvertreters befasst. Die zweite Kammer des Ersten Senats sah keine Verletzung des Art. 12 Abs. 1 GG durch den Ausschluss des gesetzlichen Ausgleichsanspruchs von Handelsvertretern gem. § 89b Abs. 3 Nr. 1 HGB.[896] Zur Begründung führte die Kammer aus, der Verfassungsbeschwerde komme keine grundsätzliche verfassungsrechtliche Bedeutung im Sinne von § 93 a Abs. 2 a BVerfGG zu, weil der Bedeutungsgehalt des Art. 12 Abs. 1 GG.[897] für den Bereich des Handelsvertreterrechts durch die Entscheidung des Bundesverfassungsgerichts v. 7.2.1990[898] hinreichend geklärt sei. Dem Gesetzgeber sei für die inhaltliche Ausgestaltung des Handelsvertreterausgleichs ein weiter Gestaltungsspielraum eröffnet.[899] Denn der Ausgleichsanspruch sei kein reiner Vergütungsanspruch wie der Provisionsanspruch. Vielmehr habe sich der Gesetzgeber mit der Einführung des Ausgleichs gemäß § 89b HGB auch

---

893 *Hopt,* in Baumbach/Hopt, HGB, § 89b Rn. 53.

894 *Hopt,* in Baumbach/Hopt, HGB, § 89b Rn. 53; *Löwisch,* in Ebenroth/Boujong/Joost/Strohn, HGB, § 89b Rn. 44.

895 *Busche,* in Oetker, HGB, § 89b Rn. 1; *Emde*, Vertriebsrecht, § 89b Rn. 7; *Saenger*, DB 2000, 129; *Thume,* in Küstner/Thume, Handbuch des gesamten Vertriebsrechts, Bd. 2, Kap. I Rn. 10; *Wauschkuhn,* in Flohr/Wauschkuhn, Vertriebsrecht, § 89b HGB, Rn. 7.

896 BVerfG v. 22.8.1995 – 1 BvR 1624/92 –, NJW 1996, 381 f.

897 Art. 12 Abs. 1 GG enthält nach ständiger Rechtsprechung des BVerfG ein einheitliches Grundrecht in den Teilbereichen der Berufswahl und dessen Ausübung, so im Apotheken-Urteil v. 11.06.1958 – 1 BvR 596/56 –, BVerfGE 7, 377, 400 ff.

898 In diesem Beschluss hat das BVerfG den generelle Ausschluss einer Karenzentschädigung bei Wettbewerbsverboten für Handelsvertreter in den Fällen des § 90a Abs. 2 Satz 2 HGB für - jedenfalls bis zur Novellierung des Handelsvertreterrechts durch Gesetz vom 23. Oktober 1989 - unvereinbar mit Art 12 Abs. 1 GG erklärt. So BVerfG v. 7.2.1990 – 1 BvR 26/84 –, BVerfGE 81, 242 (Leitsatz).

899 BVerfG v. 22.8.1995 – 1 BvR 1624/92 –, NJW 1996, 381 f.; vgl. dazu BVerfG v. 7.2.1990 – 1 BvR 26/84 –, BVerfGE 81, 242 (Orientierungssatz Nr. 4).

dafür entschieden, einen Beitrag zur Verbesserung der wirtschaftlichen Situation und sozialen Absicherung von Handelsvertretern zu leisten.[900] An dieser sozialpolitischen Grundlage habe sich nichts geändert.[901] Dementsprechend hingen Entstehung und Bemessung des Ausgleichsanspruchs maßgeblich von Billigkeitserwägungen ab (§ 89b Abs. 1 Nr. 3, Abs. 2, Abs. 3 Nr. 1 bis 3 HGB).

Anders als der EuGH, der in der Rechtssache Semen gegen Tamoil[902] den Schutz des Handelsvertreters in den Mittelpunkt der Betrachtung rückt, lenkt das BVerfG in dem Kammerbeschluss den Blick auf die Interessen des Unternehmers. Dem Gesetzgeber sei es nicht verwehrt gewesen, den Fortbestand der Ausschlussregelung gemäß § 89b Abs. 3 Nr. 1 erste Alternative HGB damit zu rechtfertigen, dass die weitere Akzeptanz der Handelsvertretertätigkeit bei den Unternehmen aufrechterhalten werden soll.[903] Bei der gebotenen generalisierenden Betrachtungsweise könne nicht davon ausgegangen werden, dass durch den gesetzlich angeordneten Ausschluss des Ausgleichsanspruchs für den Fall der Kündigung des Handelsvertreters ohne verhaltensbedingten begründeten Anlass ein nicht mehr hinnehmbares Übergewicht der Unternehmerseite über die Handelsvertreterseite herbeigeführt wird.[904] Es lasse sich nicht generell feststellen, sondern hänge von den Umständen des Einzelfalles ab, ob und inwieweit sich die Ausschlussregelung gemäß § 89b Abs. 3 Nr. 1 erste Alternative HGB als Hemmnis für berufliche Veränderungen von Handelsvertretern erweist.[905] Es werde darauf ankommen, ob nach der subjektiven Einschätzung des Handelsvertreters die ihm eröffnete neue berufliche Perspektive einen Verlust des Ausgleichsanspruchs überwiegt. Hierfür werde wiederum der Höhe des zu erwartenden finanziellen Ausgleichs maßgebliche Bedeutung zukommen. Zudem sei es dem Gesetzgeber nicht verwehrt gewesen, auch den von ihm als

900 BVerfG v. 22.8.1995 – 1 BvR 1624/92 –, NJW 1996, 381 f. unter Hinweis auf BT-Drs. 1/3856, S. 33 ff.

901 BT-Drs. 7/3918, S. 7 ff.; BVerfG v. 22.8.1995 – 1 BvR 1624/92 –, NJW 1996, 381 f.

902 EuGH v. 26.3.2009 – C-348/07 –, BB 2009, 1607 ff.

903 BVerfG v. 22.8.1995 – 1 BvR 1624/92 –, NJW 1996, 381 f. unter Hinweis auf BT-Drs. 7/3918, S. 7 ff.

904 Vgl. BVerfG v. 7.2.1990 – 1 BvR 26/84 –, BVerfGE 81, 242, 253. Danach ist für einen Verstoß gegen Verfassungsrecht ein Auslegungsfehler des Zivilgerichts von einigem Gewicht erforderlich.

905 Nach *Saenger*, Der Ausgleichsanspruch des Handelsvertreters bei Eigenkündigung, 1997, S. 23 f. kann die Regelung nur dem Zweck dienen, den Handelsvertreter von vorneherein von der Kündigung abzuhalten, um überhaupt Nachteile des Unternehmers zu vermeiden.

schutzwürdig anerkannten Interessen der Unternehmer an einer Fortsetzung der Zusammenarbeit Bedeutung beizumessen.[906]

Auch die gerügten Verstöße gegen Art. 14 Abs. 1[907] und Art. 3 Abs. 1 GG[908] lägen nicht vor. Ob mit dem Nichtannahmebeschluss des BVerfG tatsächlich alle Bedenken und Zweifel ausgeräumt sind, ist nachfolgend zu untersuchen.

B. Anwendung der für das Handelsvertreterrecht vom BVerfG entwickelten Prinzipen auf § 89b Abs. 3 Nr. 1 HGB

In dem o.g. Kammerbeschluss des BVerfG v. 22.8.1995 begründet die Kammer die fehlende grundsätzliche verfassungsrechtliche Bedeutung mit der Entscheidung des Bundesverfassungsgerichts v. 7.2.1990[909] für das allgemeine Handelsvertreterrecht. Für die Verfassungsmäßigkeit des Ausschlusses des Ausgleichsanspruchs eines Handelsvertreters § 89b Abs. 3 Nr. 1 HGB sprechen die folgenden Erwägungen.

I. Kräfteverhältnis zwischen Unternehmer und Handelsvertreter

Nach der Rechtsprechung des BVerfG gestalten die Vertragspartner auf der Grundlage der Privatautonomie, die Strukturelement einer freiheitlichen Gesellschaftsordnung ist, ihre Rechtsbeziehungen eigenverantwortlich.[910] Sie bestimmen danach selbst, wie ihre gegenläufigen Interessen angemessen auszugleichen

---

906 BVerfG v. 22.8.1995 – 1 BvR 1624/92 –, NJW 1996, 381 f. Für *Saenger*, Der Ausgleichsanspruch des Handelsvertreters bei Eigenkündigung, 1997, S. 25 muss dem Interesse des Unternehmers an der Aufrechterhaltung der Vertragsbeziehung sehr große Bedeutung zukommen, um die harte Sanktion des Verlust des Ausgleichs zu rechtfertigen.

907 Art. 14 Abs. 1 GG schützt nur Rechtspositionen, die einem Rechtssubjekt bereits zustehen und keine Chancen und Verdienstmöglichkeiten, so BVerfG v. 11.10.1962 – 1 BvL 22/57 –, BVerfGE 14, 288, 293; BVerfG v. 20. April 1966 – 1 BvR 20/62, 1 BvR 27/64 –, BVerfGE 20, 31, 34.

908 Durch § 89b Abs. 3 Nr. 1 HGB werden Einfirmenvertreter und Mehrfirmenvertreter gleich behandelt. Als sachliche Rechtfertigung kommt das Interesse der Unternehmer an einer Fortsetzung der Zusammenarbeit und das Motiv des Gesetzgebers in Betracht, die weitere Akzeptanz der Handelsvertretertätigkeit bei den Unternehmen aufrechtzuerhalten. Ferner hat es der Handelsvertreter selbst in der Hand, ob er die Eigenkündigung einreicht oder das Vertragsverhältnis aufrecht erhält. A.A. *Moritz*, DB 1987, 875, 878 f.

909 BVerfG v. 7.2.1990 – 1 BvR 26/84 –, BVerfGE 81, 242 ff.

910 BVerfG v. 7.2.1990 – 1 BvR 26/84 –, BVerfGE 81, 242, 254.

sind, und verfügen damit zugleich über ihre grundrechtlich geschützten Positionen ohne staatlichen Zwang. Der Staat hat die im Rahmen der Privatautonomie getroffenen Regelungen grundsätzlich zu respektieren.[911] Allerdings besteht Privatautonomie nur im Rahmen der geltenden Gesetze, und diese müssen in Einklang mit den Grundrechten sein.[912] Hat einer der Vertragsteile ein so starkes Übergewicht, dass er vertragliche Regelungen faktisch einseitig setzen kann, bewirkt dies für den anderen Vertragsteil Fremdbestimmung.[913] Wo es an einem annähernden Kräftegleichgewicht der Beteiligten fehlt, ist mit den Mitteln des Vertragsrechts allein kein sachgerechter Ausgleich der Interessen zu gewährleisten. Wenn bei einer solchen Sachlage über grundrechtlich verbürgte Positionen verfügt wird, müssen staatliche Regelungen ausgleichend eingreifen, um den Grundrechtsschutz zu sichern[914].

Zwischen dem Unternehmer und dem Handelsvertreter bestand nach der Einschätzung des historischen Gesetzgebers kein Gleichgewicht der Kräfte.[915] In Anbetracht dessen hat er § 89b HGB 1953 geschaffen, um den schwächeren Handelsvertreter zu schützen.[916] Den Schutz des Handelsvertreters hat der Gesetzgeber im Falle der Eigenkündigung gem. § 89b Abs. 3 Nr. 1 HGB nicht für erforderlich gehalten, es sie denn ein Verhalten des Unternehmers hat einen begründeten Anlass zur Kündigung gegeben oder dem Handelsvertreter kann eine Fortsetzung seiner Tätigkeit wegen seines Alters oder wegen Krankheit nicht zugemutet werden.[917] Eine besondere Härte besteht darin, dass der Ausgleichsanspruch bei den Ausschlussgründen in Abs. 3 in voller Höhe wegfällt.[918]

---

911 So expilzit BVerfG v. 07.02.1990 – 1 BvR 26/84 –, BVerfGE 81, 242, 254.

912 BVerfG v. 7.2.1990 – 1 BvR 26/84 –, BVerfGE 81, 242, 254. Das Grundgesetz will keine wertneutrale Ordnung sein, sondern hat in seinem Grundrechtsabschnitt objektive Grundentscheidungen getroffen. Die Werteordnung des Grundgesetzes gilt nach der Rechtsprechung des BVerfG für alle Bereiche des Rechts, also auch für das Zivilrecht. Beispielhaft BVerfG v. 28.3.2000 – 1 BvR 1460/99 –, NJW 2000, 2658, 2659.

913 BVerfG v. 7.2.1990 – 1 BvR 26/84 –, BVerfGE 81, 242, 255.

914 Zur Drittwirkung der Berufsfreiheit und zu teilhaberechtlichen Forderungen aus dem Grundrecht vgl. *Badura*, in Festschrift für Herschel, S. 21, 34.

915 Vgl. dazu die Darstellung in Teil 2.

916 BT-Drs. 1/3856, S. 9, 33 ff.

917 Zu den Hintergründen der Einfügung der Fallgruppen Alter und Krankheit siehe Teil 2.

918 *Saenger*, Der Ausgleichsanspruch des Handelsvertreters bei Eigenkündigung, 1997, S. 24 spricht insoweit von der ultima ratio.

II. Handelsvertreter als Typusbegriff

Mit Blick auf das Kräftegleichgewicht muss zwischen dem Einfirmenvertreter und dem Mehrfirmenvertreter differenziert werden. Der Einfirmenvertreter ähnelt mehr einem Arbeitnehmer bzw. Angestellten als einem Kaufmann[919], während der Mehrfirmenvertreter wirtschaftlich auf mehreren Beinen steht.[920] Der Wegfall des Ausgleichsanspruchs trifft den Einfirmenvertreter regelmäßig noch stärker als den Mehrfirmenvertreter, da er seinen einzigen Vertragspartner verliert. Der Einfirmenvertreter verliert seinen Kundenstamm und sein Renommee sowie Informationen und noch abzuwickelnde Verträge, etc., während der Mehrfirmenvertreter zumindest einen Teil seines Kundenstamm und seines Ansehens behält.[921] Der Gesetzgeber bedient sich typisierend des Handelsvertreterbegriffs. Die Einfirmenvertreter sind dabei keine zu vernachlässigende Minderheit.[922] Daher könnte der Gesetzgeber durch den Ausschluss des Ausgleichsanspruchs seinen weiten Gestaltungsspielraum überschritten haben. Der Ausschluss des Ausgleichsanspruchs ist auch sicher isoliert betrachtet nicht begünstigend, sodass die Grenzen für eine Typisierung nicht so gering sind wie bei reinen Begünstigungen.[923] Allerdings muss man den Ausschluss des Ausgleichsanspruchs in einem Zusammenhang sehen mit dem vom Gesetzgeber gesetzlich verankerten Ausgleichsanspruch, sodass eine insgesamt eine sozial begünstigende Regelung in § 89b HGB geschaffen wurde. Ziel der Regelung war u.a. die Vorsorge für Alter und Krankheit.[924] Diese Anwendungsfälle bestehen fort. Bei der Eigenkündigung ohne begründeten Anlass besteht die Besonderheit, dass der Ausspruch der Kündigung in der Hand des Handelsvertreters liegt. Es liegt in der Natur der Eigenkündigung, dass es der Handelsvertreter abzuwägen hat, ob

---

919 Vgl. BT-Drs. 1/3856, S. 10 f. zu Nr. 3. So auch die Argumentation von *Moritz,* DB 1987, 875 m.w.N.

920 *Moritz,* DB 1987, 875 f.

921 Vgl. die Darstellung in Teil 3 unter A V.

922 Benachteiligung ist auch bei Typisierung nur in Einzelfällen hinzunehmen. Sie kann eher in Kauf genommen werden, wenn durch das Sieb der Typisierung ein mäßiger Prozentsatz solcher Personen gleitet, die bei individuellem Maßstab den Vorteil nach der Idee des Gesetzes nicht bekommen würden. So BVerfG v. 24.7.1963 – 1 BvL 11/61, 1 BvL 30/57 –, BVerfGE 17, 1, 23 f.

923 Die Gestaltungsfreiheit des Gesetzgebers ist bei bevorzugender Typisierung „nach der Natur der Sache" weiter gespannt als bei benachteiligender Typisierung, vgl. BVerfG v. 5.4.1960 – 1 BvL 31/57 –, BVerfGE 11, 50 (Leitsatz); BVerfG v. 24.7.1963 – 1 BvL 11/61, 1 BvL 30/57 –, BVerfGE 17, 1, 24.

924 Näheres in Teil 9 unter D.

er eine Kündigung ausspricht oder das Vertragsverhältnis fortsetzt und so den Ausgleichsanspruch sichert.[925] Er kann einseitig durch die Beendigung des Vertragsverhältnisses entscheiden, ob der Ausgleichsanspruch entfällt oder nicht.[926]

C. Ergebnis

Der Ausschluss des Ausgleichsanspruchs bewirkt, dass der Handelsvertreter die Freiheit verliert, seinen Vertragspartner jederzeit frei zu wählen. Der Ausschluss des Ausgleichsanspruchs bei Eigenkündigung des Handelsvertreters wirkt faktisch als Kündigungserschwernis.[927] Dem Unternehmer drohen demgegenüber erhebliche Einbußen, wenn der Ausgleichsanspruch entsteht.[928] Die Situation, die zur Kündigung führte und die wirtschaftlichen Rahmenbedingungen sind nach dem Willen des Gesetzgebers durch die Gerichte in einer Einzelfallprüfung zu klären. Zwar droht in diesem Fall häufig ein langjähriger Rechtsstreit mit unkalkulierbarem Ausgang. Wegen des Charakters des Ausgleichsanspruchs als Beitrag zur Verbesserung der wirtschaftlichen Situation und sozialen Absicherung[929] und nicht reine Vergütungsregelung[930] ist eine Billigkeitsprüfung jedoch legitim.

---

925 *Moritz,* DB 1987, 875, 877 bezweifelt die freie Entschlusskraft des Handelsvertreters.

926 BVerfG v. 7.2.1990 – 1 BvR 26/84 –, BVerfGE 81, 242, 262 f. Der Fall der Eigenkündigung ist anders gelagert, als der zugunsten des Handelsvertreters entschiedene Sachverhalt in dem Verfahren, auf das das BVerfG in dem o.a. Kammerbeschluss verweist. In diesem Rechtsstreit ging es um einen Handelsvertreter, der lt. Vertrages verpflichtet war, nach Auflösung des Vertrages für die Dauer von 2 Jahren, jede Tätigkeit für ein Konkurrenzunternehmen zu unterlassen, gleichgültig, ob diese Tätigkeit in einem Angestelltenverhältnis oder selbständig oder durch eine Mittelsperson ausgeführt wird. Die undifferenzierte und vollständige Verweigerung einer Vergütung für jedwede Fallgestaltung und für die höchstmögliche Dauer der Karenzzeit von zwei Jahren findet keine sachliche Grundlage in den Besonderheiten einer vorzeitigen und verschuldeten Vertragsbeendigung. Eine solche Sanktion ist nicht erforderlich, um wettbewerbsrechtlichen Nachteilen des kündigenden Unternehmers zu begegnen.

927 *Moritz,* DB 1987, 875, 881 spricht drastisch von einer faktischen Kündigungsbeschränkung, die dem Modell des Handelsvertreters als selbständiger Gewerbetreibender widerspricht.

928 Das BVerfG misst den als schutzwürdig anerkannten Interessen der Unternehmer an einer Fortsetzung der Zusammenarbeit große Bedeutung bei, BVerfG v. 22.8.1995 – 1 BvR 1624/92 –, NJW 1996, 381 f.

929 BT-Drs. 1/3856, S. 33 ff.

930 So aber *Moritz,* DB 1987, 875, 880.

Der gänzliche Wegfall des Ausgleichsanspruchs stellt allerdings als drastische Maßnahme eine besondere Härte für den Handelsvertreter dar, die einen Wechsel des Unternehmens spürbar hindert. Angesichts dessen ist die Regelung in § 89b Abs. 3 Nr. 1 HGB zwar nicht verfassungswidrig, da der Gesetzgeber eine weiten Gestaltungsspielraum hat, und der Rechtsprechung die Aufgabe übertragen wurde, im Billigkeitswege interessengerechte Ergebnisse zu finden. Als berechtigter Kritikpunkt bleibt jedoch die von zahlreichen Stimmen im Schrifttum beklagte Härte, dass der Handelsvertreter, der seinen Vertrag ohne hinreichenden Anlass lösen möchte, seinen Ausgleichsanspruch vollumfänglich verliert.[931]

931 *Schröder*, DB 1976, 1269, 1273; *Moritz*, DB 1987, 875, 878; *Saenger*, Der Ausgleichsanspruch des Handelsvertreters bei Eigenkündigung, 1997, S. 24.

Teil 11 Billigkeitsprüfung in der Kritik

A. Billigkeit als Gerechtigkeitsprinzip

Ulmer[932] sieht den Ausgleichanspruch nach § 89b HGB als eine auf Billigkeitsgesichtspunkten beruhende gesetzliche Sonderregelung zum Schutz des Handelsvertreters. Der Grundsatz der Billigkeit zielt auf Gerechtigkeit im Einzelfall ab.[933] Billigkeit stellt formal den Gegensatz zum strengen Recht dar.[934] Die billige Beurteilung eines Falles liegt dann vor, wenn die nach dem Geist des Gesetzes zutreffende Entscheidung gefunden wird. Damit hat die Billigkeit eine Ergänzungsfunktion zum geschriebenen Recht und soll mögliche Härten des Gesetzes durch sinnvolle Vervollständigung ausgleichen.[935] Aufgabe des Billigkeitsprinzips ist es demnach, einen Ausgleich zwischen dem ius strictum und der Gerechtigkeit im Einzelfall zu ermöglichen.[936] Die Bedeutung der Billigkeit spiegelt sich insbesondere im Privatrecht wider, wenn etwa zwischen den Interessen der beteiligten Parteien ein individueller Ausgleich gesucht wird.[937]

Aus dem Rechtsstaatsprinzip gem. Art. 20 Abs. 3 GG leitet das BVerfG die Unterprinzipien der Rechtssicherheit und der Einzelfallgerechtigkeit ab.[938] Im Rechtsstaat stehen sich das Prinzip der Rechtssicherheit und der Einzelfallgerechtigkeit gleichberechtigt gegenüber.[939] Das Prinzip der Rechtssicherheit schützt eine vertrauenswürdige Beständigkeit staatlicher Entscheidungen.[940] Zur Rechtssicherheit gehören die Elemente des Rechtsstaatsprinzips, die Verlässlichkeit der Rechtsordnung gewährleisten. Ohne ein Mindestmaß an solcher Verlässlichkeit bleibt das Handeln des Staates für den Bürger unvorhersehbar und

---

932 *Ulmer*, Der Vertragshändler, 1969, S. 456.

933 *Larenz*, Methodenlehre der Rechtswissenschaft, S. 291 f., 348 f.

934 Herleitung aus von Aristoteles angestellten rechtsphilosophischen Gedanken vgl. *von Hoyningen-Huene*, Die Billigkeit im Arbeitsrecht, 1978, S. 13.

935 *Von Hoyningen-Huene*, Die Billigkeit im Arbeitsrecht, 1978, S. 15.

936 *Vollkommer*, Formenstrenge und prozessuale Billigkeit, 1973, S. 24 f. m.w.N. Eine Fülle von Fundstellen bei *von Hoyningen-Huene*, Die Billigkeit im Arbeitsrecht, 1978, S. 18 Fn. 32.

937 *Von Hoyningen-Huene*, Die Billigkeit im Arbeitsrecht, 1978, S. 24. BGH v. 6.7.1955 – GSZ 1/55 –, BGHZ 18, 149, 159.

938 BVerfG v. 15.4.2009 – 1 BvR 3478/08 –, NVwZ 2009, 1158, 1161.

939 BVerfG v. 15.4.2009 – 1 BvR 3478/08 –, NVwZ 2009, 1158, 1161.

940 *Sachs*, in Sachs, GG, Art. 20 Rn. 131.

unberechenbar.[941] Der Gesetzgeber kann aus vernünftigen Gründen dem Prinzip der Rechtssicherheit den Vorzug vor dem Grundsatz der Einzelfallgerechtigkeit geben und umgekehrt.[942] Der Gesetzgeber kann zur rechtlichen Regelung von Sachverhalten z.B. Pauschalierungen vorsehen. Da Pauschalierungen in der Regel auf Kosten der Einzelfallgerechtigkeit gehen, ist es Aufgabe des Gesetzgebers, den richtigen Ausgleich zwischen Rechtssicherheit und materieller Gerechtigkeit zu finden.[943] Im Rahmen des § 89b Abs. 1 und 3 HGB hat sich der Gesetzgeber mit der Intention einer Billigkeitsregelung für das Motiv der Einzelfallgerechtigkeit entschieden und erst nachrangig für jenes der Rechtssicherheit.[944]

B. Kritik an uferloser Kasuistik

Nach verbreiteter Einschätzung in der Literatur hat der Gesetzgeber sein primäres Ziel der Einzelfallgerechtigkeit trotz oder wegen der Billigkeitsregelung in § 89b HGB verfehlt. Im Schrifttum wurde die Regelung des § 89b HGB teilweise hart als „Fehlentwicklung" kritisiert.[945] Sie wurde als „prozessträchtige Vorschrift" bzw. „prozessträchtigste Regelung des Handelsvertreterrechts"[946], „vielbeklagte Misere" und „Justizübel"[947] bezeichnet. Auch aus der Sicht der Rechtsprechung der Tatsachengerichte ist § 89b HGB wegen der Streitanfälligkeit nach Grund und Höhe, den oft sehr hohen Klageanträgen und jahrelangen Prozessen misslungen.[948] Vor dem Hintergrund der Funktion des Ausgleichsanspruchs, einen angemessenen Interessenausgleich herbeizuführen, fungiert die Regelung als ständige Quelle für Konflikte.[949] Der nationale Gesetzgeber sowie die Rechtsprechung - insbesondere der BGH - waren seit Einführung des Ausgleichsanspruchs

---

941 *Grzeszick*, in Maunz/Dürig, GG, Art. 20, VII, Rn. 50. Von „individueller Erwartungssicherheit" spricht *Sachs*, in Sachs, GG, Art. 20 Rn. 131.

942 vgl. BVerfG v. 4.4.2001 – 2 BvL 7/98 –, BVerfGE 103, 310, 328; *Leisner*, in Sodan, GG, Art. 20 Rn. 54; *Schmidt-Aßmann*, in Isensee/Kirchhof, Handbuch des Staatsrechts, Band I, § 24 Rn. 81; *Schnapp*, in von Münch/Kunig, GG, Art. 20 Rn. 40.

943 BVerfG v. 9.5.1989 – 1 BvL 35/86 –, BVerfGE 80, 103, 108; ebenso *Antoni*, in Hömig, Hk-GG, Art. 20 Rn. 11; *Jarass*, in Jarass/Pieroth, GG, Art. 20 Rn. 77.

944 So zutreffend *Moritz*, DB 1987, 878 mit Blick auf § 89b Abs. 3 HGB.

945 *Martinek*, in Festschrift für Lüke, 1997, 409 ff.; *ders.*, ZHR 161 (1997), 67 ff.

946 *K. Schmidt*, Handelsrecht, § 27 V Rn. 94; *Saenger*, DB 2000, 129; *Brüggemann*, in Staub, Großkommentar HGB, 4. Aufl., § 89b Rn. 1; *Thume*, in Röhricht/Graf von Westphalen/ Haas, HGB, § 89b Rn. 1.

947 *Martinek*, in Festschrift für Lüke, 1997, 409, 412.

948 *Kainz/Lieber/Puszkajler*, BB 1999, 434, 436.

949 *Schuler*, NJW 1958, 1113.

durch die HGB-Novelle 1953[950] mehrfach bemüht, einen Ausgleich zwischen den verschiedenen rechtlichen und tatsächlichen Faktoren herzustellen. Trotzdem hat sich der Vorwurf gehalten, dass die bisherige Rechtsprechung die bei der Berechnung eines Ausgleichsanspruchs durch eine Häufung subsumtionsunfähiger Tatbestandsmerkmale und unbestimmter Rechtsbegriffe[951] auftretende, nicht hinzunehmende Rechtsunsicherheit nicht habe beseitigen können.[952] Darüber hinaus ergebe sich aus den ergangenen höchstrichterlichen Urteilen meist nicht, ob die entwickelten ausgleichsrechtlichen Grundsätze ausschließlich Geltung für eine bestimmte Vertretergruppe wie z.B. die Warenvertreter beanspruchen oder ob sie für alle Handelsvertreter(-arten) gelten.[953]

Der wachsende Einfluss des europäischen Rechts erweitert den Problemkreis des Ausgleichsanspruchs um eine weitere Dimension.[954] Die auf europäischer Ebene im Jahre 1986 erlassene EG-Richtlinie 86/653/EWG sowie die in den Folgejahren ergangene Rechtsprechung des EuGH haben wie gezeigt[955] maßgebliche Auswirkungen auf die Anwendung und Auslegung des deutschen Handelsvertreterrechts. Leider konnten diese auch nicht dazu beitragen, die bestehende Rechtsunsicherheit zu beseitigen.[956]

C. Billigkeitsregeln in § 89b HGB

I. Billigkeitsgrundsätze in der nationalen Rechtsprechung zu § 89b HGB a.F.

Grund für den in der Literatur beklagten Missstand ist der in § 89b HGB stark ausgeprägte Billigkeitsgrundsatz. Billigkeitsgesichtspunkte spielen bei der Prüfung des § 89b HGB an mehreren Stellen eine tragende Rolle. So hängt nach

950 Art. 1 des Gesetzes zur Änderung des Handelsgesetzbuches (Recht der Handelsvertreter) vom 6.8.1953, BGBl. I, S. 771, siehe dazu Begr. RegE, BT-Drs. 1/3856, S. 9, 33 ff.

951 *Noetzel*, DB 1993, 1557, 1558; *Saenger*, DB 2000, 129; *K Schmidt*, DB 1979, 2357; *Brüggemann*, in Staub, Großkommentar HGB, 4. Aufl., § 89b Rn. 1.

952 *K. Schmidt*, Handelsrecht, § 27 V Rn. 94; *Emde*, Festschrift für Karsten Schmidt, S. 331, 332; *Martinek*, in Festschrift für Lüke, S. 409, 410.

953 *Thume*, in Küstner/Thume, Handbuch des gesamten Außendienstrechts, Bd. 2, Einleitung, Rn. 5.

954 *Thume*, in Röhricht/Graf von Westphalen/Haas, HGB, § 89b Rn. 7.

955 Vgl. die Darstellung in den Teilen 7 bis 9 der Arbeit.

956 Der BGH hat seine Rechtsprechung weitgehend unverändert fortgeführt, vgl. Teil 7 unter D.

der Rechtsprechung des BGH die Anspruchsberechtigung der vorhandenen Erben davon ab, ob der Ausgleichsanspruch im Hinblick auf den in Betracht kommenden Kreis der Erben des Handelsvertreters unter Billigkeitsgesichtspunkten überhaupt entstehen kann.[957] Der Billigkeitsgrundsatz hatte nach dieser Rechtsprechung zum § 89b Abs. 1 HGB in der bis zum 4.8.2009 gültigen Fassung Einfluss auf die Entstehung des Anspruchs.

Daneben waren Billigkeitserwägungen in der Rechtsprechung des BGH zum § 89b Abs. 1 S. 1 Nr. 3 HGB a.F. bedeutsam als ein Korrektiv, anhand dessen ein entstandener Ausgleichsanspruch im Hinblick auf seine Höhe unter besonderen Umständen angepasst werden konnte. Ergebnis der Prüfung des BGH an dieser Stelle war regelmäßig ein Billigkeitsabschlag, um einen unangemessen hohen Ausgleich des Handelsvertreters zu verhindern. So kam es im Wege einer Schätzung nach § 287 Abs. 2 ZPO unter dem Schlagwort der Sogwirkung einer Marke[958] zur Herabsetzung des Anspruchs häufig um 25 % aus Billigkeitsgründen. Ein weiteres Beispiel für regelmäßige Abschläge ist die im Schätzungswege bestimmte Abwanderungsquote.[959]

Von Hoyningen-Huene[960] bemerkt zu § 89b Abs. 1 HGB, dass sich in Anbetracht der Vielzahl unterschiedlicher Billigkeitskriterien ein System von Billigkeitsgrundsätzen nicht erkennen lässt. Nach seiner Ansicht konkretisieren sich die Billigkeitsgrundsätze erst in zahlreichen Entscheidungen und nach der Art des Rechtsverhältnisses unter Berücksichtigung der Umstände des einzelnen Falles. Insofern sei immer nur ein Teil der Billigkeitskriterien anwendbar und nicht alle nach einem Schema.

Die in § 89b Abs. 3 HGB aufgezählten Ausschlussgründe sind konkretisierte Billigkeitsregeln. Nach dem der Regelung zugrunde liegenden Gedanken soll ein Ausgleichsanspruch allein bei solchen Beendigungsgründen entstehen, die

---

957 Siehe dazu die Ausführungen in Teil 6 unter D.

958 Beispielhaft aus der Rechtsprechung: Kfz-Eigenhändler mit Abschlag von 25 % BGH v. 2.71987 – I ZR 188/85 –, NJW-RR 1988, 42, 44; ein 10 % Abschlag wurde vom BGH bestätigt im Fall einer Vertragshändlerin für Software-Produkte BGH v. 1.10.2008 – VIII ZR 13/05 –, NJW-RR 2009, 824, 826; wegen der Dominierung des Tankstellenmarktes durch große Konzerne kritisch zur Sogwirkung der Marke *Emde*, BB 2007, 2480, 2482. Siehe dazu die Ausführungen in Teil 6 unter E IV.

959 BGH v. 26.2.1997 – VIII ZR 272/95 –, NJW 1997, 1503, 1506; Abwanderungsquote von 20 % in BGH v. 12.9.2007 – VIII ZR 194/06 –, BB 2007, 2475, 2479. Anspruchsminderung aus Billigkeitsgründen, wenn die Abwanderung auf Vernachlässigung der Betreuungspflichten durch den Handelsvertreter zurückzuführen ist, so BGH v. 29.3.1990 – I ZR 2/89 –, NJW 1990, 2889, 2890 f.

960 *Von Hoyningen-Huene*, in MünchKomm HGB, § 89b Rn. 88.

in der Sphäre des Unternehmers liegen bzw. typischerweise von keiner Seite zu beeinflussen sind. Andererseits soll der Handelsvertreter insbesondere dann seinen Ausgleichsanspruch verlieren, wenn er selbst ohne wichtigen Grund kündigt (§ 89b Abs. 3 Nr. 1 HGB) oder Anlass für eine unternehmerseitige Kündigung aus wichtigem Grund (§ 89b Abs. 3 Nr. 2 HGB) gibt. Grund für einen Ausschluss ist also eine gesetzgeberische Wertung im Sinne einer Abwägung nach Sphären.[961] Die Einfügung der Fallgruppen in § 89b Abs. 3 Nr. 1 HGB wegen Alters oder Krankheit des Handelsvertreters, die ihm die Fortsetzung der Tätigkeit unter dem Gesichtspunkt der Billigkeit unzumutbar machen, haben durch die Normierung in der Praxis zu mehr Rechtssicherheit geführt.[962] Bis zu der Einfügung der beiden Fallgruppen versuchte *Schnitzler*[963] die Auslösung eines Ausgleichsanspruchs gegen den Wortlaut[964] über das Institut des Wegfalls der Geschäftsgrundlage zu konstruieren.

II. Konsequenzen aus der EuGH- Rechtsprechung

In den bisher zu Ausgleichsansprüchen in § 89b HGB durch den EuGH entschiedenen Verfahren wurde die abweichende Zielorientierung zwischen dem BGH und dem EuGH deutlich. Während der nationale Gesetzgeber neben den Schutz der Handelsvertreter u.a. auch die Aufrechterhaltung der Akzeptanz der Handelsvertreter bei den Unternehmern[965] als ein Ziel im Rahmen der Interpretation des § 89b HGB ansieht, stellt der EuGH unter Hinweis auf die Erwägungen in der EG-Handelsvertreter-Richtlinie schwerpunktmäßig auf den Schutz der Handelsvertreter ab.[966] Diese abweichende Zielvorgabe führt, wie etwa in dem Verfahren Semen gegen Tamoil gesehen, häufig zu anderen Ergebnissen. Ganz gleich, ob man die handelsvertreterfreundliche Rechtsprechung des EuGH begrüßt oder nicht, sind vermehrt Klagen bis zum EuGH mit langen Verfahrensdauern zu erwarten. Die Dauer von der Vorlage des LG Hamburg bis

---

961 Hat der Handelsvertreter die Kündigung durch eigenes Verhalten herbeigeführt oder ohne begründeten Anlass gekündigt, so „hat er sich die Folgen selbst zuzuschreiben", BT-Drs. 1/3856, S. 37.

962 Zu dem Meinungsstand vor Einfügung der Fallgruppen Alter und Krankheit vgl. *Schröder*, Recht der Handelsvertreter, § 89b Rn. 28b.

963 *Schnitzler*, DB 1965, Beilage Nr. 15/66, S. 1, 4; a.A. *Schröder*, Recht der Handelsvertreter, § 89b Rn. 28b.

964 *Schröder*, Recht der Handelsvertreter, § 89b Rn. 28b.

965 BVerfG v. 22.8.1995 – 1 BvR 1624/92 –, NJW 1996, 381–382. Hinweis auf BT-Drs. 7/3918, S. 7 ff.

966 EuGH v. 26.03.2009 – C-348/07 –, Slg 2009, I-02341 (Semen).

zur Entscheidung des EuGH lag in dem Vorabentscheidungsverfahren in der Rechtssache Semen gegen Tamoil ebenso wie in dem Vorabentscheidungsverfahren in der Rechtssache Volvo Car bei ca. 1,5 Jahren. Diese Zeitspanne ist für sich betrachtet nicht sehr lang, aber in der Sache Volvo Car muss man diese Verlängerung der Prozessdauer zu der langjährigen Dauer im nationalen Instanzenzug addieren.[967] Vor dem Hintergrund des Streitpotenzials der Ausgleichsansprüche in § 89b HGB erscheint es wahrscheinlich, dass zahlreiche vom BGH bereits geklärte Rechtsfragen vom EuGH nochmals unter dem Zweck des Schutzes des Handelsvertreters überprüft werden.[968]

Der Ausgang der langjährigen Prozesse ist offen, da jede einzelne Entscheidung auf der Grundlage des § 89b Abs. 1 Nr. 2 HGB n.F. bzw. Art. 17 Abs. 2a zweiter Spiegelstich der EG-Handelsvertreter-Richtlinie unter Billigkeitsaspekten im Einzelfall zu klären ist. Dabei ist der Ausgang jedes einzelnen Verfahrens kaum vorhersehbar, da die Entscheidung von den Umständen des Einzelfalls und der Gewichtung der Billigkeitskriterien abhängig ist.[969] Die nationale uferlose Billigkeitsrechtsprechung könnte neu aufgerollt werden und im europäischen Kontext eine neue Dimension erreichen. De lege ferenda stellt sich nach dieser Bestandsaufnahme die Frage: Lässt sich der Schutz des Handelsvertreters auch auf andere Weise sicherstellen als über eine Billigkeitsregelung?

D. Pauschale Abfindungsvergütung als Fortschritt

Der Gesetzgeber hat sich nicht für eine leicht zu bestimmende und praktisch zu handhabende pauschale Abfindung oder Entschädigung entschieden. Er hat es vorgezogen, den Ausgleich ganz konkret am Wert der dem Unternehmer überlassenen Vorteile und der für den Handelsvertreter entstehenden Nachteile zu orientieren.[970] Die gesetzliche Regelung ist kompliziert und zog und zieht wie gezeigt eine uferlose Einzelfallrechtsprechung nach sich.[971] Die gesetzlich angeordnete mehrstufige Billigkeitsprüfung führt in der Praxis zu nicht vorhersehbaren

---

967 EuGH, Urteil vom 28.10.2010 – C-203/09 –, Slg 2010, I-10721; BGH mit EuGH-Vorlage vom 29.4.2009 – VIII ZR 226/07 –, BB 2010, 335; vorgehend OLG Frankfurt, Urteil vom 31.7.2007 – 5 U 255/03 –, juris; vorgehend LG Frankfurt v. 17.6.2006 – 3/13 O 114/00 –, (Vergleich) juris.

968 Zur Streitanfälligkeit des § 89b HGB aus der Sicht nationaler Gerichte *Kainz/Lieber/Puszkajler*, BB 1999, 434 ff.

969 Vgl. zur Einzelfallrechtsprechung des BGH und der Vielfalt der Billigkeitsmerkmale die Darstellung von *von Hoyningen-Huene,* in MünchKomm HGB, § 89b Rn. 89, 106 ff.

970 *Löwisch,* in Ebenroth/Boujong/Joost/Strohn, HGB, § 89b Rn. 4.

971 Vgl. etwa *von Hoyningen-Huene,* in MünchKomm HGB, § 89b Rn. 106 ff.

Ergebnissen und beeinträchtigt nach dieser Auffassung die Rechtssicherheit.[972] Die zahlreichen positiven und negativen Anspruchsvoraussetzungen ziehen langwierige Rechtsstreitigkeiten nach sich. Angesichts dessen kann der gesetzlichen Regelung schwerlich eine Vorbildfunktion zuerkannt werden.[973]

Löwisch bemerkt zu Recht, dass der Handelsvertreter die schlüssige Darlegung seines Ausgleichsanspruchs nur bei sorgfältiger Buchführung und Aufbewahrung der Geschäftsunterlagen erreichen könne.[974] Der nationale Gesetzgeber habe sich trotz der mit der Regelung des Ausgleichsanspruchs bereits seit der Einführung des § 89b HGB im Jahr 1953 bestehenden Schwierigkeiten nicht für eine pauschale Abfindungsvergütung entschieden.[975] Unter der Regelung des Ausgleichsanspruchs gem. § 89b HGB a.F. sei es richterlicher Rechtsfortbildung verwehrt, sich über die strengen gesetzlichen Anspruchsvoraussetzungen hinwegzusetzen. Demnach sei es unzulässig, pauschale Abfindungen auszuurteilen oder den Ausgleich im Weg freier Schätzung nach § 287 ZPO festzulegen.[976] Auch der Richtliniengeber hat den Anspruch auf Ausgleich von genau festgelegten Voraussetzungen abhängig gemacht. Bei beiden Ansätzen § 89b Abs. 1 S. 1 Nr. 3 HGB a.F. und § 89b Abs. 1 S. 1 Nr. 2 HGB n.F. bzw. Art. 17 Abs. 2 der EG-Richtlinie stehen im Mittelpunkt der Betrachtung die Vorteile des Unternehmers und - wenngleich in der richtlinienkonformen Neufassung im Rahmen der Billigkeitserwägungen - die entgehenden Provisionen des Handelsvertreters. Eine pauschale Ausgleichszahlung ist mit diesen am Einzelfall orientierten Anspruchsvoraussetzungen nicht vereinbar.[977]

---

972 So auch *K. Schmidt,* Handelsrecht § 27 V Rn. 94; Emde, Vertriebsrecht, § 89b Rn. 165 m.w.N.

973 *Martinek* spricht von dem „eher blamablen Fall des Exports eines deutschen Rechtsinstituts", in Festschrift für Lüke, S. 409, 445. *Löwisch,* in Ebenroth/Boujong/Joost/Strohn, HGB, § 89b Rn. 4. Dessen ungeachtet sah die Europäische Kommission die umfassende Fallrechtssammlung zum § 89b HGB seit 1953 als „unschätzbare Hilfe" an, so in dem Bericht über die Anwendung von Artikel 17 der Richtlinie des Rates (86/653/EWG), KOM (96) 364 S. 2.

974 *Löwisch,* in Ebenroth/Boujong/Joost/Strohn, HGB, § 89b Rn. 4.

975 Nach der Auffassung des deutschen Gesetzgebers lassen die aufgrund der EG-Richtlinie erforderlichen Änderungen den Rechtscharakter und die wesentlichen Grundzüge der Regelung unberührt, BT-Drs. 11/3077, S. 9. Kritisch dazu *Löwisch,* in Ebenroth/Boujong/Joost/ Strohn, HGB, § 89b Rn. 4.

976 So zutreffend *Löwisch,* in Ebenroth/Boujong/Joost/Strohn, HGB, § 89b Rn. 4.

977 A.A. *Löwisch,* in Ebenroth/Boujong/Joost/Strohn, HGB, § 89b Rn. 4 unter Hinweis auf die Rechtssache Honyvem Informazioni Commerciali, EuGH v. 23.3.2006, C-465/04, Celex-Nr. 62004CJ0465, Slg. 2006, I-02879 Leitsätze 1 und 2 sowie Tz. 34

E. Ausgleich zwischen den beiden scheinbar gegenläufigen Prinzipien der Einzelfallgerechtigkeit und der Rechtssicherheit

Nachteile der Ausrichtung des Ausgleichsanspruchs nach Billigkeitsgesichtspunkten sind insbesondere die Streitanfälligkeit und das hohe Prozessrisiko mit ungewissem Ausgang. Die Europäischen Kommission war gem. Art. 17 Abs. 6 zur Vorlage des Berichts vom 23.7.1996[978] über die Anwendung des Art. 17 verpflichtet und kommt dort zu der Schlussfolgerung, dass eine klare und genaue Berechnungsmethode größere Rechtssicherheit zum Ergebnis hätte, was für beide Parteien (Handelsvertreter und Unternehmer) von Vorteil wäre. Unter der Überschrift „Folgen der Ungewissheit" führt die EU-Kommission aus, dass für Handelsvertreter und Unternehmer die Auslegungsschwierigkeiten zu einem größeren Zeitaufwand für Verhandlungen führen, da Rechte und Rechtsebenen nicht genau bestimmt sind.[979] Die Handelsvertreter gaben an, oft ihre Rechte nicht immer voll durchsetzen zu können, weil es ihnen an Mitteln für ein gerichtliches Vorgehen fehle.[980] Diese Bestandaufnahme aus dem Jahr 1996 zeigt, dass die Verankerung des Grundsatzes der Billigkeit im Gesetz nicht zwangsläufig Gerechtigkeit im Einzelfall nach sich zieht.[981]

Die Einfügung der Fallgruppen „Alter oder Krankheit" in § 89b Abs. 3 Nr. 1 HGB durch das Gesetz vom 13.5.1976[982] stellte sicher, dass es nicht zum Ausschluss des Ausgleichsanspruchs kommt, wenn eine Fortsetzung des Vertragsverhältnisses dem Handelsvertreter aus den genannten Gründen nicht mehr zumutbar ist. Die Einfügung diente der Rechtssicherheit, da bis dahin Uneinigkeit über die Konsequenzen einer vom Handelsvertreter ausgesprochenen

---

und 36. Eine pauschale Abfindungsvergütung wäre seines Erachtens nach der EG-Richtlinie zulässig gewesen. Wenn man nach der EG-Richtlinie eine pauschale Abfindungsvergütung für zulässig erachtet, wäre mit der Gesetzesänderung in § 89b HGB vom 31.7.2009 der Rechtsprechung die Festlegung einer pauschale Ausgleichszahlung etwa im Wege Schätzung nach § 287 ZPO möglich. Diese Interpretation des Wortlauts der Richtlinie überschreitet aber die vom EuGH festgelegten Auslegungsgrenzen.

978 Kommissionsbericht vom 23.7.1996 [KOM (96) 364] S. 12.

979 KOM (96) 364 S. 11.

980 KOM (96) 364 S. 11 unter „Stellung der Handelsvertreter".

981 Nach *Martinek* haben sich die Nachbarländer, die sich für den Ausgleichsanspruch nach deutschem Vorbild entschieden haben, „die Katze im Sack" eingehandelt, in Festschrift für Lüke, S. 409, 444.

982 BGBl. I, S. 1197.

Kündigung herrschte, wenn er die Tätigkeit wegen hohen Alters oder andauernder Krankheit nicht mehr ausüben konnte.[983] Die Erfahrung aus der Reform vom 13.5.1976 verdeutlicht, dass eine gesetzliche Verankerung von Billigkeitsgesichtspunkten also für mehr Rechtsklarheit sorgen könnte. Dementsprechend könnte die Normierung von Kriterien für die Billigkeitsprüfung in § 89b Abs. 1 S. 1 Nr. 2 HGB n.F. die Rechtssicherheit fördern. So wäre es möglich, nur vertragsbezogene Billigkeitskriterien zuzulassen. Teile der Literatur wollen bislang schon ohne gesetzliche Grundlage nur vertragsbezogene Billigkeitskriterien zulassen[984], während andere Stimmen und die Rechtsprechung des BGH sich gegen eine solche Eingrenzung aussprechen.[985] Eine Klarstellung im Gesetz bzw. der EG-Richtlinie wäre im Sinne von mehr Vorhersehbarkeit und Berechenbarkeit der Ausgleichshöhe zu begrüßen.

In Entscheidungen zu § 89b Abs. 1 S. 1 Nr. 3 HGB a.F. interpretierte der BGH die Billigkeitsprüfung als Untersuchung der Angemessenheit einer Ausgleichszahlung an den Handelsvertreter. Der zugesprochene Ausgleichsanspruch durfte demnach nicht zu hoch sein, sodass Bewertungsabschläge häufig die Folge waren. Die im Wege einer Schätzung nach § 287 Abs. 2 ZPO etwa unter dem Schlagwort der Sogwirkung einer Marke vorgenommene Herabsetzung des Anspruchs um 25 % aus Billigkeitsgründen ist letztlich nichts anderes als eine pauschale Minderung des Ausgleichsanspruchs.[986] Gleiches gilt für geschätzte pauschale Fluktuationsquoten.[987]

Wenn also eine gesetzliche Billigkeitsregel nicht in jedem Fall Einzelfallgerechtigkeit verbürgt, muss umgekehrt eine pauschale Ausgleichszahlung nicht ungerecht sein.[988] Voraussetzung für eine angemessene pauschale Ausgleichszahlung ist, dass in die Berechnung die Umstände des Einzelfalls einfließen. Ziel muss es

---

983 Zum Meinungsstand *Schröder,* Recht der Handelsvertreter, § 89b Rn. 28b.

984 *Hopt,* in Baumbach/Hopt, HGB, § 89b Rn. 33. Ebenso *Küstner,* BB 1963, 1147, 1148; *Meyer,* BB 1955, 298, 299.

985 *Emde,* Vertriebsrecht, § 89b Rn. 165.

986 Siehe dazu die Ausführungen in Teil 6 unter E IV und in Teil 11 unter C.

987 In der Rechtsprechung des BGH ist die Bemessung des Ausgleichsanspruchs nach § 89b Abs. 1 HGB von Billigkeit und Angemessenheit bestimmt. Nicht einverstanden war der BGH jedoch mit der groben Schätzung eines Berufungsgerichts, das argumentierte die Berechnung nicht „mit immer weiteren kleinteiligen und penibler Berechnungen" belasten zu wollen. BGH v. 11.11.2009 – VIII ZR 249/08 –, Rn. 10, IHR 2010, 154, 156.

988 Für eine Ausgleichspauschale bereits frühzeitig *Martinek,* in Festschrift für Lüke, S. 409, 445 ff.

de lege ferenda sein, Lösungen für die sachgerechte Beurteilung von Ausgleichsansprüchen zu finden, die ohne mehrstufige Billigkeitsprüfung Gewähr für ein möglichst hohes Maß an Gerechtigkeit im Einzelfall bieten.[989]

F. Reformbedürftigkeit des § 89b HGB bzw. Art. 17 und 18 der EG-Handelsvertreter-Richtlinie

Die nationale Rechtsprechung erweckt bei der Berechnung des Ausgleichsanspruchs im ersten Schritt den Anschein der Genauigkeit.[990] Umstände des Einzelfalls werden in seitenlangen komplizierten Berechnungen einer Prüfung unterzogen, an deren Ende die Unternehmervorteile respektive die Provisionsverluste des Handelsvertreters nach § 89b Abs. 1 Nr. 1 und 2 HGB als Basis offengelegt sind. Im zweiten Schritt arbeitet die Rechtsprechung § 89b Abs. 1 Nr. 3 HGB a.F. bzw. § 89b Abs. 1 Nr. 2 HGB n.F. mit groben Schätzungen und pauschalen Billigkeitsabschlägen, um das im ersten Schritt exakt ermittelte, aber häufig unbefriedigende Ergebnis auf einer Wertungsebene anzupassen.[991] Die auf diesem Wege erzielbare Einzelfallgerechtigkeit muss bezweifelt werden. Das Erreichen von Rechtssicherheit, die der Richtliniengeber und der nationale Gesetzgeber eigentlich erstrebt hat, ist de lege lata aussichtslos.[992]

Die groben Schätzungen und pauschalen Abschläge sind vom weiten Beurteilungsspielraum des Tatrichters umfasst und revisionsrechtlich nur eingeschränkt nachprüfbar. Dem Tatrichter ist es etwa möglich, als Abschlag für die Sogwirkung einer Marke 25 v.H. oder 10 v.H. zu veranschlagen.[993] Er kann aber auch ganz auf pauschale Abschläge verzichten.[994] Die Entscheidungen der unterinstanzlichen

989 *Martinek* spricht sich für eine pauschale Ausgleichsbemessung ohne besondere Billigkeitskorrektur aus, in Festschrift für Lüke, S. 409, 447.

990 *Kindler*, Der Ausgleichsanspruch des Handelsvertreters im deutsch-italienischen Warenverkehr, 1987, S. 119. *Emde* spricht sich gegen mathematische Präzision und für Vorhersehbarkeit des Ergebnisses aus, VersR 2006, 1592.

991 BGH v. 12.9.2007 – VIII ZR 194/06 –, Rn. 3, 5 und 19 juris. Diese Vorgehensweise gilt für § 89b Abs. 1 HGB n.F. unverändert.

992 Im Bericht der Kommission v. 23.7.1996, S. 11 mahnt die EU-Kommission an, dass wichtig ist, dass „die Richtlinie einheitlich ausgelegt wird und zu vorhersehbaren und klaren Ergebnissen führt“ so unter „Folgen der Ungewissheit“. *Martinek* bezeichnet die geltende Ausgleichsregelung als „europaweites Justizübel“, in Festschrift für Lüke, S. 409, 446.

993 Siehe die Nachweise in Teil 11 unter C.

994 Zu Grenzen der Schätzungen BGH v. 11.11.2009 – VIII ZR 249/08 –, IHR 2010, 154, 156.

Gerichte sind, soweit angesichts der Fülle der entschiedenen Verfahren ersichtlich, gut begründet und von dem Bemühen um eine sachgerechte Bruteilung des Einzelfalls getragen.[995] Dennoch ist nach dem Billigkeitssystem es unmöglich, einheitliche Regeln zu finden, die dem Handelsvertreter und dem Unternehmer eine Planungssicherheit und Vorhersehbarkeit gewährleisten.

Die Abschätzung des Ergebnisses der Billigkeitsprüfung wird noch durch die unüberschaubare Vielzahl und fehlende Festlegung der Billigkeitsaspekte erschwert.[996] Zu den Billigkeitskriterien gehören z.B. die Risikoverteilung und die Bedürfnisse der Vertragspartner, die Vertragsdauer, Art und Umfang der Gegenleistung, vertragliche und außervertragliche Vor- und Nachteile, später eintretende Umstände, soziale Gesichtspunkte, persönliche Umstände, Verschulden, betriebliche Belange, etc.[997] Dazu kommen gegebenenfalls noch solche Umstände, die nicht zum Ausschluss nach § 89b Abs. 3 HGB geführt haben, aber im Rahmen der Billigkeitsprüfung nach § 89b Abs. 1 Nr. 3 HGB a.F. bzw. § 89b Abs. 1 Nr. 2 HGB n.F. zu berücksichtigen sein können.[998] Falls der Unternehmer etwa beim Ausschlussgrund gem. § 89b Abs. 3 Nr. 2 HGB mit seinem Vorbringen scheitert, weil der in die Sphäre des Handelsvertreter fallende Grund für die Kündigung von Unternehmerseite aus wichtigem Grund nicht ausreichen, so kann der Kündigungsgrund dennoch in die Billigkeitsprüfung nach § 89b Abs. 1 Nr. 3 HGB a.F. bzw. § 89b Abs. 1 Nr. 2 HGB n.F. einfließen.[999] An dieser Stelle kann der Tatrichter die Umstände je nach Einzelfall für geeignet bewerten, den Ausgleichsanspruch zu mindern oder auch ganz entfallen zu lassen. Der Tatrichter könnte den in die Sphäre des Handelsvertreters fallenden Grund aber im Ergebnis auch für unbeachtlich halten. Für den Ausschlussgrund gem. § 89b Abs. 3 Nr. 1 HGB gelten diese Grundsätze in gleicher Weise.[1000]

---

995 Tatrichter beklagen die aktuell geltende Rechtslage, vgl. *Kainz/Lieber/Puszkajler*, BB 1999, 434 ff.

996 Mit Blick auf die Unterscheidung zwischen vertragsbezogenen und –fremden Umständen vgl. Teil 6 unter D II der Arbeit.

997 Eine umfangreiche Aufzählung bietet *von Hoyningen-Huene*, in MünchKomm HGB, § 89b Rn. 89, 106 ff.

998 Exemplarisch BGH v. 13.3.1969 – VII ZR 48/67 –, BGHZ 52, 12, 14 f.

999 BGH v. 3.5.1995 – VIII ZR 95/94 –, BGHZ 129, 290, 294.

1000 Vgl. *Saenger*, Der Ausgleichsanspruch des Handelsvertreters bei Eigenkündigung, 1997, S. 29.

G. Ergebnis

Der EG-Richtliniengeber hat sich nach deutschem Vorbild für einen stark an Billigkeitsgesichtspunkten ausgerichteten Ausgleichsanspruch entschieden. Die Berechnung des Ausgleichsanspruchs erfolgt nach Maßgabe der künftigen Vorteile des Unternehmers und im Rahmen der Billigkeitsprüfung unter Beachtung der Provisionsverluste, die der Handelsvertreter aufgrund der Vertragsbeendigung erleidet. Die 2-Stufenprüfung nach § 89b Abs. 1 HGB n.F. bzw. die 3-Stufenprüfung nach § 89b Abs. 1 HGB a.F. des BGH ist kompliziert, nicht transparent und führt zu unvorhersehbaren Ergebnissen. Der BGH stellt in langjähriger Rechtsprechung Billigkeitserwägungen als Korrektiv an, um zu verhindern, dass ein zu hoher Ausgleichsanspruch des Handelsvertreters entsteht. Auch nach der EuGH-Entscheidung in der Rechtssache Turgay Semen gegen Deutsche Tamoil GmbH ruht das Hauptaugenmerk des BGH auf den Provisionsverlusten des Handelsvertreters, die die Grundlage für die Ermittlung des Ausgleichsanspruchs bilden, wenn keine besonderen Umstände von den Parteien – Unternehmer und Handelsvertreter – geltend gemacht werden. Die Rechtsprechung des BGH führt auf der Basis von Billigkeitsgesichtspunkten zu uferloser Kasuistik. Diese Folgen sind de lege lata wegen der unbestimmten und nicht greifbaren Tatbestandsmerkmale des Art. 17 der EG-Richtlinie und des § 89b Abs. 1 HGB kaum vermeidbar. Das Ziel der Einzelfallgerechtigkeit rückt trotz oder wegen der Billigkeitsprüfung vor diesem Hintergrund in weite Ferne. Das Ziel des Richtliniengebers und des nationalen Gesetzgebers für mehr Rechtssicherheit im Vertriebsrecht zu sorgen, ist de lege lata verfehlt worden.[1001]

Die zweite Ebene der Billigkeitsprüfung bilden die Ausschlusstatbestände in Art. 18 der EG-Richtlinie bzw. § 89b Abs. 3 HGB. Die Regelungen sind deutlich transparenter als der Tatbestand der Art. 17 der EG-Richtlinie und des § 89b Abs. 1 HGB und die Fallgruppen der Unzumutbarkeit der Fortsetzung der Tätigkeit wegen des Alters und Krankheit in Art. 18 lit. b der EG-Handelsvertreter-Richtlinie bzw. § 89b Abs. 3 Nr. 1 HGB konkretisieren die Anforderungen für den Erhalt des Ausgleichsanspruchs bei Eigenkündigung des Handelsvertreters.

Insgesamt sind Art. 17, 18 der EG-Handelsvertreter-Richtlinie bzw. § 89b HGB sehr streitanfällig. Die Billigkeitsprüfung ist undurchsichtig und sowohl für den Handelsvertreter als auch für den Unternehmer unkalkulierbar. Der eigentlich zu schützende Handelsvertreter schreckt vor der klageweisen Durchsetzung seines

---

1001 *Hopt*, Handelsvertreterrecht, § 89b Rn. 3; *Saenger*, DB 2000, 129; *Habscheid*, Festschrift für Schmidt-Rimpler, S. 335, 337 f.; *Löwisch*, in Ebenroth/Boujong/Joost/Strohn, HGB, § 89b Rn. 4.

Ausgleichsanspruchs zurück. § 89b HGB ist - trotz der Bedenken hinsichtlich des Ausschlusses der Eigenkündigung ohne hinreichenden Anlass - de lege lata nicht verfassungswidrig, aber stark reformbedürftig. Eine pauschale Abfindungsvergütung könnte ein Eckpfeiler einer an Rechtssicherheit orientierten Lösung sein. Eine solche pauschale Ausgleichszahlung ist aber unter der aktuellen EG-Handelsvertreter-Richtlinie nicht zulässig.

Teil 12 Reformgedanken/-ansätze auf europäischer Ebene

A. Europarechtliche Prinzipien für den Ausgleichanspruch

I. Reformaussichten nur auf EU-Ebene

Dem deutschen Gesetzgeber sind hinsichtlich des § 89b HGB eigene Reformbestrebungen im Sinne eines nationalen Alleingangs versperrt, soweit in der Folge die nationalen Regelungen zum Ausgleichsanspruch für Handelsvertreter gegen die EG-Richtlinie 86/653/EWG verstoßen.[1002] Aussicht auf Erfolg haben angesichts dessen nur Initiativen zur Änderung der Handelsvertreterrichtlinie.[1003] Die Ausarbeitung von Vorschlägen zur Änderung von Richtlinien ist Aufgabe der Europäischen Kommission.[1004] Das Verfahren vor Erlass der EG-Richtlinie 86/653/EWG zeigt, dass eine zielgerichtete Einflussnahme der Mitgliedstaaten auf EG-Richtlinien möglich ist.

II. Wechselseitige Beeinflussung von Europarecht und nationalem Recht

Das Ausgleichssystem wurde nach den Ausführungen in dem Bericht der EU-Kommission zu Art. 17 vom 23.7.1996[1005] explizit in Anlehnung an § 89b des deutschen HGB gestaltet, der seit 1953 die Zahlung eines Ausgleichs vorschrieb. Der Kommission war dabei bewusst, dass in Deutschland eine umfassende Fallrechtssammlung zur Berechnung des Ausgleichs entwickelt worden war. Dieses Fallrecht und die Praxis müssten nach der Ansicht der Kommission für die Gerichte der anderen Mitgliedsstaaten bei der Auslegung des Art. 17 Abs. 2 der Richtlinie eine

1002 So bereits *Scholz,* NJW 1990, 941, 944 f.; *Retzer,* BB 1993, 668, 672 zu § 89b Abs. 3 Nr. 1 HGB bzw. Art. 18 lit. b der EG-Richtlinie.

1003 In diesem Sinne auch *Martinek,* in Festschrift für Lüke, S. 409, 446, der auf eine Initiative der EU-Kommission hofft.

1004 Kommission überwacht die Strategien der EU-Politikbereiche und setzt diese u.a. um, indem sie dem Parlament und dem Rat Vorschläge für neue Rechtsvorschriften vorlegt; http://www.europa.eu/about-eu/institutions-bodies/european-commission/index_de.htm, zuletzt abgerufen am 8.7.2014.

1005 KOM (96) 364 S. 2.

unschätzbare Hilfe bedeuten.[1006] Das nationale Handelsrecht sprich § 89b HGB war also Vorlage für die EG-Richtlinie 86/653/EWG und es war nicht umgekehrt so, dass die EG-Richtlinie 86/653/EWG den deutschen Gesetzgeber zur Änderung des HGB zwang. In Anbetracht dessen versprechen nationale Initiativen hinsichtlich einer Reform der EG-Richtlinie 86/653/EWG durchaus Erfolg.[1007]

III. Schutz des Handelsvertreters versus Bedürfnis nach Rechtssicherheit

Entsprechend den Erwägungen, die in der EG-Handelsvertreter-Richtlinie angegeben werden, war ein elementarer Grund für ihren Erlass, dass die Unterschiede in den einzelstaatlichen Rechtsvorschriften den Umfang des Schutzes der Handelsvertreter in ihren Beziehungen zu ihren Unternehmern beeinträchtigen.[1008] Demnach war die Reaktion der Handelsvertreter in den anderen Mitgliedsstaaten, die das Ausgleichssystem nach deutschem Vorbild einführten, auf die Richtlinie positiv, da diese ihnen mehr Rechte verlieh.[1009] Andererseits sahen die Unternehmer als negative Aspekte nicht nur an, dass sie den Handelsvertreter mehr Rechte einräumen mussten. Sie beklagten vielmehr die mangelnde Klarheit der Regelung.[1010] Selbst viele Kommentatoren und Rechtsanwälte weisen kritisch auf die Ungenauigkeit und Unbestimmtheit des Art. 17 der EG-Richtlinie 86/653/EWG hin, was die Kundenberatung hinsichtlich des Umfangs der Recht des Handelsvertreters nach Beendigung des Vertragsverhältnisses erschwere.[1011]

IV. Einheitliche Standards in den Mitgliedsstaaten als fernes Ziel

Ziel der EG-Richtlinie 86/653/EWG war die Harmonisierung des Rechts der Mitgliedsstaaten auf dem Gebiet der Regelungen der Beziehungen zwischen Unternehmer und Handelsvertreter.[1012] Einheitliche Standards in den Mitgliedsstaaten

---

1006 KOM (96) 364 S. 2. Es folgen in dem Bericht der EU-Kommission zu Art. 17 seitenlange Ausführungen zur Berechnung des Ausgleichs samt Beispiel.

1007 Ähnlich *Martinek*, der hofft, dass die EU-Kommission den Bericht v. 23.7.1996 zum Ausgangspunkt für eine nachhaltige Vereinfachung und Entschlackung der Ausgleichsprozesse nimmt, in Festschrift für Lüke, S. 409, 446.

1008 ABl. EG Nr. L 382 S. 17.

1009 KOM (96) 364 S. 9.

1010 KOM (96) 364 S. 9. Wegen der Unsicherheiten in vielen Mitgliedsstaaten wird eine neue Initiative des Europäischen Gesetzgebers erwogen, so *W. Hakenberg*, in Ebenroth/Boujong/Joost/Strohn, HGB, § 89b Rn. 190.

1011 KOM (96) 364 S. 9.

1012 Vgl. Erwägungen ABl. EG Nr. L 382 S. 17.

sind aber insofern von vorneherein ausgeschlossen, als die EG-Richtlinie 86/653/EWG den Mitgliedsstaaten das Wahlrecht zwischen dem Schadensersatz- oder Ausgleichsmodell einräumt.[1013] Alle Mitgliedsstaaten bis auf Frankreich, das Vereinigte Königreich und Irland haben sich jedoch für das Ausgleichsystem entschieden.[1014] Die Erfahrungen der Mitgliedsstaaten, die die Ausgleichsoption gewählt haben, sind im Jahr 1996 noch gering, da in den meisten Mitgliedsstaaten (mit Ausnahme von Deutschland) die Regelung der EG-Richtlinie 86/653/EWG erst auf seit 1.1.1994 laufende Verträge Anwendung findet.[1015]

In Portugal haben die Gerichte aber bereits versucht, den Grundsatz der Billigkeit unmittelbar anzuwenden, was nach dem Bericht der EU-Kommission zu Art. 17 der EG-Richtlinie bereits zu einem anderen Ansatz als bei den deutschen Gerichten führte.[1016] Auch in Italien wurde zu dieser Zeit bei der Berechnung der Ausgleichansprüche ein anderer Ansatz gewählt, als bei den deutschen Gerichten.[1017] In Italien erweist sich lt. dem Kommissionsbericht, dass das alte System fortbesteht, obgleich ein neues System eingeführt wurde.[1018] Nationale Abweichungen ergeben sich ferner mit Blick auf die Bedeutung der Obergrenze von Ausgleichansprüchen. In einigen Mitgliedsstaaten sei die Tendenz gegeben, sich bei der Berechnung auf die Obergrenze zu verlassen, während nach der deutschen Regelung die Obergrenze mit der eigentlichen Ausgleichsberechnungsmethode nichts zu tun habe.[1019] Im Falle Österreichs werde die Obergrenze häufig erreicht, hingegen in Deutschland sehr selten, es sei denn, dass alle Kunden von dem Handelsvertreter geworben wurden.

Selbst innerhalb der Mitgliedsstaaten besteht nach dem Bericht der Kommission erhebliche Rechtsunsicherheit, weil die Gerichtsverfahren konstant in eine andere richterliche Zuständigkeit fallen. Das führe dazu, dass Handelsvertreter davon abgehalten würden, ihre Ansprüche gerichtlich geltend zu machen.[1020] Der Bericht der EU-Kommission zu Art. 17 der EG-Richtlinie verleitet schon im

---

1013 Art. 17 Abs. 1 der EG-Richtlinie.

1014 KOM (96) 364 S. 7.

1015 KOM (96) 364 S. 7. Deshalb hält die EU-Kommission weitergehende Schlussfolgerungen für verfrüht. *Martinek* widerspricht dieser Einschätzung, in Festschrift für Lüke, S. 409, 446.

1016 KOM (96) 364 S. 7.

1017 KOM (96) 364 S. 7 f.

1018 KOM (96) 364 S. 10. Die Tendenz zur Kontinuität der Rechtsprechung trotz veränderter Gesetzeslage besteht auch in Deutschland, vgl. Teil 7 unter D.

1019 KOM (96) 364 S. 10.

1020 KOM (96) 364 S. 7.

Jahr 1996 zu dem Schluss, dass ein Ausgleichsystem mit umfassender Billigkeitsregelung mit Blick auf die Einführung einheitlicher Standards in den Mitgliedsstaaten zum Scheitern verurteilt ist.[1021] Die umfangreiche Billigkeitsprüfung ist der Schwachpunkt der Richtlinie unter deren Geltung einheitliche Standards weder national geschweige denn auf europäischer Ebene erreichbar sind.[1022]

B. Vorschlag der Europäischen Kommission vom 17.12.1976

Einen vielversprechenden Ansatz für mehr Rechtssicherheit auf Seiten des Unternehmers und des Handelsvertreters sah der Vorschlag der Europäischen Kommission vom 17.12.1976[1023] vor. Nach Art. 30 Abs. 2 S. 1, 2. Hs. des Vorschlags beträgt der dem Handelsvertreter zustehende Ausgleich für jedes Vertragsjahr mindestens ein Zehntel der Jahresvergütung, die nach dem Durchschnitt der in den letzten 5 Jahre entstandenen Ansprüche auf Vergütung und unter Berücksichtigung der Geschäfte zu berechnen ist, für die nach Art. 13 des Vorschlags ein Anspruch auf Provision besteht. Gem. Art. 13 waren auch solche Ansprüche auf Provision erfasst für Geschäfte, die erst nach Beendigung des Vertragsverhältnisses abgeschlossen wurden, die der Handelsvertreter aber vermittelt oder eingeleitet und ganz weitgehend vorbereitet hat. Der nach der Stellungsnahme[1024] des Europäischen Parlaments geänderte Vorschlag der Kommission für eine Richtlinie des Rates[1025] auf dem Gebiet der Handelsvertretung sah die Regelung des Art. 30 mit einer Änderung vor. Das Wort „mindestens" wurde vor dem Passus ein Zehntel gestrichen. Die mehr als 7 Jahre später erlassene EG-Richtlinie 86/653/EWG[1026] enthält bekanntlich die Regelung des Ausgleichsanspruchs in den Art. 17 und 18 nach deutschem Vorbild. Der ursprüngliche Vorschlag der Kommission samt Stellungnahme des Parlaments wurde nicht übernommen.

1021 So im Ergebnis auch *Martinek*, in Festschrift für Lüke, S. 409, 446.

1022 Deutlich *Löwisch,* in Ebenroth/Boujong/Joost/Strohn, HGB, § 89b Rn. 4 und *Hopt*, Handelsvertreterrecht, § 89b Rn. 3; vgl. auch *Saenger*, DB 2000, 129; *Habscheid*, Festschrift für Schmidt-Rimpler, S. 335, 337 f.

1023 ABl. EG Nr. C 13 vom 18.1.1977, S. 2.

1024 ABl. EG Nr. C 239 vom 9.10.1978, S. 17.

1025 ABl. EG Nr. C 56 vom 2.3.1979, S. 5.

1026 ABl. EG Nr. L 382 S. 17.

C. Reformvorschlag auf der Basis des Vorschlags der Europäischen Kommission

Der Vorschlag der Europäischen Kommission in Art. 30 könnte sehr zur Problemlösung und damit zu mehr Vorhersehbarkeit und Rechtssicherheit auf dem Gebiet der Ansprüche auf Ausgleichszahlung beitragen. Aus den Erfahrungen der nationalen Rechtsprechung ist jedoch die Abwandlung des Richtlinienvorschlags der Kommission an einigen Stellen angezeigt. In einer zu ändernden Richtlinie würde Art. 17 und Art. 18 lit. a und b wie folgt neu gefasst.

Auf den Ausgleichsanspruch beschränkter Wortlaut eines Art. 17 neuer Fassung:

Art. 17

Abs. 1: Nach Beendigung des Vertrages können der Handelsvertreter oder seine Erben – mit Ausnahme des Fiskus - von dem Unternehmer Ausgleich verlangen,

Nr. 1: wenn der Handelsvertreter für den Unternehmer neue Kunden geworben oder die Geschäftsverbindungen mit vorhandenen Kunden wesentlich erweitert hat und der Unternehmer aus den Geschäften mit diesen Kunden noch erhebliche Vorteile zieht und

Nr. 2: soweit der Handelsvertreter, für die nach Beendigung des Vertrages zwischen dem Unternehmer und den unter Nr. 1 bezeichneten Kunden abgewickelten oder abgeschlossenen Geschäfte, insbesondere Nachbestellungen und Folgegeschäfte, wegen der Beendigung des Vertrages keine Vergütung erhält.

Abs. 2: Der Ausgleich beträgt für jedes Vertragsjahr ein Zehntel der Jahresvergütung, die nach dem Durchschnitt der in den letzten fünf Jahre entstandenen Ansprüche auf Vergütung jeder Art (Abschluss-, Vermittlungs- und Verwaltungsvergütungen) und unter Berücksichtigung der Geschäfte zu berechnen ist, für die nach Abs. 1 Nr. 2 ein Anspruch auf Provision besteht. Bestand der Vertrag weniger als fünf Jahre, ist der Durchschnitt in diesem Zeitraum maßgebend.

Abs. 3: Der Ausgleich darf den Betrag einer nach Abs. 2 berechneten durchschnittlichen Jahresvergütung nicht übersteigen.

Abs. 4: Der Handelsvertreter verliert den Anspruch auf Ausgleich, wenn er dem Unternehmer nicht innerhalb eines Jahres nach Beendigung des Vertragsverhältnisses mitgeteilt hat, dass er seine Rechte geltend macht.

Art. 18

a) Der Anspruch auf Ausgleich nach Artikel 17 besteht nicht, wenn der Unternehmer den Vertrag wegen eines schuldhaften Verhaltens des Handelsvertreters beendet hat, das aufgrund der einzelstaatlichen Rechtsvorschriften eine fristlose Beendigung des Vertrages rechtfertigt.

b) Der Anspruch auf Ausgleich reduziert sich auf die Hälfte des nach Artikel 17 berechneten Betrages, wenn der Handelsvertreter das Vertragsverhältnis beendet hat, es sei denn, diese Beendigung ist aus Umständen, die dem Unternehmer zuzurechnen sind, oder durch Alter, Gebrechen oder Krankheit des Handelsvertreters, derentwegen ihm eine Fortsetzung seiner Tätigkeit billigerweise nicht zugemutet werden kann, gerechtfertigt.

D. Begründung des eigenen Ansatzes

Anspruchsberechtigt sind nach Beendigung des Vertrages entsprechend dem Reformvorschlag der Handelsvertreter oder seine Erben mit Ausnahme des Fiskus. In § 89b HGB fehlt eine Regelung für den Ausgleichsanspruch im Falle des Todes des Handelsvertreters, während nach Art. 17 Abs. 4 der EG-Richtlinie der Ausgleichsanspruch auch entsteht, wenn das Vertragsverhältnis durch den Tod des Handelsvertreters endet. Der BGH hat unter Geltung des § 89b HGB a.F. grundsätzlich anerkannt, dass ein Ausgleichsanspruch auch entsteht, wenn das Vertragsverhältnis durch den Tod des Handelsvertreters sein Ende findet.[1027] Die Anspruchsberechtigung der vorhandenen Erben soll dabei letztlich davon abhängen, ob der Ausgleichsanspruch im Hinblick auf den in Betracht kommenden Kreis der Erben des Handelsvertreters unter Billigkeitsgesichtspunkten überhaupt entstehen kann.[1028] Schwierigkeiten bereitet damit aber die Frage, welche Erben unter Billigkeitserwägungen von dem Ausgleich profitieren sollen und welche nicht. Im Falle der unterhaltsberechtigten Erben wird in der Regel die Zahlung eines Ausgleichs der Billigkeit entsprechen.[1029] Der Handelsvertreter hat jedoch kein berechtigtes Interesse daran, den Fiskus zu Lasten des Unternehmers zu begünstigen. Aus diesem Grund ist in dem Reformvorschlag der Fiskus aus dem Kreis der berechtigten Erben ausgenommen. Bei allen anderen Erben hat der Handelsvertreter es in der Hand, diese durch letztwillige Verfügung von der Erbschaft auszuschließen. Macht der Handelsvertreter von dieser Möglichkeit nicht Gebrauch, so erscheint die Vermutung nahe liegend, dass der Handelsvertreter zugunsten seiner Erben einen Ausgleichsanspruch geltend gemacht

---

1027 Vgl. dazu unter Teil 6 unter A.

1028 *Höft,* VersR 1965, 553, a. A. *Schiefelbein,* VersR 1965, 552, 553; *Thume,* in Küstner/Thume, Handbuch des gesamten Vertriebsrechts, Bd. 2, Kap. VIII Rn. 10.

1029 *Schröder,* Recht der Handelsvertreter, § 89b Rn. 17b.

hätte.[1030] Demnach besteht hier kein Anlass für eine Billigkeitsregelung für den Fall des Todes des Handelsvertreters.[1031] Anspruchsberechtigt sind also im Falle des Todes des Handelsvertreters alle Erben mit Ausnahme des Fiskus.

Bei der Frage nach der Werbung neuer Kunden oder der Umsatzerhöhung mit vorhandenen Kunden wird sich eine Untersuchung der Umstände des einzelnen Falles nicht vermeiden lassen.[1032] Gleiches gilt für die Frage der erheblichen Vorteile. Diese Frage lässt sich letztlich nur im Rahmen einer Einzelfallprüfung sachgerecht lösen und die Beurteilung ist im Zweifel die Aufgabe des Tatrichters eines nationalen Gerichts. Auf ein Billigkeitskriterium wurde insoweit bewusst verzichtet, um vertragsfremde Gesichtspunkte aus der Beurteilung der Frage der Entstehung des Anspruchs auszuschließen.[1033] Entscheidend ist hier, ob der Handelsvertreter erfolgreich Geschäfte abgeschlossen bzw. vermittelt hat. Der Verzicht auf soziale Gesichtspunkte vermindert die Streitanfälligkeit. Voraussetzung für die Entstehung eines Ausgleichsanspruchs ist naturgemäß, dass der Handelsvertreter nach Beendigung des Vertrages Nachteile erleidet, wie z.B. den Verlust potentieller Ansprüche auf Provision für Nachbestellungen oder den Verlust der Möglichkeit, mit dem geschaffenen Kundenstamm weitere Geschäfte abzuschließen. Ein Ausgleichsanspruch setzt ferner nach dem Reformvorschlag voraus, dass der Handelsvertreter für das nach Beendigung des Vertrages zustande kommende Geschäft nicht regulär provisionsberechtigt ist.[1034] Der BGH beschränkte den Ausgleich nach § 89b HGB a.F. nur auf solche Provisionen, die den Erfolg einer auf Vermittlung oder Abschluss von Geschäften gerichteten Vertretertätigkeit vergüten. Ein Verlust anderer Provisionen wie Inkasso- oder Verwaltungsprovisionen oder Vergütungen für die Unterhaltung eines Lagers

1030 *Schröder,* Recht der Handelsvertreter, § 89b Rn. 17b.

1031 Nach dem Reformvorschlag spielen die Umstände des Todes keine Rolle, sodass insbesondere ein selbst verschuldeter Unfall oder Selbstmord des Handelsvertreters für die Entstehung des Ausgleichsanspruchs unschädlich sind. In diesem Sinne *Löwisch,* in Ebenroth/Boujong/Joost/Strohn, HGB, § 89b Rn. 121. Anders BGH v. 6.2.1964 – VII ZR 100/62 –, BGHZ 41, 129, 133; BGH v. 30.6.1966 – VII ZR 124/65 –, BGHZ 45, 385, 386; BGH v. 12.4.1973 – VII ZR 87/72 –, BGHZ 60, 350.

1032 A.A. *Martinek,* in Festschrift für Lüke, S. 409, 447. Er stellt allein auf die verdiente Gesamtprovision im Jahr vor Vertragsbeendigung ab.

1033 Vgl. dazu Teil 6 unter D.

1034 Hat der Handelsvertreter Anspruch auf laufende Provision nach § 87 Abs. 3 HGB bzw. Art. 8 der EG-Richtlinie, so sind diese Provisionen nicht in die Berechnung des Ausgleichs einzubeziehen.

oder einer Werkstatt ist danach de lege lata nicht zu berücksichtigen.[1035] Diese Unterscheidung des BGH wurde in der Literatur seit jeher sehr kritisch gesehen.[1036] Die Differenzierung zwischen Abschluss- und Vermittlungsprovisionen einerseits und Verwaltungs- und Bestandserhaltungsprovisionen andererseits überzeugt nicht und entfällt nach dem Reformvorschlag.[1037]

Für die Berechnung des Ausgleichsanspruchs ist auf den Durchschnitt der letzten fünf Jahre abzustellen, um Umsatzschwankungen auszugleichen. Das Abstellen auf z.B. die letzte Jahresprovision birgt die Gefahr von Härten für den Handelsvertreter, der möglicherweise bereits ein atmosphärisch gestörtes Verhältnis zu dem Unternehmer hat. Aus diesem Grund kann die letzte Jahresprovision geringer ausfallen. In einem Jahr können auch zufällig besonders günstige Abschlüsse kumulativ anfallen, deren Vorbereitung überwiegend auf die Vorjahre entfiel. Das Abstellen auf einen Fünf-Jahreszeitraum minimiert Zufälle und glättet Umsatzspitzen.[1038] Die Bemessung des Ausgleichs mit einem Zehntel der durchschnittlichen Jahresvergütung für jedes Vertragsjahr erscheint im Hinblick auf die Vergütungskomponente des Ausgleichsanspruchs maßvoll. Der Unternehmer wird nicht überlastet, selbst wenn er seine künftigen Vorteile aus der Tätigkeit des Handelsvertreters vor Beendigung des Vertrages im Einzelfall als geringer einschätzt, da der Ausgleich ohnehin auf maximal eine durchschnittliche Jahresvergütung begrenzt ist.[1039] Zudem gewinnt der Unternehmer ebenso wie der Handelsvertreter Planungssicherheit. Die einfache Berechnung des Ausgleichs bewirkt für den Unternehmer ein hohes Maß an Rechtssicherheit.[1040] Durch den Verzicht auf eine Billigkeitsregelung mit Blick auf die Höhe

1035 BGH v. 4.5.1959 – II ZR 81/57 –, BGHZ 30, 98, 101; BGH v. 6.7.1972 – VII ZR 75/71 –, BGHZ 59, 125, 128; BGH v. 23.11.2011 – VIII ZR 203/10 –, NJW-RR 2012, 674, 676.

1036 *Emde*, VersR 2006, 1592, 1599; sowie nach der Anpassung des § 89b Abs. 1 HGB an die EG-Handelsvertreter-Richtlinie *ders.*, ZVertriebsR 2012, 137, 138; *ders.*, WRP 2010, 844, 846; *Kindler/Menges*, DB 2010, 1109, 1115; *Thume*, IHR 2011, 7, 10.

1037 So unterscheidet der BGH nicht überzeugend zwischen den Provisionen nach § 89b Abs. 1 und Abs. 2 HGB, vgl. etwa in BGH v. 19.11.1970 – VII ZR 47/69, KG –, VersR 1971, 265; kritisch *Thume*, VersR 2012, 665, 670.

1038 Anders *Martinek*, in Festschrift für Lüke, S. 409, 447 der auf die verdiente Gesamtprovision im Jahr vor Vertragsbeendigung abstellt.

1039 Die Interessen des Unternehmers an der Fortführung des Vertragsverhältnisses haben Gewicht, vgl. BT-Drs. 7/3918, S. 8 und BVerfG v. 22.8.1995 – 1 BvR 1624/92 –, NJW 1996, 381 f.

1040 *Martinek*, in Festschrift für Lüke, S. 409, 446 ff.; *Saenger*, DB 2000, 129; *Habscheid*, Festschrift für Schmidt-Rimpler, S. 335, 337 f.; *Emde*, VersR 2006, 1592, 1593; *Löwisch*,

des Ausgleichs, gewährt die Regelung des Ausgleichsanspruchs ein Mehr an Kalkulierbarkeit der drohenden Lasten.[1041] Der Zuwachs an Rechtssicherheit im Sinne von Vorhersehbarkeit geht zwar vordergründig mit einem Weniger an Einzelfallgerechtigkeit einher. Das Billigkeitssystem hat aber in der Praxis nicht zu Gerechtigkeit im Einzelfall, sondern zu einer Flut von kosten- und zeitintensiven Streitigkeiten geführt. Die fehlende Billigkeitsregelung würde demnach im Ergebnis beiden Seiten zugute kommen, dem Handelsvertreter und dem Unternehmer.[1042]

Die Umsetzung eines solchen Reformvorschlags ist nur im Wege einer EG-Richtlinienänderung möglich. Ein solches Bestreben von deutscher Seite wäre aber durchaus erfolgversprechend, zumal das Ausgleichsmodell in der EG-Handelsvertreter-Richtlinie auch auf ein deutsches Modell zurückging. Das Modell einer pauschalen Ausgleichsberechnung würde die Gerichte der Mitgliedstaaten, die das Ausgleichsmodell umgesetzt haben erheblich entlasten. *Herzog*[1043] hat die Sorge, dass auf europäischer Ebene eine Überregulierung droht. Er sieht das Problem von der Konkurrenz zwischen nationalen Normen und solchen auf Brüsseler Ebene. Mit Blick auf den § 89b Abs. 1 HGB bzw. Art. 17 der EG-Handelsvertreter-Richtlinie sind kollidierende Vorschriften nicht das Problem, sondern der zu weite Spielraum der Gerichte.[1044]

Der Wortlaut des Reformvorschlags weicht in Art. 18 lit. b von § 89b Abs. 3 Nr. 1 HGB sowie von Art. 18 lit. b der EG-Handelsvertreter-Richtlinie ab. Die Eigenkündigung ohne hinreichenden Anlass ist seit langem umstritten. Bereits im Zuge der Vorbereitung der EG-Handelsvertreter-Richtlinie stellte die Frage des Ausschlusses des Ausgleichsanspruchs bei Eigenkündigung ein wichtiges Thema dar.[1045] In Teilen der Literatur wird der Ausschluss des Ausgleichsanspruchs bei Kündigung des Handelsvertreters für verfassungswidrig gehalten.[1046] Vom

---

in Ebenroth/Boujong/Joost/Strohn, HGB, § 89b Rn. 4 und *Hopt*, Handelsvertreterrecht, § 89b Rn. 3.

1041 So die Forderung der Parteien lt. dem Kommissionsbericht vom 23.7.1996, KOM (96) 364 S. 9.

1042 KOM (96) 364 S. 12.

1043 NJW 1999, 25, 27.

1044 So im Ergebnis auch *Martinek*, in Festschrift für Lüke, S. 409, 447; *Löwisch*, in Ebenroth/Boujong/Joost/Strohn, HGB, § 89b Rn. 4 und *Hopt*, Handelsvertreterrecht, § 89b Rn. 3.

1045 Vgl. BT-Drs. 7/3918, S. 8. Danach befürchtete der deutsche Gesetzgeber, ein nationaler Alleingang könnte den Harmonisierungsbestrebungen auf EU-Ebene zuwiderlaufen.

1046 Zur Frage der Verfassungsmäßigkeit vgl. die Darstellung in Teil 10.

Gesetzgeber des HGB von 1953 ist diese harte Regelung zwar bewusst gewählt, da sich der Handelsvertreter die Folgen einer von ihm selbst durch schuldhaftes Verhalten herbeigeführten Kündigung selbst zuzuschreiben habe.[1047] Als besondere Härte sehen die Kritiker des Ausschlussgrundes nach § 89b Abs. 3 Nr. 1 HGB bzw. Art. 18 lit. b der EG-Richtlinie aber zu Recht den Umstand an, dass der Handelsvertreter, der seinen Vertrag ohne Anlass löst, seinen Ausgleichsanspruch in voller Höhe verliert.[1048]

Der Reformvorschlag beinhaltet eine Kompromisslösung dergestalt, dass dem Handelsvertreter bei Eigenkündigung ohne besonderen Anlass der Ausgleichsanspruch anteilig zusteht. Im Sinne des der Rechtsnatur des Ausgleichsanspruchs entsprechenden Vergütungsaspekts partizipiert der Handelsvertreter an den nach Vertragsbeendigung fortwirkenden, künftigen Vorteilen des Unternehmers. Auf der anderen Seite beendet der Handelsvertreter das Vertragsverhältnis aus freien Stücken, sodass die Gewährung des vollen Ausgleichsanspruchs den Interessen des Unternehmers an der Fortführung des Vertrages zu wenig Beachtung schenkt.[1049] Die hälftige Reduzierung des Ausgleichs wird den widerstreitenden Interessen der Vertragsparteien gerecht.[1050]

E. Ergebnis

Der deutsche Gesetzgeber ist an die EG-Handelsvertreter-Richtlinie gebunden. Art. 17 und 18 der EG-Richtlinie sollten wortgetreu umgesetzt werden, um Auslegungsschwierigkeiten zu minimieren. Die aktuell gem. Art. 17 und 18 der EG-Handelsvertreter-Richtlinie geltende Ausgleichsregelung ist reformbedürftig. Die deutsche Regelung in § 89b HGB war kein gutes Vorbild für den Richtliniengeber. Die in Deutschland vor der Umsetzung der EG-Richtlinie bestehenden Probleme dauern fort und die Erfahrungen in anderen europäischen Ländern lassen erkennen, das einheitliche Standards nicht bestehen.

1047 BT-Drs. 1/3856, S. 37. Die Regelung war zudem ein wichtiges Kriterium bei der Ausgestaltung des weitgehend von Billigkeitsgesichtspunkten bestimmten § 89b HGB, BT-Drs. 7/3918, S. 8.

1048 *Schröder*, DB 1976, 1269, 1273; *Moritz*, DB 1987, 875, 878; *Saenger*, Der Ausgleichsanspruch des Handelsvertreters bei Eigenkündigung, 1997, S. 24.

1049 BVerfG v. 22.8.1995 – 1 BvR 1624/92 –, NJW 1996, 381 f.

1050 Für eine Abmilderung der härtesten Sanktion des Verlusts des Ausgleichsanspruchs auch *Saenger*, Der Ausgleichsanspruch des Handelsvertreters bei Eigenkündigung, 1997, S. 25. *Martinek* schlägt vor, alle Ausschlusstatbestände zu streichen und in jedem Fall der Kündigung einschließlich der fristlosen eine Ausgleichspauschale zu gewähren, so in Festschrift für Lüke, S. 409, 447.

Der Richtliniengeber sollte sich de lege ferenda von den Billigkeitsregeln in § 89b Abs. 1 HGB bzw. Art. 17 der EG-Richtlinie abwenden. Andernfalls nimmt nach der uferlosen Einzelfallrechtsprechung des BGH unter Geltung des § 89b Abs. 1 Nr. 3 HGB a.F. die Kasuistik unter Beteiligung des EuGH kein Ende. Um eine solche Entwicklung abzuwenden, kann die Europäische Kommission eine Initiative zu einer neuen Handelsvertreterrichtlinie starten. Ein Anstoß von deutscher Seite wäre durchaus Erfolg versprechend, da das deutsche Ausgleichsmodell weitgehend in die Art. 17 und 18 der EG-Handelsvertreter-Richtlinie übernommen wurde. Die EU-Kommission hat im Jahr 1976 bereits einen Vorschlag unterbreitet, der sich nicht in der EG-Richtlinie wieder findet, aber gegenüber der aktuellen Rechtslage Verbesserungspotenzial aufweist. Entscheidend ist eine Abkehr von dem Billigkeitssystem hin zu einer pauschalen Ausgleichsregelung. Auf diese Weise ist ein dringend notwendiger Zuwachs an Rechtssicherheit erreichbar. Durch einen neuerlichen Vorschlag mit einem geänderten Art. 17 und 18 wie in dieser Arbeit entworfen, könnte die EU-Kommission einen erheblichen Beitrag zur Deregulierung leisten. Notwendig wäre Überzeugungsarbeit beim Europäischen Parlament und vor allem beim Rat der Europäischen Union, damit der Vorschlag sich dieses Mal im Verfahren durchsetzt und Teil der EG-Handelsvertreter-Richtlinie wird.

Teil 13 Schlussbetrachtung

1. Der Handelsvertreter erfüllt als ständiger Absatzmittler die für den Unternehmer wertvolle Aufgabe des Neuaufbaus und der Intensivierung von Kundenbeziehungen. Der auf diese Weise geschaffene Kundenstamm verbleibt bei Beendigung des Handelsvertretervertrages beim Unternehmer. § 89b HGB beinhaltet die Grundlage für die vom Gesetzgeber vorgesehene Ausgleichszahlung an den Handelsvertreter bei Vertragsbeendigung. Die über den Zeitpunkt der Beendigung hinaus wirkenden Vorteile des Unternehmers bzw. die dem Handelsvertreter aus Geschäften mit den von ihm geworbenen Kunden entgehenden Provisionen sind die Basis für die Bemessung des Ausgleichs nach § 89b Abs. 1 HGB. Der Ausgleichsanspruch ist eine eigenständige durch Provisionszahlungen nach § 87 HGB noch nicht abgegoltene Vergütung für Vorteile des Unternehmer aus der vom Handelsvertreter vermittelten Kundenbeziehung. Er erfüllt zugleich einen sozialen Schutzzweck, da er dem Handelsvertreter faktisch eine Art Kündigungsschutz gewährt. Der Anspruch nach § 89b HGB ist damit ein beispielloser Anspruch sui generis, den der nationale Gesetzgeber in das HGB 1953 eingefügt hat.
2. Die wirtschaftliche Abhängigkeit des Handelsvertreters gegenüber dem Unternehmer ist von vielen Faktoren abhängig und differiert je nachdem, ob z.B. ein Einfirmenvertreter oder ein Mehrfirmenvertreter vorliegt sowie nach dem Grad der Weisungsabhängigkeit und der konkreten Ausgestaltung des Handelsvertretervertrages im Einzelfall. Über § 92 HGB gelten die Regelungen der §§ 84 ff. HGB – insbes. § 89b HGB – grundsätzlich auch für Versicherungs- und Bausparkassenvertreter. Die Rechtsprechung des BGH dehnt den Anwendungsbereich der §§ 84 ff. HGB über diese Berufsgruppen hinaus im Wege der Analogie z.B. auf Vertragshändler aus. Die Expansion des Geltungsbereichs führt zu einer Komplizierung des Handelsvertreterrechts, da die geregelten Sachverhalte unterschiedlich sind, was eine einheitliche Anwendung des Rechts erschwert. Die EG-Handelsvertreter-Richtlinie definiert den Handelsvertreter in Art. 1 Abs. 2 abweichend vom nationalen Recht als Warenvertreter. Der deutsche Gesetzgeber hat bei der Umsetzung der EG-Richtlinie durch das Gesetz vom 23.10.1989 den engeren Handelsvertreterbegriff nicht übernommen.
3. Sinn und Zweck der EG-Handelsvertreter-Richtlinie sowie insbesondere des Ausgleichsanspruchs nach Art. 17, 18 der Richtlinie und § 89b HGB ist der Schutz des Handelsvertreters. Dementsprechend hat der Gesetz- bzw. Richtliniengeber den Ausgleichsanspruch als Anspruch sui generis ausgestaltet, der

einen Vergütungsbestandteil und eine soziale Schutzkomponente beinhaltet. Die Berechnung des Ausgleichsanspruchs erfolgt nach langjähriger Rechtsprechung des BGH dreistufig, wobei zu erwartende Provisionsverluste des Handelsvertreters als Ausgangspunkt ein eigenständiges Tatbestandmerkmal gem. § 89b Abs. 1 Nr. 2 HGB a.F. bildeten. Nach § 89b Abs. 1 Nr. 1 und 3 HGB a.F. waren zudem künftige Unternehmensvorteile und nachrangig in Form von Bewertungsabschlägen Billigkeitsgesichtspunkte zu berücksichtigen. Mit Blick auf die Voraussetzung der zu erwartenden Provisionsverluste weicht der Wortlaut des § 89b Abs. 1 Nr. 2 HGB a.F. von der Formulierung der EG-Handelsvertreter-Richtlinie ab, denn in Art. 17 Abs. 2 lit. a der Richtlinie sind die Provisionsverluste nur als ein Beispiel für ein Billigkeitsmerkmal erwähnt.

4. Aufgrund der Vorabentscheidung des EuGH in der Rechtssache Semen gegen Tamoil passte der nationale Gesetzgeber § 89b Abs. 1 HGB an den Wortlaut des Art. 17 Abs. 2 lit. a der Richtlinie an. Damit kommt im Kern der Billigkeitsprüfung seit der Änderung vom 31.7.2009 eine größere Bedeutung zu. Die Berücksichtigung der Billigkeitsgesichtspunkte im Rahmen des § 89b Abs. 1 HGB hat aber schon vor der Gesetzesnovelle eine uferlose Kasuistik in der Rechtsprechung des BGH ausgelöst. Eine Fortsetzung oder gar Ausweitung dieser Einzelfallrechtsprechung wäre der falsche Weg und würde dem Ziel des Gesetzgebers, Einzelfallgerechtigkeit zu erreichen, zuwider laufen.
5. Als zweite Ebene der Billigkeitsprüfung ist das Ausschlusssystem in Art. 18 der EG-Handelsvertreter-Richtlinie und § 89b Abs. 3 HGB ausgestaltet. Das System in Art. 18 der EG-Handelsvertreter-Richtlinie ist hinsichtlich der Anforderungen für den Unternehmer und den Handelsvertreter ausgewogen konzipiert. Nach Art. 18 lit. a der EG-Handelsvertreter-Richtlinie bzw. § 89b Abs. 3 Nr. 2 HGB besteht der Ausgleichsanspruch nicht, wenn der Unternehmer das Vertragsverhältnis gekündigt hat und für die Kündigung ein wichtiger Grund wegen schuldhaften Verhaltens des Handelsvertreters vorlag. Voraussetzung ist nach der Rechtsprechung des EuGH, dass ein unmittelbarer Ursachenzusammenhang zwischen der Kündigung des Unternehmers und dem wichtigen Grund gegeben ist. Nach Art. 18 lit. b der EG-Handelsvertreter-Richtlinie greift der Ausschluss des Ausgleichsanspruchs bei Eigenkündigung des Handelsvertreters u.a. nicht, wenn die Beendigung aus Umständen gerechtfertigt ist, die dem Unternehmer zuzurechnen sind. Problematisch ist hier, dass § 89b Abs. 3 Nr. 1 HGB für die Kündigung des Handelsvertreters vom Wortlaut des Art. 18 lit. b der Richtlinie abweicht und vorsieht, dass ein Verhalten des Unternehmers hierzu [zu der Eigenkündigung des Handelsvertreters] begründeten Anlass gegeben hat. Der nach dem Wortlaut des § 89b Abs. 3 Nr. 1 HGB erforderliche unmittelbare Ursachenzusammenhang

zwischen dem begründeten Anlass und der Kündigung würde den Handelsvertreter schlechter stellen, als in Art. 18 lit. b EG-Richtlinie vorgesehen. Der nationale Gesetzgeber ist daher aufgerufen, die Formulierung des § 89b Abs. 3 Nr. 1 HGB an den Wortlaut des Art. 18 lit. b EG-Richtlinie anzupassen.

6. § 89b HGB weist de lege lata eine Vielzahl von Mängeln auf. Diese sind z.T. auf Abweichungen des nationalen Handelsvertreterrechts von der EG-Handelsvertreter-Richtlinie zurückzuführen. Die Wortlautdivergenz der nationalen Regelung in § 89b Abs. 1 und 3 HGB gegenüber den Art. 17 und 18 der EG-Richtlinie wurde bislang nur teilweise behoben. Der deutsche Gesetzgeber sollte den Text des § 89b HGB unverzüglich inhaltsgleich an die EG-Handelsvertreter-Richtlinie anpassen, um für ein Mindestmaß an Rechtssicherheit zu sorgen. Die Umsetzung sollte einerseits exakt erfolgen, andererseits sollte de lege ferenda das HGB in seinem Anwendungsbereich nicht über die EG-Richtlinie hinausgehen. Insbesondere der Personenkreis der Handelsvertreter, die u.a. über den Ausgleichsanspruch geschützt werden sollen, ist auf Warenvertreter zu begrenzen. Für Versicherungsvertreter, Vertragshändler und alle anderen Vertreter, die nicht Waren vermitteln bzw. Warengeschäfte im Namen und für Rechnung des Unternehmers abschließen, ist der Gesetzgeber gehalten ein nationales Sonderrecht zu schaffen, das zwischen den beteiligten Parteien zu interessengerechten Ergebnissen führt. Der EuGH ist für ein solches autonomes Gesetz nicht zur richtlinienkonformen Auslegung befugt bzw. gezwungen. Die Berufsgruppen, die das nationale Gesetz bzw. die nationale Rechtsprechung de lege lata dem Handelsvertreterrecht unterstellt, sind zu verschieden, um einheitlichen Regelungen unterworfen zu werden. Weitere Verbesserungen der Regeln zur Ausgleichszahlung an Handelsvertreter können nur auf europäischer Ebene erfolgen.
7. Die geltende Fassung der Art. 17 und 18 der EG-Handelsvertreter-Richtlinie läuft den Zielen des Richtliniengebers zuwider. Laut den Erwägungen sollte der Handelsvertreter geschützt werden und einheitliche Regeln für Rechtsverhältnisse zwischen Unternehmern und Handelsvertretern in Europa geschaffen werden. Mit Blick auf den Ausgleichsanspruch ist der Handelsvertreter weder in der Lage, seinen Anspruch vorab näherungsweise zu berechnen, noch kann er im Streitfall seine Erfolgsaussichten nach der weitgehend von Billigkeitsgesichtspunkten geprägten Regelung in Art. 17 und 18 der EG-Handelsvertreter-Richtlinie abschätzen. Deshalb schreckt der Handelsvertreter häufig vor einer Durchsetzung seines Anspruchs zurück. Entscheidet er sich für ein Beschreiten des Klageweges, so muss er sich auf langwierige Rechtsstreitigkeiten mit ungewissem Ausgang einstellen. Dieser Rechtszustand muss geändert werden.

8. Die Europäische Kommission hat bereits in ihrem Bericht v. 23.7.1996 zu Art. 17 der EG-Richtlinie festgestellt, dass Handelsvertreter wegen fehlender Mittel und wegen der unklaren Berechnungsmethoden gehindert sind, ihre Ausgleichsansprüche gerichtlich durchzusetzen. Gerade die Gruppe der Handelsvertreter soll aber durch Art. 17 und 18 der EG-Richtlinie bzw. § 89b HGB geschützt werden. Dementsprechend muss eine transparente Regelung geschaffen werden, die ein möglichst großes Maß an Einzelfallgerechtigkeit mit mehr Rechtssicherheit verknüpft. Prozesse könnten auf diese Weise häufig vermieden werden und gerichtliche Auseinandersetzungen müssten von den Parteien, insbesondere von dem zu schützenden Handelsvertreter, nicht gemieden werden. Die in dieser Arbeit befürwortete Reform des Art. 17 der EG-Richtlinie lehnt sich an einen Vorschlag der Europäischen Kommission vom 17.12.1976 an. Dort ist eine pauschale Ausgleichsregelung vorgesehen, die für jedes Vertragsjahr mindestens ein Zehntel der Jahresvergütung beträgt. Die Jahresvergültung ist dabei nach dem Durchschnitt der in den letzten 5 Jahren entstandenen Ansprüche auf Vergütung zu berechnen.
9. Die Grundentscheidung, den Ausgleichsanspruch dem Grunde und der Höhe nach von Billigkeitserwägungen abhängig zu machen, war bereits bei der Einführung des Anspruchs im Jahr 1953 verfehlt. Entscheidend ist zunächst eine Abkehr vom weitreichenden Billigkeitsrecht. Der Ausgleich zwischen den Interessen des Unternehmers und des Handelsvertreters muss bereits im Gesetz bzw. der Richtlinie angelegt sein und darf nicht allein dem Richter im Einzelfall übertragen werden. Anhand des Handelsvertretervertrages, der ihnen bekannten Geschäftszahlen und der Ausgleichsnorm müssen der Unternehmer und der Handelsvertreter in die Lage versetzt werden, den Ausgleichsanspruch näherungsweise selbst zu bestimmen. Auf diese Weise werden gerichtliche Streitigkeiten häufig vermieden, da eine klare Sach- und Rechtslage die Einigungsbereitschaft der Parteien fördert. Kann der Handelsvertreter für jedes Vertragsjahr ein Zehntel der durchschnittlichen Jahresvergütung der letzten fünf Jahre verlangen, so bereitet die Berechnung der Ausgleichshöhe auf einer ersten Ebene im Regelfall keine Schwierigkeiten. Auf der zweiten Ebene sollte der Ausgleichsanspruch wie nach geltender Rechtslage nicht bestehen, wenn die Kündigung des Unternehmers wegen eines schuldhaften Verhaltens des Handelsvertreters erfolgte, das einen wichtigen Kündigungsgrund darstellt. In diesem Fall ist der Handelsvertreter nicht schutzwürdig. Sofern der Handelsvertreter ohne begründeten Anlass kündigt, erscheint es angemessen, wenn er den Ausgleichsanspruch zur Hälfte verliert, da die Initiative zur Vertragsbeendigung von ihm ausging. Durch diese einfachen Regeln würde zum einen

ein Interessenausgleich zwischen Unternehmer und Handelsvertreter erreicht und der Richtliniengeber würde seine Aufgabe erfüllen, die rechtlichen Rahmenbedingungen für den Ausgleichsanspruch zu setzen und für einen deutlichen Zuwachs an Rechtssicherheit zu sorgen.

www.ingramcontent.com/pod-product-compliance
Ingram Content Group UK Ltd.
Pitfield, Milton Keynes, MK11 3LW, UK
UKHW021906290926
8980IPUK00015B/1094

9 783631 666401